스카우트 마인드셋

THE SCOUT MINDSET

The
스카우트 마인드셋

Scout mindset

줄리아 갈렙 지음 · 이주만 옮김

감정 왜곡 없이 진실만을 선택하는 법

와이즈베리
WISEBERRY

내가 만난 최고의 정찰병인

루크에게 이 책을 바친다.

이 책에 쏟아진 찬사

"인간의 추론 과정에 얼마가 많은 오류가 있는지 우리는 이미 알고 있다. 그러나 일상생활에서 생각의 오류를 개선하는 방법에 관해서는 놀랍도록 아는 게 적다. 감사하게도 줄리아 갈렙이 이 문제를 해결하기 위해 나섰다. 줄리아 갈렙은 날카롭고 실행 가능한 통찰력으로 당신이 더 명확하게 생각하고, 더 정확하게 자신을 바라보며, 조금 덜 자주 틀리도록 가르쳐준다."

_애덤 그랜트(와튼스쿨 최연소 종신교수, 《싱크 어게인》 저자)

"지식과 과학과 이성을 뒷받침하는 '호기심'과 '진리'를 전적으로 추구하는 정찰병 관점. 이 태도가 없다면 우리의 정신적 건강을 온전히 지킬 수 없을 것이다. 모든 이들에게 실용적·정서적 이익을 선사하는 매력적이고 계몽적인 책이다."

_〈월스트리트저널〉

"이 책은 우리가 눈앞의 자존심을 지키려고 장기적 관점에서 잘못된 결정을 내리는 과정을 이해하게 해준다. 더 나은 합리적 선택을 원하는 사람들에게 일독을 권한다."

_애니 듀크(인지심리학자, 《결정, 흔들리지 않고 마음먹은 대로》 저자)

"줄리아 갈렙은 과학과 대중문화에 대한 방대한 지식을 활용해 우리 안에 내재한 자기기만을 탐구하며 스스로 자신을 속이는 순간을 정확히 포착하는 방법을 알려준다."

_필립 테틀록(펜실베이니아대학교 심리학 교수)

"줄리아 갈렙은 우리가 올바로 사고하지 못한다고 비난하지 않는다. 우리가 왜 그렇게 사고하는지 원인을 진단하고 판단력을 개선할 방법을 제안한다. 이 책은 우리가 생각하는 방법을 크게 바꿔놓을 것이다."

_숀 캐럴(캘리포니아공과대학교 이론물리학자, 《다세계》 저자)

"줄리아 갈렙은 합리적 사고를 가르치는 전문가다.《스카우트 마인드셋》은 이 분야에 오랜 시간 몸담아 있으며 깨달은 인지와 판단에 관한 지혜와 흥미로운 연구 결과를 명쾌하게 담아냈다."

_타일러 코웬(조지메이슨대학교 경제학 교수,《타일러 코웬의 기업을 위한 변론》 저자)

"자신의 잘못된 판단과 편견을 인정하지 못하는 사람, 즉 우리 모두를 위한 필독서다."

_마이클 셔머(과학저널 〈스켑틱〉 창립자,《왜 사람들은 이상한 것을 믿는가》 저자)

"《스카우트 마인드셋》은 진실에 다가가지 못하게 우리를 붙드는 두려움과 편견 없이 사고하는 방법을 이야기하는 드물게 귀한 책이다. 가장 큰 매력은 이 책 자체가 책에서 전하는 교훈을 직접 적용하고 있다는 점이다. 줄리아 갈렙은 우리가 당연시하는 전제를 의심하는 통찰을 제기하고, 반대 의견을 경청하는 즐거움을 알려주며 정찰병이 되고 싶은 욕구를 불러일으킨다."

_에즈라 클라인(저널리스트,《우리는 왜 서로를 미워하는가》 저자)

"근래에 글을 쓰면서 줄리아 갈렙의 말을 자주 인용하고 있다. 사고하는 법과 합리적 판단에 관해 그녀보다 더 나은 설명을 제공하는 사람이 없기 때문이다. 그녀의 TED 강연을 시청한 이후로 '스카우트 마인드셋'에 담긴 교훈이 내 머릿속에서 떠나지 않는다. 정찰병 관점은 훌륭한 렌즈이며, 이를 통해 세상을 바라볼 때 훨씬 더 많은 것을 이해하게 된다."

_팀 어번(작가이자 일러스트레이터, 웹사이트 〈Wait But Why〉 공동설립자)

"《스카우트 마인드셋》은 분명하게 사고하고 결정하는 방법을 이해하는 데 무척 유용한 통찰력 있는 안내서다."

_돈 무어(캘리포니아대학교 경영대학원 교수)

" 서문

○○

　판단력이 뛰어난 사람을 생각하면 어떤 자질이 먼저 떠오르는가? 지능,
영리함, 용기, 인내심 등이 떠오를 것이다. 모두 칭송받아 마땅한 자질이지
만, 목록에서 맨 위에 올라가야 하는 자질이 하나 더 있다. 사람들이 흔히 간
과하는 이 자질은 심지어 정식 명칭조차 없다.

　그래서 새로운 명칭을 하나 만들었다. 바로 '스카우트 마인드셋scout
mindset'이다. 풀이하면 단어 그대로 '정찰병 관점'이다. 마치 승리를 위해 전
투지의 실제 지형이나 적의 동향을 꼼꼼하고 정확하게 살피는 정찰병과 같
이, 자신이 바라는 대로 대상을 보지 않고 '사실 그대로를 직시하는 태도'를
뜻한다.

　정찰병 관점을 갖추면 우리의 선택이나 행동이 틀렸을 때 거기서 그치지
않고 발전된 길로 나아갈 수 있다. 정찰병 관점을 지닌 사람은 자신이 틀린
것을 알아차리고, 맹점을 발견한 다음 당연시하는 명제를 검토해 진로를 수

정한다. 이 관점에서는 다음과 같은 질문에 정직하게 대답해야 한다.

"논증에서 내가 실수한 것은 없는가?"

"이 일은 위험을 무릅쓰고 실행할 가치가 있는가?"

"내가 지지하는 정당의 사람이 다른 정당의 사람과 똑같은 문제를 저질렀다면 나는 어떻게 반응했을까?"

물리학자 리처드 파인먼Richard Feynman이 이야기했듯이, 자문할 때의 첫 번째 원칙은 '자신을 속이지 말아야 한다는 것'이다. 가장 쉽게 속일 수 있는 사람이 바로 자기 자신이기 때문이다.

2000년대와 2010년대를 거치며 자신을 속이는 인간의 능력은 뜨거운 주제로 떠올랐다. 언론을 비롯한 여러 베스트셀러에서는 인간의 뇌가 '자기기만'에 빠지도록 설계됐다는 달갑지 않은 주장을 펼쳤다. 《인간 그 속기 쉬운 동물》, 《상식 밖의 경제학》, 《왜 사람들은 이상한 것을 믿는가》, 《거짓말의 진화》, 《착각의 심리학》, 《왜 모든 사람은 (나만 빼고) 위선자인가》, 《생각에 관한 생각》 등이 대표적이다.

인간은 자신의 결함과 실수를 합리화하는 동물이다. 특히 희망적 사고에 빠지는 성향이 있으며, 편견을 강화하고 정치적 견해가 같은 동족을 지지하는 증거만 편향적으로 선택한다는 것이다. 틀린 말은 아니다. 그러나 중요한 사실을 놓치고 있다.

인간은 실수를 합리화할 때가 많다. 물론 실수를 인정할 때도 있다. 인간은 때때로 생각을 바꾼다. 당연히 바꿨어야 한다고 여기는 횟수보다는 적을지 몰라도 생각보다 꽤 자주 생각을 바꾸는 편이다. 인간은 때로 진실을 외면하고, 때로 직시하는 복잡한 동물이다. 이 책은 동전의 양면처럼 비교적 탐구가 덜 이뤄진 뒷면에 대한 사실, 곧 '자신을 속이지 않는 데 성공한 사람들'의 이야기를 살펴보며 삶에 있어 꼭 가져야 할 교훈을 배워갈 것이다.

책을 집필하기 시작한 것은 2009년부터다. 이 시기에 대학원을 중퇴하고 한 프로젝트에 열정을 쏟아부었는데, 이것이 곧 직업이 됐다. 사람들이 일과 사생활에서 직면하는 여러 문제의 해답을 논리적으로 추론하도록 돕는 일이었다. 처음에는 확률, 논리, 인지적 편향 같은 사고를 가르치며 일상에 적용하는 방법을 알려주면 될 거라고 생각했다. 그러나 몇 년에 걸쳐 세미나를 진행하고, 연구 논문을 검토하고, 컨설팅을 하고, 사람들을 인터뷰하며 한 가지 중요한 사실을 깨달았다.

'논리적으로 추리하는 방법은 만병통치약이 아니다.'

기본 전제부터 검증해야 한다는 사실을 안다고 해서 판단력이 저절로 향상되지는 않는다. 운동해야 한다는 걸 안다고 저절로 건강이 나아지지 않는 것과 같다. 일련의 편향과 사고의 오류를 줄줄 늘어놓을 만큼 잘 알아도 정작 그것이 어디서 비롯되는지 깨닫지 못한다면 지식은 도움이 되지 않는다. 이 일을 하며 가장 크게 느낀 바는 우리의 판단력은 지식이 부족해서 제약을 받기도 하나 사실 '태도' 때문에 더 크게 제약을 받는다는 점이다. 이는 앞으로 살펴볼 것처럼 연구가들이 이미 오래전에 입증한 사실이다.

나 역시 지식과 태도, 어느 기준에 비춰봐도 정찰병 관점을 체득한 본보기라고 말하기는 어렵다. 사실 나는 자주 실수를 저지르고, 나를 합리화한다. 문제가 생기면 회피한다. 누군가 비판하면 방어하려 든다. 책을 쓰며 자료를 조사하는 동안에도 인터뷰에 응하는 이들의 관점을 이해하려고 노력하기보다 내 주장이 정확하다는 사실을 설득하려 애쓰다가 결국 인터뷰를 망쳤다는 걸 깨달은 적이 한두 번이 아니다(열린 마음에 관해 인터뷰를 진행하면서 역설적이게도 나 자신이 편협했음을 알아차렸다).

그러나 나는 과거보다 나아졌으며 앞으로 더 나아질 것이다. 여러분에게 이 말을 하고 싶어 책을 썼다. 이 책의 전략은 크게 3가지다.

1. 자각: 진실은 목표를 방해하지 않는다

대부분의 사람은 현실을 있는 그대로 받아들이는 것에 거부감이 크다. 정확한 현실 인식이 목표를 이루는 데 걸림돌이 된다고 믿기 때문이다. 행복하고 성공적인 삶, 많은 사람에게 선한 영향력을 선사하는 삶을 위해서는 다소 왜곡된 렌즈로 '자신과 세상을 낙관하는 편이 더 낫다'는 것이다.

이 책의 목적은 그런 통념을 바로잡으려는 것도 있다. 자기기만이나 낙관주의에 대해 많은 사람이 오해하고 있다. 저명한 과학자들도 여기에 한몫했다. 예를 들어, '연구에 따르면' 자기기만은 정신건강을 지키는 데 유용한 반면, 세상을 현실 그대로 바라보면 우울해진다고 주장하는 학자와 저자가 있다. 7장에서는 이런 주장의 근거로 제시되는 몇몇 연구의 의혹을 살필 것이다. 또한 심리학자들이 '긍정적 사고'의 이점을 이야기하면서 어떻게 그들 자신을 기만했는지 알아볼 것이다.

창업처럼 어려운 과제에 도전할 때는 망상에 가까우리만치 성공을 확신해야 비로소 성공한다고 믿는 이들이 있다. 하지만 세상에서 내로라하는 기업가임에도 자기 회사가 성공하지 못하리라 예측한 사람을 알고 나면 놀랄 것이다. 제프 베이조스Jeff Bezos는 아마존Amazon의 성공 가능성을 30%로 봤다. 일론 머스크Elon Musk는 테슬라Tesla와 스페이스XSpaceX의 성공 가능성을 각각 10%로 추정했다. 8장에서는 그들이 이렇게 성공 가능성을 추정한 근거와 성공 가능성을 정밀하게 추정하는 일이 중요한 이유를 살펴볼 것이다.

우리 주변에는 이렇게 생각하는 이들도 있다. '과학자나 판사라면 객관적 사고가 중요하겠지만, 세상을 바꾸려는 활동가라면 객관성은 필요치 않다. 열정이 중요하다.' 그러나 14장에서 살펴볼 것처럼, 정찰병 관점은 열정 때문에 발생하는 단점을 보완한다. 1990년대 에이즈 확산 위기가 고조됐을 때 에이즈 치료 활동가들이 어떻게 전염병의 확산세를 막았으며, 그 과정에서 왜 정찰병 관점이 중요했는지 이유를 알아볼 것이다.

2. 훈련: 정확한 상황 파악을 도와줄 실용적 도구를 익힌다

정찰병 관점에 익숙해지는 데 도움을 줄 실용적인 도구가 있다. 예를 들어, 추론 과정이 편향됐을 때 어떻게 알아차릴 수 있을까? '내 추론이 편향됐는가?'라고 단순히 의심하는 수준이 아니라 구체적으로 점검할 수 있는 생각 도구다. 5장에서는 '믿고 싶은 것'과 관련해 우리가 어떤 식으로 사고하는지 자세히 들여다보기 위해 외부인 테스트, 선택적 의심 테스트, 동조 테스트 같은 사고실험(실제로 실험을 하는 대신 이론적 가능성을 따라 머릿속 사고만으로 성립되는 실험)을 배울 것이다.

특정 사실을 믿는다고 할 때 이를 얼마만큼 확신하는지 어떻게 결정하는가? 6장에서는 몇 가지 사고 기법을 사용해 확신의 정도를 0~100% 사이에서 명확히 수량화하고, 진심으로 확신하지 않으면서 무언가를 주장할 때의 오류를 알아차리는 훈련을 할 것이다.

쟁점을 두고 상대편의 의견을 경청해보려다가 분노하거나 좌절한 경험이 있는가? 문제는 잘못된 대화 상대를 골랐기 때문인지도 모른다. 12장에서는 반대 관점을 경청하며 배우는 과정을 훨씬 수월하게 해주는 몇 가지 방법에 대해 조언할 것이다.

3. 적용: 정찰병이 받는 정서적 보상은 의외로 아주 크다

실용적인 도구도 중요하지만, 이보다 더 큰 것을 얻어가기 바란다. 현실을 직시하고 모든 불확실성을 마주하는 일은 아무래도 암울하게 느껴진다. 그러나 책에 소개된 정찰병(물론 완벽한 사람은 없지만, 정찰병 관점에서 우수한 능력을 보인 이들을 지칭하려고 사용하는 용어다)들의 사례를 보면 우울함과는 거리가 멀다는 인상을 받을 것이다. 대체로 정찰병은 침착하고, 활기차며, 유쾌하고, 결단력이 있다.

겉으로는 정찰병이 어떤 보상을 받는지 명확해 보이지 않을지라도 실제 정찰병 관점에서 받는 정서적 보상은 매우 크다. 자기기만의 유혹에 저항할 수 있다는 것, 아울러 달갑지 않은 진실이라도 이를 직시하는 능력이 자신에게 있음을 아는 것은 큰 힘이 된다. 불확실한 상황에서 발생하는 위험을 이해하고 현실적인 성공 가능성을 있는 그대로 받아들이면 평정심이 생긴다. 마땅히 어떤 생각을 품어야 한다는 제약에서 벗어나, 객관적 증거가 무엇을 가리키든 애써 외면하지 않고 자기 생각을 자유롭게 탐구할 수 있다는 사실을 알면 일종의 해방감이 찾아온다.

정찰병 관점을 몸에 배게 하려면 정서적 보상을 이해해야 한다. 이를 위해 오랫동안 나를 비롯한 많은 이에게 정찰병 관점을 익힐 수 있도록 도와준 정찰병들을 소개할 것이다.

이제부터 우리는 과학, 비즈니스, 사회 운동, 정치, 스포츠, 암호화폐, 생존의 영역을 넘나들 것이다. 문화전쟁, 엄마들의 전쟁, 확률전쟁도 들여다볼 것이다. 그 과정에서 이런 질문들에 대한 답을 확인하려 한다.

찰스 다윈Charles Darwin은 왜 공작새 꼬리만 봐도 토할 것처럼 고통스러웠는가? 기후변화에 대해 회의적인 주장을 펼쳤던 전문가가 전향한 이유는 무엇인가? 수많은 이들이 종교나 다름없는 다단계 판매 조직에 묶여 있지만 일부는 마수에서 벗어난다. 어째서일까?

나는 사람들이 얼마나 비합리적으로 사고하는지를 비판하려고 책을 쓴 것이 아니다. 핀잔을 주며 올바로 사고하도록 촉구하는 것도 아니다. 이 책은 우리가 존재하는 방식을 탐구하는 여행이며, 진실을 알려는 욕구에 뿌리내린다. 정찰병 관점은 일과 생활 모두에 유익하며 충족감을 선사한다. 자신과 타인, 세상을 기만 없이 이해할 수 있는 삶의 방식은 그동안 지독히도 과소평가됐다. 이를 기쁜 마음으로 공유하고 싶다.

차 례

정찰병 관점을 위한 뼈 있는 변론

합리적 판단을 위한 자기인식 능력 기르기

PART 3

현실 왜곡 없이 목표를 이루는 법

PART 4

생각을 바꾸는 생각

PART 5

다시 생각하는 당신의 정체성

oo

PART 1

정찰병 관점을 위한
뼈 있는 변론

Chapter 1

전투병과 정찰병이 지닌 2가지 관점

○○

1894년, 프랑스 주재 독일 대사관에서 청소일을 하는 한 여자가 쓰레기통에서 찾아낸 물건이 온 나라를 혼란에 빠뜨렸다. 청소부가 발견한 것은 조각조각 찢어진 문서였으며, 이 여자는 사실 프랑스 첩보원이었다.[1] 그녀가 보낸 문서를 읽은 상관은 장교 중 누군가가 독일에 군사기밀을 팔아넘겼다는 사실을 알아차렸다.

문서에는 아무 서명도 없었지만, 프랑스 장교 중 유일한 유대인이었던 알프레드 드레퓌스Alfred Dreyfus가 곧바로 의심을 샀다. 드레퓌스는 기밀정보에 접근할 수 있는 소수의 장교였으며, 사람들에게 별로 인기가 없었다. 동료들은 그를 쌀쌀맞고, 오만하고, 잘난 척하는 사람으로 여겼다.

프랑스 군부에서 드레퓌스를 조사할수록 미심쩍은 정황이 차곡차곡 쌓였다. 그가 특정 장소를 얼쩡거리며 사람들에게 캐묻는 모습을 봤다거나, 독일 황제를 찬양했다는 증언도 등장했다.[2] 드레퓌스가 도박장에 드나들었다고 증언한 이도 있었다. 기혼자면서 정부와 놀아난다는 추문도 돌았다.

여러 정황상 드레퓌스가 첩자라고 확신한 프랑스군 수사관들은 그가 쓴 문서를 확보해 문제의 문건과 비교했다. 필적이 일치했다! 일부 일치하지 않는 부분도 있었지만 틀림없다고 판단했다. 범죄를 확실히 입증하고 싶었던 수사관들은 해당 문건과 드레퓌스의 필적 표본을 2명의 전문가에게 보내 감정을 받았다.

첫 번째 전문가는 필적이 일치한다고 단언했고, 두 번째 전문가는 확실치 않다고 판단했다. 두 표본이 각기 다른 사람의 필적일 가능성이 다분하다고 설명했다. 수사관들이 기대한 것은 이런 엇갈린 감정 결과가 아니었다. 그들은 두 번째 전문가가 프랑스 은행에서 일한다는 사실을 거론하며 결과에 대해 의심했다. 금융계는 역사적으로 유대인의 영향력이 큰 곳이기 때문이었다. 또한 드레퓌스는 유대인이었다. 이해 충돌이 일어나는 사람의 판단을 어떻게 신뢰할 수 있단 말인가? 수사관들은 결론을 내렸다. 드레퓌스는 그들이 찾던 범인이었다.

드레퓌스는 강하게 결백을 주장했지만, 반역 혐의로 체포돼 1894년 12월 22일 군사 법정에서 유죄 판결을 받았다. 종신형을 받은 드레퓌스는 악명 높은 '악마의 섬'에 갇혔다. 이곳은 대서양 건너 프랑스령 기아나 해안에 있는 섬으로 과거에는 나환자 수용소였다.

프랑스 군부는 교도소로 이송하기 전 마지막으로 '드레퓌스 군적 박탈식'이라는 의식을 공개적으로 거행했다. 대위 한 사람이 드레퓌스의 제복에 달린 계급장을 뜯어낼 때 한 장교는 유대인 혐오를 노골적으로 드러내며 농담을 던졌다.

"저 자식이 유대인이라는 사실을 잊지 마. 지금 저 금색 견장이 돈으로 환산하면 얼마인지 계산하고 있을걸."

드레퓌스는 동료 군인들과 기자들, 구경나온 사람들 앞을 지나치며 "나는 결백합니다!"라고 외쳤다. 군중은 욕설을 쏟아내며 "유대인을 죽이자!"고 고함쳤다.

악마의 섬에 도착하자마자 드레퓌스는 돌로 만든 조그만 오두막에 갇혔다. 말 한마디 붙이지 않는 교도관 말고 접촉할 수 있는 사람은 아무도 없었다. 저녁이 되면 침대에 묶여 지냈다. 낮에는 정부에 재심을 간청하는 편지를 썼다. 하지만 프랑스에서 그 사건은 이미 종결된 사건이었다.

믿어도 될까? vs. 어째서 믿어야 하지?

믿기지 않을지 몰라도 드레퓌스를 체포한 수사관들은 무고한 사람에게 누명을 씌우려 했던 것이 아니다. 그들의 관점에서는 객관적으로 증거를 조사했고, 드러난 증거가 드레퓌스를 첩자로 지목했을 뿐이다.*

스스로는 객관적으로 사건을 조사했다고 느꼈겠지만, 수사관들이 품은 동기가 수사에 영향을 미친 것이 분명했다. 그들은 첩자를 신속히 체포해야 한다는 압박감을 느꼈고, 이미 드레퓌스를 의심했다. 수사가 본격적으로 궤도에 오른 후에는 또 다른 동기가 영향을 미쳤다. 수사관들은 자신의 판단

---

*사건 담당 검사들이 판사에게 가짜 편지를 제출해 드레퓌스가 죄를 저지른 듯 보이게 만둠으로써, 공정한 판단을 내리지 못하게 손썼다는 사실은 주목할 만하다. 그럼에도 역사가들은 검사들이 처음부터 의도적으로 함정에 빠트리려고 드레퓌스를 체포했다고 믿지 않는다. 그보다는 유죄를 확신한 검사들이 자신의 판단이 틀리지 않았음을 입증하려고 야비한 수작을 부렸다고 본다.

이 옳음을 입증해야 했으며, 그러지 못하면 체면을 구기는 것은 물론이고 생계를 잃을 가능성도 있었다.

드레퓌스 사건은 우리가 내리는 결론이 무의식적 동기에 영향을 받는다는 '일방향성 동기화된 추론directionally motivated reasoning' 줄여서 '동기화된 추론motivated reasoning'으로, 인간 심리의 측면을 보여주는 적절한 사례다.3 동기화된 추론은 '의도적 합리화'로도 불린다.

동기화된 추론을 가장 명쾌하게 설명한 사람은 심리학자 톰 길로비치Tom Gilovich다. 사람은 어떤 것이 사실이기를 바랄 때 '믿어도 될까?'라고 자문하며 인정할 만한 이유를 찾는다. 반면 어떤 것이 사실이기를 원치 않을 때는 '어째서 믿어야 하지?'라고 자문하며 거부할 이유를 찾는다.4

수사관들은 드레퓌스를 수사하면서 '이것을 유죄의 증거로 받아들여도 될까?'라는 관점으로 여러 소문과 정황증거를 너무 쉽게 신빙성 있는 증거라 믿고, 두 번째 필적 전문가의 결과를 거부하는 오류를 범했다.

수사관들은 유죄를 입증하려고 드레퓌스의 집까지 수색했지만 아무 증거도 발견하지 못했다. 그러자 '그래도 드레퓌스가 유죄라고 믿어도 될까?'라고 자문하며 자신들의 생각을 강화하는 이유를 찾아냈다.

"십중팔구 우리가 여기 도착하기 전에 증거를 인멸했을 것이다!"

동기화된 추론이라는 용어를 들어본 적이 없는 사람이라도 이 현상이 그리 낯설지는 않을 것이다. 현실 부정, 희망적 사고, 확증 편향, 합리화, 부족주의tribalism, 자기정당화, 과신, 망상 등의 이름으로 우리 주위에서 흔히 볼 수 있는 현상이기 때문이다. 동기화된 추론은 뇌가 근본적으로 수행하는 사고 기능으로, 특별한 명칭을 붙이는 것이 도리어 이상할 지경이다.

대부분의 사람은 직장에서 자신이 동료보다 더 많은 몫을 해낸다고 생각한다. 동료가 일을 망치면 무능한 탓이지만, 내가 일을 망치면 과중한 압박감 때문이다. 상대 정당 정치인이 법을 어기면 당 전체가 부패했다는 증거지만, 내가 지지하는 정당의 정치인이 법을 어기면 개인의 부패일 뿐이다. 나와 다른 견해, 나와 다른 상황을 무시하거나 받아들이지 않는 태도에서도 동기화된 추론을 볼 수 있다.

그리스의 역사가 투키디데스Thucydides는 일찍이 2,000년 전에 아테네를 무너뜨리고 그 지배에서 벗어날 수 있다고 믿었던 도시 국가들을 거론하며 동기화된 추론을 기록했다.

"(그들의) 판단은 타당한 예측보다는 맹목적인 소망에 근거했다. 원치 않는 이야기에 귀를 닫을 때 지고의 이성을 행사하는 것은… 인간의 습성이기 때문이다."[5]

투키디데스의 글은 동기화된 추론을 기록한 글 가운데 가장 오래됐다. 하지만 이보다 수천 년 전부터 인간은 동기화된 추론 때문에 노여워하고 때로는 흥겨워했을 것이 틀림없다. 구석기 조상이 문자를 알았더라면 아마도 라스코동굴 낙서에는 이런 불평이 쓰여 있을지도 모른다.

"자기가 제일가는 매머드 사냥꾼이라고 생각한다면 그가 미친 거지."

진지를 사수하는 전투병처럼

동기화된 추론은 타인을 관찰할 때는 쉽게 발견할 수 있지만, 자기 스스로는 잘 느끼지 못한다. 자신의 추론이 객관적이라고 착각하면서 한쪽에 치우침 없이 여러 정보를 공정하게 평가한다고 믿고 있기 때문이다. 하지만 신념에 반하는 증거와 마주치면 자기도 모르게 진지(陣地)를 사수하는 전투병이 돼 이에 맞서 싸운다. 실제로 영어 표현을 살펴보면 추론하는 과정을 '진지를 사수하는 전투'에 빗대는 은유가 많다. 많아도 너무 많아서 군사적 표현을 쓰지 않고 추론을 이야기하기는 어려울 정도다.[6]

사람들은 자신의 신념을 말할 때 마치 적의 공격을 방어하려고 구축해놓은 진지나 요새인 양 다룬다. 우리가 구축한 신념은 내면에 깊게 뿌리내리고, 흔들림이 없으며, 사실에 기초하고, 여러 논증의 지원사격을 받을 수 있다. 따라서 자신의 신념을 쉽게 굽히지 못한다.

논증은 공격 또는 방어의 형태를 띤다. 자칫 방심하면 누군가 논리에 구멍을 내거나 논거를 격파할 수 있다. 믿음이 결정타를 맞고 무너질 수도 있다. 누군가는 우리 견해에 도전장을 내밀고, 파괴하고, 훼손하고, 힘을 잃게 만들 수 있다. 그러면 우리는 자기의 관점을 지원하고, 강화하고, 힘을 실어줄 증거를 찾는다. 관점을 날로 보강하고, 요새화하고, 견고하게 굳힌다. 마치 참호(방어선을 따라 판 구덩이)에 들어간 병사처럼 신념으로 방패막이하며 적의 집중포화에서 자신을 안전하게 지켜내려는 것이다.

만약 내 생각을 바꾸게 된다면? 그것은 항복이다. 마주한 사실을 도저히 피할 수 없다면, 성벽 안으로 들어오는 적군을 받아들이듯 그 사실을 인정하고, 승인하고, 용납해야 한다. 자신의 견해를 사수할 수 없다는 사실을 깨달으면, 전투 중에 진지를 포기하고 후퇴하듯 그 견해를 놓고 한발 양보하거나 버리거나 포기하게 된다.*

이제부터 몇 장에 걸쳐 동기화된 추론 또는 내가 즐겨 쓰는 대로 하면 '전투병 관점'에 관해 자세히 살필 것이다. 뇌는 왜 이런 식으로 사고하도록 설계됐는가? 동기화된 추론은 유익한가 아니면 해로운가? 하지만 그 전에 가

여운 드레퓌스 이야기부터 마저 보도록 하자. 다행히 새로운 인물이 등장하며 그의 이야기는 계속된다.

판을 뒤엎은 피카르 중령

조르주 피카르Georges Picquart 중령을 소개한다. 겉모습만 보면 지극히 평범해서 어떤 평지풍파도 일으킬 사람으로 보이지 않는다. 1854년 프랑스 스트라스부르 출생으로 정부 관리와 군인을 다수 배출한 집안에서 태어난 피카르는 젊은 나이에 프랑스군에서 꽤 유력한 지위에 올랐다. 대다수 프랑스 사람처럼 애국자이자 천주교 신자이며 반유대주의자였다. 하지만 과격한 반유대주의자는 아니었다. 피카르 중령은 반유대주의를 선동하는 글을 영 탐탁지 않게 여겼다.

그럼에도 유대인이라면 으레 무시하는 반유대주의를 흡수하며 자란 사람이었다. 유일한 유대인 출신의 프랑스 장교가 첩자였다는 소식을 1894년에 접했을 때 피카르는 이를 거리낌 없이 받아들였다. 드레퓌스가 재판 중무죄를 주장했을 때도 피카르는 그를 찬찬히 관찰하고 나서 결백한 척 연극을 하는 것이라고 결론지었다. 군적 박탈식이 거행되고 드레퓌스의 견장

전쟁에서의 방어전 은유와 아무 관련이 없어 보이는 단어조차 기원을 파고들면 연관성이 드러날 때가 많다. 어떤 주장을 'rebut(반박)'하는 것은 그 주장이 사실이 아님을 주장한다는 뜻으로 이 단어는 본래 적의 공격을 물리치는 것을 묘사하는 표현이었다. 'staunch believer(독실한 신자)'라는 말을 들어본 적이 있는가? 'staunch(독실한)'는 본래 견고하게 지은 성벽을 가리키는 말이었다. 신념에 대한 표현 중 'adamant(굽힐 줄 모른다)'라는 말을 들은 적이 있을 것이다. 신화에 등장하는 이 단어는 절대로 부수지 못하는 돌을 가리키는 말이었다.

이 뜯겨나갈 때 유대인 혐오를 드러내며 농담을 던진 사람도 다름 아닌 피카르였다.

드레퓌스가 악마의 섬으로 이송되고 얼마 지나지 않아 피카르는 방첩부대 대장으로 진급해 드레퓌스 사건을 지휘하게 됐다. 피카르는 나중에라도 드레퓌스가 판결에 이의를 제기할 수 없도록 부족한 증거를 보강하는 임무를 맡았다. 피카르는 죄를 확증할 증거를 찾으려 했지만 끝내 어떤 증거도 건지지 못했다.

그 후 오래지 않아 더 심각한 사건이 발생했다. 또 다른 첩자가 나타난 것이다! 독일 쪽에 보내는 다량의 문건이 찢어진 채로 발견됐다. 이번 용의자는 페르디낭 에스테르하지Ferdinand Walsin Esterhazy라는 프랑스 장교였다. 에스테르하지는 음주와 도박 문제에다가 거액의 부채까지 져서 독일에 군사 기밀을 팔아넘길 범행 동기가 충분했다.

피카르는 에스테르하지의 편지들을 조사하면서 필적에 주목했다. 특정 방향으로만 기울어진 모양이 묘하게 낯이 익었다. 그 필적은 드레퓌스가 작성했다고 알려진 기밀문서를 상기시켰다. 지나친 상상일까? 원본 문건을 가져와서 에스테르하지의 것과 대조해본 피카르는 심장이 튀어나올 뻔했다. 필적이 완벽히 일치했다. 피카르는 에스테르하지의 편지를 군부의 필적 전문가에게 보여줬다. 앞서 드레퓌스의 필적이 일치한다고 증언한 바로 그 사람이었다. 그는 다음과 같이 답했다.

"네, 이 편지의 필적이 문제의 문건에서 쓰인 것과 일치합니다."

이에 피카르가 물었다.

"그런데 만약 이 편지들이 최근에 작성된 거라면 어떻습니까?"

필적 전문가는 대수롭지 않다는 듯 어깨를 으쓱해 보였다. 그는 드레퓌스가 새 첩자를 훈련해 자신의 필체를 모사하게 했을 거라고 대답했다. 피카르가 보기에는 설득력이 없는 주장이었다. 두렵고 떨리지만 결국 피카르는 군부가 무고한 사람을 유죄로 만들었다는 결론을 마주할 수밖에 없었다.

이 두려운 결론을 피해 갈 마지막 희망이 남아 있었다. 드레퓌스 재판에 사용되고 나서 봉인해둔 증거 자료였다. 동료 장교들은 그 자료를 살펴보면 드레퓌스가 유죄일 수밖에 없음을 확신하게 될 거라고 피카르를 안심시켰다. 피카르는 자료를 가져와 내용을 꼼꼼히 살폈다. 결정적인 증거가 들어 있다던 자료를 보니 피카르의 판단으로는 죄다 심증일 뿐 그 어느 것도 유죄를 확증하는 증거가 될 수 없었다.

무고한 사람을 교도소에서 평생 썩게 만들었을지도 모를 사태를 무시하고 동료 장교들이 스스로를 합리화하는 태도에 피카르는 분개했다. 군 수뇌부가 노골적으로 반감을 드러냈음에도 피카르는 수사를 강행했다. 심지어 상관들은 그가 살아 돌아오지 못하기를 내심 기대하며 위험천만한 근무지로 전출시켰다. 계책이 실패로 돌아가자 수뇌부는 민감한 정보를 유출한 혐의로 피카르를 체포했다. 피카르는 수감자 신분으로 여러 차례 재심을 거쳤다. 그리고 10년의 세월을 보낸 끝에 진실을 밝히고 승리했다. 드레퓌스는 사면을 받았고 후에 육군으로 복직했다.

드레퓌스는 복직 후 30년을 더 살았다. 악마의 섬에서 보낸 수감생활 탓에 예전의 기력을 되찾지는 못했지만, 가족들이 기억하는 드레퓌스는 모든 시련을 극복한 인물이었다. 진짜 첩자였던 에스테르하지는 타국으로 도망쳐 궁핍하게 살다가 사망했다. 피카르는 그를 아니꼽게 여기던 상관들에게 계속 괴롭힘을 당했으나, 1906년 조르주 클레망소Georges Clemenceau가 프랑스 총리에 올랐을 때 피카르를 국방부 장관으로 임명한다. 클레망소는 훗날

'드레퓌스 사건'으로 알려진 이 일에서 진실을 밝혀낸 피카르를 전부터 높이 평가했다.

누군가 피카르에게 왜 자신의 경력을 위태롭게 만들고 구속되면서까지 드레퓌스의 무죄를 밝히기 위해 애썼느냐고 물을 때마다 대답은 언제나 짧고 한결같았다.

"그것이 제 의무였기 때문입니다."

이것이 사실일까?

드레퓌스 사건으로 프랑스 국민은 분열했고 세계는 충격을 받았다. 하지만 내가 가장 흥미로웠던 것은 뜻밖의 영웅으로 등장한 피카르 중령의 심리였다. 다른 동료들과 마찬가지로 피카르 역시 드레퓌스가 유죄라고 믿을 만한 동기가 충분했다. 그는 유대인을 불신했고, 개인적으로 드레퓌스를 좋아하지 않았다. 게다가 드레퓌스의 무죄를 밝힌다면 상당한 대가를 치르리라는 사실을 잘 알았다. 군의 명예가 실추되고, 비리를 들춘 자신의 경력도 큰 타격을 입는다. 그러나 동료들과 달리 이런 동기는 거짓과 진실, 타당한 이야기와 타당하지 않은 이야기를 분별해내는 피카르의 능력을 왜곡하지 못했다.

피카르가 드레퓌스의 무죄를 깨닫게 되는 과정은 인지과학자들이 종종 '정확성이 동기가 된 추론accuracy motivated reasoning'이라고 부르는 사고의 전형이다. '믿어도 될까?'와 '어째서 믿어야 하지?'라는 특정 관점에서 정보를 평가하는 동기화된 추론과는 달리, 정확성이 동기가 된 추론에서는 '이것이 사실일까?'라는 관점에서 정보를 평가한다.

조사 과정에서 피카르는 드레퓌스의 유죄를 확증할 수 있는 증거를 찾길 바랐지만, 기대와는 달리 그 어떤 증거도 발견하지 못했다. 그러다 에스테르하지의 필적을 검사하면서 그것이 드레퓌스가 작성했다고 알려진 문건의 필적과 유사하다는 사실을 깨달았다. 군부에서는 편리한 해명을 하며 새로운 증거를 무시하도록 유도했지만("드레퓌스의 필체를 모사하도록 훈련받은 새로운 첩자일 것이다") 피카르는 이를 수용할 수 없었다. 당연히 유죄를 입증하는 증거일 거라고 믿었던 드레퓌스의 사건 자료를 검토할 때도 그는 어떤 확증도 없었다는 사실을 발견했다.

동기화된 추론이 마치 전투병이 자신에게 위협적인 증거를 물리치려는 과정과 유사하다면, 정확성이 동기가 된 추론은 정찰병이 돼 전략적 요충지를 관찰하고 지도를 그리는 과정과 같다. 언덕 너머에는 무엇이 있는가? 저 건너에 있는 다리로 강을 건널 수 있는가? 내가 제대로 관찰한 것이 맞는가? 위험요소, 지름길, 유리한 기회가 있다면 어디에 있는가? 정보를 보강해야 할 지역은 어디인가? 내가 관찰한 정보는 얼마나 신뢰할 만한가?

정찰병은 호기심이 많다. 정찰병은 이동 경로가 안전한지, 적에게 취약한 면은 어디인지, 강을 건널 때 부대가 편하게 이용할 다리가 있는지 알아내고 싶어 한다. 무엇보다 정찰병은 사실만을 알고 싶어 한다. 실재하지도 않는 다리를 지도에 표시하는 멍청한 실수는 하고 싶지 않다. 정찰병의 관점에서 사고하는 것은 당신의 지도, 즉 '자기 자신과 세상에 대한 인식이 가능한 한 정확하기를 바라는 것'이다.

물론 모든 지도는 실재를 불완전하게 단순화한 것이며 정찰병 역시 이 사실을 잘 안다. 정찰병이 정확한 지도를 얻으려고 노력한다는 건 자신의 이해에 한계가 있음을 인지하고, 정보가 지나치게 부족하거나 허위 정보가 의심되는 영역에 관한 정보를 계속 보강하는 것을 의미한다. 또한 이는 새로운 정보가 나타날 때마다 점검하고 생각을 바꿀 여지를 두는 것을 뜻한다. 정찰병 관점에서 신념을 위협하는 정보라는 건 존재하지 않는다. 자신이 오판한 부분을 알게 되면 정찰병에게는 잘된 일이다. 지도를 개선할 수 있기 때문이다. 이 지도는 도움이 될 뿐 전혀 해가 되지 않는다.

관점에 따라 판단이 달라진다

인생은 수없이 많은 판단과 결정으로 이뤄지고, 실재에 대한 인식이 왜곡되지 않게 주의할수록 더 나은 판단을 내릴 수 있다. 정찰병 관점으로 사고하면 자기 입장을 정당화하기 쉬운 질문에 답할 때 스스로를 속이지 않도록 제어할 수 있다. 이를테면 다음과 같은 질문이다.

병원에서 그 진단 검사를 받아야 할까? 여기서 손절매해야 할까, 지금 매도하면 너무 일찍 처분하는 건 아닐까? 관계가 나아질 수 있을까? 배우자가 자녀 계획에 대한 생각을 바꿀 확률은 얼마일까?

직장생활에서 마주치는 질문은 이런 것이다. 저 직원을 반드시 해고해야 하는가? 내일 프레젠테이션을 얼마나 준비해야 하는가? 회사를 위해서 많은 자금을 유치하는 것이 최선인가, 아니면 거액의 자금을 끌어와 내가 주목받으려는 욕심인가? 지금 이 제품을 출시하기 전에 계속 개선할 필요가 있는가, 아니면 단지 출시를 미루려는 변명거리를 찾는 것인가?

정찰병 관점에서는 미리 설정한 전제에 의문을 던지고, 계획을 실행하기 전 '스트레스 테스트'를 진행한다. 가령 신기능을 갖춘 제품이라든가 새로운 군사 작전을 실행하기 전에 '실패할 경우 언제, 어떻게 발생할 확률이 높은가?'라고 자문한다면 실패 가능성에 대비해 계획을 보강할 방법을 찾을 수 있다. 의사라면 처음 진단 내용을 확정하기 전에 다른 질환의 가능성을 고려해보는 것을 의미한다. 뛰어난 의사는 (예컨대, 환자가 폐렴으로 의심되면) '폐렴이 아니라면 어떤 질병일까?'라고 자문할 것이다.[7]

정찰병 관점에 좌우되지 않는 직업처럼 보이는 경우도 자세히 들여다보면 대개는 정찰병처럼 사고하는 과정이 중요하다. 사람들은 대체로 변호사란 어느 한쪽 편을 들어 변론하는 일이니 전투병 관점일 거라 여긴다. 그러나 재판을 준비하는 변호사는 여러 판례의 강점과 약점을 정찰병처럼 정확히 파악해 참고할 판례를 선택할 줄 알아야 한다. 유리한 사실만 과대평가하다가는 법정에서 불시에 자기 불찰을 깨닫게 된다. 노련한 변호사들이 경력을 쌓을 때 몸에 익혀야 하는 가장 중요한 덕목으로 객관성과 자기회의를 언급하는 것도 그 때문이다. 한 유명한 변호사는 이렇게 말했다.

"초년병 시절에는 의뢰인을 돕고 싶은 마음이 너무 간절한 나머지 '이 사건에서 내가 찾지 못한 골칫거리는 없다. 어딘가에서 갑자기 튀어나올 불편한 진실은 단 하나도 없다'라고 되뇐다."[8]

우리는 타인과의 관계를 평가할 때 자신이 선택한 근거에 기반을 둔 서사를 구성하고 이를 객관적인 사실인 양 느낀다. "내 배우자는 쌀쌀맞게 나를 무시해"라고 말하는 상황에서 상대는 "그 사람을 존중하니까 간섭하지 않는 거야"라고 말할 수 있다. 한 사람의 진실함이 다른 사람에게는 무례함으로 해석될 수 있다. 다른 해석의 가능성을 기꺼이 고려하려면, 나아가 자신의 해석 외에 다른 합리적 해석도 존재할 수 있음을 믿으려면 정찰병 관점이 필요하다.

괴로운 진실이라도 그 진실을 반기는 사람이 되면 다른 사람들에게 솔직한 의견을 들을 수 있다. 예를 들어 둘 사이에 어떤 문제가 있을 때는 알려달라고 애인이나 배우자에게 요청하는 것도 좋은 방법이다. 경영자라면 회사에 문제점이 있을 때 바로 알려달라고 직원들에게 요청할 수도 있다. 다만 그들이 진실을 말할 때 방어적이거나 공격적인 태도를 보인다면 이후로는 진실을 마주할 기회가 그리 많지 않을 것이다. 진실의 전령이 됐다가 공격받고 싶은 사람은 아무도 없기 때문이다.

정찰병과 전투병은 각기 하나의 전형이다. 하지만 현실에서 매사에 정찰병처럼 사고하는 사람은 아무도 없다. 마찬가지로 순전히 전투병인 사람도 없다. 우리의 관점은 날마다 맥락에 따라 두 전형 사이를 오락가락한다.

한 트레이더가 있다고 하자. 이 사람은 직장에서 일할 때는 어김없는 정찰병이 돼 시장에 관해 세운 가설을 기꺼이 의심하고, 그것이 틀렸음을 발견하게 되더라도 슬퍼하지 않는다. 그러나 집에 돌아가서는 전투병이 돼 결혼생활에 문제가 있음을 거부하거나 자신이 잘못했을 가능성을 외면할지도 모른다. 한 기업가는 친구와 대화할 때는 정찰병 관점에서 회사 이야기를 하며 자기가 세운 사업 계획이 잘못되지 않았는지 의견을 구하기도 한다. 그러나 다음 날 사무실에서 공동창업자에게 비판을 들으면 전투병 관점으로 바뀌어 자기 계획을 반사적으로 옹호할지도 모른다.

우리는 정찰병 관점과 전투병 관점을 모두 갖고 있다. 하지만 어떤 이들은 상황에 따라 대다수 사람보다 훨씬 뛰어난 정찰병의 모습을 보여주기도 한다. 설령 자신이 바라던 결과가 아닐지라도 피카르처럼 진실을 열망하고, 기대에 부합하는 손쉬운 근거가 눈앞에 있어도 허튼 주장은 받아들이려 하

전투병 관점	정찰병 관점
전투병의 추론은 방어 전투와 유사하다.	정찰병의 추론은 지도 제작과 유사하다.
어떤 동기인지에 따라 '믿어도 될까?' 또는 '어째서 믿어야 하지?'라고 자문하며 무엇을 믿을지 결정한다.	'이것이 사실일까?'라고 자문하며 무엇을 믿을지 결정한다.
자신이 틀렸다는 사실을 발견하는 것은 전투에 패배했다는 의미다.	자신이 틀렸다는 사실을 발견하는 것은 지도를 개선해야 한다는 의미일 뿐이다.
신념을 수호하고 강화하기 위해 증거를 찾는다.	지도를 더 정확히 그리기 위해 증거를 찾는다.
관련 개념: 일방향성 동기화된 추론, 합리화, 부정, 자기기만, 희망적 사고	관련 개념: 정확성이 동기가 된 추론, 진리 탐구, 발견, 객관성, 지적 정직성

지 않는다. 생각이 맞는지 기꺼이 시험하고 실수를 찾아내려는 동기가 더 크다. 자신이 그려낸 지도에 오류가 있을 가능성을 민감하게 인지하고, 생각을 바꾸는 일에도 훨씬 마음이 열려 있다. 이 책은 이들이 무엇을 잘하는지, 우리가 전투병에서 정찰병으로 넘어가려면 이들에게 무엇을 배워야 하는지 다룬다.

먼저 전투병을 자세히 들여다보는 일부터 시작해야 한다. 추론을 하는 과정에서 전투병처럼 방어적인 자세를 취할 때가 그토록 많은 것은 어째서일까? 전투병 관점에서 벗어나기 힘든 까닭은 무엇일까? 다시 말해, 정찰병 관점이 그렇게 좋은 것이라면 왜 모든 사람이 언제나 정찰병처럼 사고하지 않는 것일까? 다음 장에서 전투병에 관해 알아보자. 전투병은 과연 무엇을 지키는가?

"

Chapter 2

당신의 신념은
무엇을 지키는가?

내가 지키려는 원칙이 하나 있다. '무언가를 바꾸려 할 때는 애초에 대상이 왜 그렇게 만들어졌는지 이해해야 한다'는 것이다.

영국 작가 길버트 체스터턴Gilbert K. Chesterton이 1929년 한 수필에서 제안한 이 원칙은 이후로 '체스터턴의 울타리'라고 불린다.[1] 길을 걷다가 울타리를 발견했는데 그 울타리가 어째서 길을 가로막고 있는지 도무지 이유를 알 수 없다고 하자. 당신은 이렇게 판단할 수 있다. "누가 여기에 울타리를 쳤지? 멍청하고 쓸데없는 짓 같아. 철거해야겠어." 하지만 체스터턴에 따르면, 울타리가 거기 있는 이유를 이해하지 못하는 한 그것을 없애도 된다고 확신해서는 안 된다.

유구한 전통이나 제도란 이 울타리와 같다고 체스터턴은 말한다. 미숙한 개혁가는 그런 것이 보이면 "이게 지금 무슨 쓸모가 있습니까. 없애버립시다"라고 말한다. 그러나 사려 깊은 개혁가는 이렇게 대응한다.

"애초에 어떤 쓰임새였는지 모른다면, 그것을 제거하도록 놔둘 수 없습니다. 가서 다시 생각해보시오. 그러고 나서 돌아와 원래 쓰임새가 뭐였는지 말할 수 있다면, 그때는 제거하는 것을 허용할 수도 있습니다."[2]

이 책에서는 일종의 개혁을 제안한다. 모든 경우라고 말할 수는 없지만, 많은 경우에 전투병 관점을 버리고 정찰병 관점을 익히는 편이 더 유익하다는 게 내가 주장하는 바다. 나는 미숙한 개혁가가 아니라 사려 깊은 개혁가가 되고 싶다. 그러나 정찰병 관점으로 얻는 장점이 아무리 강력해 보여도, 전투병 관점이 애초에 어떤 효과가 있었는지 바로 알지 못하면 변화를 요구하는 주장은 불완전하다. 동기화된 추론으로 얻는 중요한 이점은 무엇인가? 이 관점을 버릴 때 무엇을 잃게 되는가?

심리학자, 행동경제학자, 진화심리학자, 철학자를 비롯해 여러 분야의 전문가들이 동기화된 추론을 다양한 방식으로 탐구했다. '동기화된 추론은 무슨 기능을 하는가?'라는 질문을 다룬 문헌 역시 여러 분야에 걸쳐 있다. 나는 이 기능을 6개의 중첩된 범주, 즉 위안, 자존감, 의욕, 설득력, 좋은 인상, 소속감으로 구분했다.

위안: 불편한 감정을 떨쳐낸다

2016년, 인터넷을 돌아다니면 당시의 국제 정서와 절묘하게 맞아떨어지는 묘사 때문인지 어딜 가나 눈에 띄는 만화가 하나 있었다. 그 만화에는 모자를 쓰고 의자에 앉은 개 한 마리와 주위가 온통 불에 휩싸인 그림이 그려져 있었다. 개는 그 와중에도 억지로 미소를 지어 보이며 "괜찮아"라는 말만 되풀이했다.

전투병 관점은 공포감, 스트레스, 후회 같은 부정적인 감정을 떨쳐내는 데 도움이 된다. "괜찮아"라고 되뇌는 만화 속의 개처럼 우리는 때로 현실을 부정하며 부정적 감정을 떨쳐내기도 하고, 진위 여부와 관계없는 장밋빛 이야기만 찾아다니며 위안을 얻기도 한다. 이를테면 이런 말들이다. "세상 일은 다 잘되라고 있는 법이다, 착한 사람은 복을 받고 악한 사람은 벌을 받는다, 어둠이 깊을수록 별은 더 밝게 빛난다."

〈여우와 포도〉라는 이솝우화에서 여우는 과즙이 풍부한 포도를 발견했지만 너무 높은 가지에 있어 손에 넣지 못하자 급기야 그 포도는 시큼할 것이라고 결론짓는다. 우리는 원하는 것을 얻지 못할 때 이처럼 '신 포도' 논리를 사용한다. 첫 데이트를 근사하게 보내고 돌아와 상대에게 전화했는데 그 사람이 응답하지 않으면 사실은 상대가 별로였다고 결론짓는다. 일자리에 지원했다가 탈락하면 이렇게 스스로를 다독인다. '잘됐어. 거기서 일했다면 끔찍했을 거야.'

신 포도 논리와 유사한 것이 '달콤한 레몬 논리'다. 문제를 고치는 게 불가능해 보일 때 문제가 실은 축복이고, 설령 고칠 능력이 있어도 그것을 바꿀 일은 없다고 자신을 설득하는 것이다. 인류 역사에서 비교적 최근까지도 아이를 출산할 때는 극심한 고통을 겪어야 했다. 산통을 피하는 길은 없었기에 많은 의사와 성직자가 고통은 유익한 것이라 가르치며 고통 때문에 인간의 영혼이 성숙해지고 인격이 단단해진다고 주장했다. 1856년 한 산부인과 전문의는 산통은 신이 부여한 것이므로 "인간은 그 사실을 의심하지 않는 것이 가장 현명한 일"이라고 주장했다.[3]

지금은 경막외마취가 있어 더는 레몬의 달콤함을 고집하지 않아도 된다.

하지만 노화와 죽음에 관해서는 여전히 이와 비슷한 논리를 전개한다. 노화와 죽음은 아름다우며, 이 때문에 삶이 의미 있다고 생각하는 것이다. 조지 W. 부시George W. Bush 정부에서 생명윤리위원회 의장직을 역임했던 리언 카스Leon Kass는 "죽음은 재앙이 아니라 오히려 축복일지 모른다"고 주장했다. 아마도 카스는 사랑을 느끼는 인간의 능력이 생명의 유한성을 인지하는 데 달렸음을 말하고 싶었는지도 모른다.[4]

이 이야기에 한마디 덧붙이자면 긍정만이 위안이 되는 건 아니다. 정반대인 경우도 있다. 아무 소망이 없으면 도리어 걱정할 일도 없을 것이다. 가령 어려운 수업에서 살아남으려고 발버둥 친다면 다음과 같이 끝을 내고 싶을지도 모른다. "이건 쓸데없는 짓이야. 나는 결코 좋은 성적을 내지 못할 거야." 포기하는 순간 달콤한 안도감이 밀려든다.

지진이나 쓰나미 같은 재난에 대비하는 일도 쓸모없는 짓이라고 결론 내린다면 향후 이에 대해 따로 고민할 필요가 없을 것이다. 뉴욕대학교에서 재난 대비 심리학을 연구하는 에릭 클리넨버그Eric Klinenberg 사회학 교수에 따르면, 재난 앞에서 대다수 사람은 두 손 들고 "이건 운명입니다. 내가 어찌할 수 있는 게 아니죠"라며 포기한다.[5]

자존감: 자기를 긍정하고 지킨다

영화 〈일렉션〉에 등장하는 트레이시 플릭은 포부도 크고 성실한 인물이지만 친구를 사귀는 일에는 영 소질이 없다. 그녀는 자신에게 말한다. "괜찮아. 극소수만이 위대해질 수 있다는 걸 깨달았어. 단독 비행을 하는 거야. 위대한 사람이 되려면 외로울 수밖에 없어."[6] 트레이시처럼 우리는 전투병 관점으로 무장한 채 달갑지 않은 사실을 기분 좋게 해석할 근거를 찾아내 자존심을 지킬 때가 많다. "나는 부자는 못 되겠지만 그건 내가 정직하기 때문이다. 내게 친구가 많지 않은 것은 사람들이 나를 두려워하기 때문이다."

세상의 모든 신념은 자존심을 방어하는 도구로 이용될 수 있다. 신념이란 이런저런 모양으로 자신의 장단점과 연관되기 때문이다. 책상이 늘 책과 서류 더미로 어지럽게 뒤덮인 사람이라면 '지저분함은 창의성의 지표'라는 주장을 선뜻 받아들일 것이다. 여행 다닐 시간과 소득이 충분한 사람이라면 "세상을 둘러보지 않고서는 균형 잡힌 사람이 될 수 없다"는 말을 쉽게 믿을 것이다. 수능시험 점수가 좋지 않은 사람이라면 "표준화 시험으로는 학생이 얼마나 똑똑한지 측정할 수 없으며 그저 시험을 치르는 능력이 얼마나 좋은지 보여줄 뿐이다"라는 주장에 크게 공감할 것이다.

세상에 관해 품었던 신념은 시간이 흐르면서 자신의 이력과 실적에 따라 모양을 바꾼다. 1990년대 후반에 한 연구팀은 4년간의 대학생활을 관찰했다. 학생들이 목표로 삼았던 평균 점수와 실제로 성취한 평균 점수, 그리고 성적에 대한 신념을 추적했다. 일관되게 자기 기대치에 못 미친 성적을 거둔 학생들 사이에서는 '어쨌든 중요한 것은 성적이 아니다'라고 믿는 이들이 증가했다.[7]

자아상은 세상이 돌아가는 방식에 관한 기본 신념에도 영향을 미친다. 가난한 사람은 인생에서 운이 아주 큰 역할을 한다고 믿을 가능성이 크며, 부유한 사람은 오로지 근면과 재능이 중요하다고 믿는 경향이 있다. 경제학자 로버트 프랭크Robert Frank가 인생에서 성공하는 데 행운이 (충분조건은 아니지만) 중요한 요인이라는 글을 〈뉴욕타임스〉에 기고한 적이 있다. 〈폭스뉴스〉 경제평론가 스튜어트 바니Stuart Varney는 방송에 출연한 프랭크에게 발끈했다.

"그 기사를 읽었을 때 얼마나 큰 모욕감을 느꼈는지 아십니까? 35년 전에 나는 미국에 빈손으로 건너왔습니다. 오로지 타고난 재능과 노력, 그리고 위험을 감수한 덕분에 이 자리까지 왔어요. 그런데 당신은 이게 운이 좋아서라고 〈뉴욕타임스〉에 글을 썼습니다."[8]

여기서 한마디 덧붙이자면, '나는 똑똑하고, 재능이 많고, 모든 이가 나를 좋아한다'고 생각하는 것만이 자존감을 지키려는 동기화된 추론은 아니다. 심리학자들은 긍정적인 신념에 기반을 두고 자아를 높이는 '자기고양self-enhancement'과 자아에 타격을 입지 않으려 노력하는 '자기방어self-protection'를 구별한다. 자기방어 심리의 경우 자기 자신에게 최악의 것을 가정하기도 한다. 유튜버 내털리 윈Natalie Wynn은 한 유명한 영상에서 마음에 상처가 되는 말을 전부 사실로 받아들이는 것을 '가학적 인식'이라 불렀다. 영상을 보고 많은 이가 공감했다. 한 구독자는 이런 댓글을 남겼다.

"실제로 사람들은 그렇게 생각하지 않는데 '누군가는 내가 예쁘다고 생각하겠지'라고 기대하기보다는, 내가 예쁘다고 생각하는 사람이 아무도 없다고 가정하는 쪽이 더 안전하게 느껴진다."[9]

의욕: 난관을 극복할 투지를 일으킨다

나는 샌프란시스코에서 책을 집필했다. 이 도시에서 살아가는 사람들과 그들을 태우고 이동하는 우버택시 기사들은 10억 달러 가치를 지닌 기술 기업의 다음 주인공이 되겠다는 꿈을 안고 산다. 여기서는 무모할 정도로 낙관적인 태도를 미덕으로 여긴다. 낙관주의에 고무돼 두려운 도전에 뛰어들고, 비관론자들의 말을 무시하면서 고된 상황을 인내할 힘을 얻는다. 이곳 기업가를 대상으로 자사의 성공 가능성을 물었을 때 대다수가 70% 이상이라 답했으며, 3분의 1 정도는 100%라고 답변했다는 사실도 전혀 놀랍지 않다. 그러나 현실에서 스타트업의 성공률은 10% 정도다.[10]

이처럼 높은 자기확신을 정당화하기 위해 우리는 무슨 일을 할까? 현실적인 가능성을 도외시하고, 성공은 순전히 노력의 문제라며 자신을 설득한다. 한 동기부여 전문 블로거는 이렇게 장담했다. "좋아하는 어떤 일에 헌신하고, 게으름 피우지 않고, 날마다 그 일을 한다면 성공 가능성은 100%다."[11]

낙관적 전망을 정당화하는 정보나 현상에 선별적으로 집중하고, 회의적인 전망을 정당화하는 정보는 무시하는 전략을 쓰기도 한다. 내 경우에는 대부분의 단체가 실패한다는 사실을 알면서도 비영리단체를 설립했고 당시 '이미 많은 후원자를 확보했으니 다른 단체보다 유리한 조건'이라고 생각하며 스스로를 안심시켰다. 이는 사실이었고 낙관적으로 생각할 만한 근거였다. 하지만 다른 측면에 눈을 돌릴 수도 있었다. '우리는 어리고 경험이 부족하므로 대다수 단체보다 불리한 조건이다.' 이것 역시 사실이었다.

어려운 결단을 내리고 자신 있게 일을 추진하려면 투지를 일으켜야 한다. 그런 까닭에 의사결정자는 따로 대안을 세우거나 현재 계획에 있는 단점을 들여다보는 것을 외면할 때가 많다. 사회학자 닐스 브룬손Nils Brunsson은 1970년대에 한 스웨덴 회사에 들어가 사람들을 관찰했다. 그리고 새로 실행할 프로젝트에 관해 의사결정을 내릴 때 사람들이 여러 선택지를 비교하고 검토하는 데는 시간을 거의 쓰지 않는다는 사실을 발견했다. 하나의 전략을 빠르게 선택한 뒤 그 전략을 찬성하는 근거를 내놓는 데 회의시간 대부분을 할애했다. 브룬손은 이렇게 결론지었다. "이 방식은 프로젝트를 향한 열정을 끌어올리는 데 도움이 됐다. 열정은 향후 발생할 난관을 극복하는 데 꼭 필요한 요인으로 보인다."[12]

위안, 자존감, 의욕은 전투병 관점으로 얻는 '정서적 이점'이다. 여기서 기만하는 대상은 공통적으로 자기 자신이다. 전투병 관점으로 얻는 나머지 3가지 이점은 이와는 성격이 다르다. 설득력, 좋은 인상, 소속감은 모두 '사회적 이점'에 해당한다. 여기서 기만하는 대상은 자기가 아닌 다른 사람들이다.[13]

설득력: 확신하면 확신을 얻는다

린든 존슨Lyndon Johnson은 의원 시절에 특별한 습관이 하나 있었는데 친구와 보좌관은 이를 가리켜 '예열하기'라고 불렀다. 사람들을 설득할 일이 있을 때 존슨은 자신이 먼저 열렬한 지지자가 돼 몇 번이나 정당성을 펼치는 연습을 하곤 했다. 그러고 나면 한 치의 흔들림도 없이 의심을 방어할 수 있었다. 처음에 어떤 견해를 품었든 간에 주장을 되풀이하는 사이 확신하게 됐다. 존슨의 언론 담당 비서였던 조지 리디George Reedy가 말했다.

"연기가 아니었어요. 그는 자신을 설득하는 능력이 탁월했습니다. 당장에 필요한 어떤 진실이 정말로 진실이라 믿고, 상충하는 주장은 무엇이든 적이 내놓는 핑계에 불과하다고 확신했죠."[14]

의도적으로 스스로를 속이는 존슨의 능력은 특출했다. 하지만 정도가 약할 뿐 우리 모두 존슨처럼 자기 자신을 속이곤 한다. 다른 사람을 설득하려면 자기가 먼저 그것을 믿어야 하므로, 그 주장을 지지할 때 사용할 수 있는 증거와 논증을 찾아 나선다.

법대에서는 모의재판에서 학생들이 원고와 피고로 나눠 변론을 펼치는데, 어느 쪽이 됐든 자신이 변호하는 쪽이 해당 사건에서 도덕적·법률적으로 아무 문제가 없다고 결국 믿게 된다. 설령 원고와 피고가 무작위로 배정될 때조차도 마찬가지다.[15] 기업가로서 당신의 기업이 시장을 어떻게 휩쓰는지 열정과 진심을 담아 전달할 수 있을 때 다른 사람도 그 말을 진실로 받아들일 수 있다. 로비스트, 영업사원, 기금 모금자들은 자신이 선전하는 가치나 제품을 다른 사람이 쉽게 받아들이도록 단점은 축소하고 장점은 과장하기도 한다.

강연장이나 책에서 이론을 펼쳐야 하는 어떤 교수는 자기 이론이 실제보다 훨씬 독창적이라고 스스로를 설득하기도 한다. 그 분야에 정통한 소수는 과장을 알아채겠지만 어쨌든 이 교수는 이론을 과장해 많은 사람을 현혹할 수 있을 것이다. 이를 위해 문제의 교수는 '뜻하지 않게' 다른 사람의 논지를 오해했을 것이고, 아무도 주장한 적 없는 말을 놓고 허수아비 공격하듯 자신이 흥분한다는 사실을 간과해야 했을 터다.

설득하는 일을 전문으로 하지 않는 보통 사람도 친구나 가족, 동료가 믿어주길 바라는 것들이 많다. '나는 좋은 사람이다, 나는 동정받을 자격이 있다, 나는 최선을 다했다, 나는 귀한 인재다, 내 일은 상승세를 타고 있다.' 우리 자신이 먼저 이렇게 믿어야 이를 지지하는 증거와 논거를 더 많이 찾아낼 것이고, 타인을 설득하거나 논리를 펼치기 수월해진다.

존슨은 이렇게 말하곤 했다. "확신하면 확신을 얻는다."[16]

좋은 인상: 멋진 사람으로 보여줄 신념을 택한다

정장을 입을까, 청바지를 입을까? 가죽 원단이 좋을까, 헴프 원단이 좋을까? 하이힐을 신을까, 운동화를 신을까? 이런 것을 결정할 때 은연중에 자신을 점검한다. '이 옷은 어떤 사람들이 입을까? 세련되고, 자유분방하고, 관습에 얽매이지 않으면서도 현실적인 사람? 나는 사람들에게 어떤 사람으로 보이길 원하는가?'

신념을 선택할 때도 이와 유사하다.* 심리학자들은 이것을 '인상관리'라 하고, 진화심리학자들은 '신호'라고 부른다. 이처럼 우리는 어떤 주장을 생각할 때 은연중에 자문한다. '누가 이런 주장을 하는가? 다른 사람들이 나를 그런 모습으로 바라봐주기를 원하는 것인가?'

사람마다 자신이 보여주고 싶은 이미지를 옷으로 다양하게 표현하길 좋아하듯, 신념을 선택할 때도 마찬가지다. 남보다 돋보이고 싶어서 허무주의에 매료되는가 하면, 누구에게나 호감이 가는 사람으로 보이고 싶어 낙관주의에 매료되는 이도 있다. 성숙한 사람으로 보이고 싶은 욕심에 논란이 되는 사안에서 늘 중도를 지키려는 이도 있다.

•
패션과 신념 간의 유추는 로빈 핸슨(Robin Hanson)의 글(http://mason.gmu.edu/~rhanson/belieflikeclothes.html)에서 아이디어를 빌렸다.

특정한 신념을 선택하는 목적은 자기 신념을 남들과 공유하기 위해서가 아니다. 앞서 살펴본 설득력의 경우와 같다. 여기서 허무주의를 표방하는 사람은 다른 이도 자기처럼 허무주의를 믿게 하려는 것이 아니라 자신이 허무주의자라는 사실을 남이 믿게 하려는 것이다.

패션에 유행이 있듯이 사상에도 유행이 존재한다. 사회주의가 자본주의보다 더 낫다거나 머신러닝이 세상을 바꿀 것이라는 생각이 여러 모임에서 두루 공유될 때, 유행에 뒤처지지 않는 차원에서 그 생각을 받아들이고 싶은 욕구를 느낀다. 물론 반골 기질로 인식되고 싶은 경우에는 얘기가 다르다. 이런 사람은 어떤 사상이 인기를 얻을 때 이를 수용하기보다는 거부하는 쪽에 가깝다.

사람들은 자기를 다양한 모습으로 표현하지만, 보편적으로 좋아하거나 싫어하는 이미지가 있다. 여기저기 얼룩이 묻은 옷이나 지저분한 상태로 밖을 돌아다니고 싶은 사람은 거의 없다. 정신이 나갔거나 이기적인 인간으로 비칠 만한 신념을 자랑하고 싶은 사람도 거의 없다. 좋은 인상을 주기 위해 자신의 행동을 변호할 수 있는 설명을 찾는다. 이를테면 다음과 같다.

"우리 동네에 새 건물이 들어서는 걸 반대하는 이유는 환경에 미치는 악영향을 걱정하기 때문입니다. 부동산 가격이 떨어질까 염려하는 것은 절대 아닙니다!"

앞에서도 비슷한 얘길 했는데, 새로운 사상이나 신념으로 좋은 인상을 줄 수도 있지만 어떤 경우에는 아예 이해하지 못하는 모습이 도움이 된다. 최근에 성공한 친구를 보며 씁쓸한 기분을 느끼는 지인이 있다고 가정한 후 고등학교에서 학생들과 토론을 진행했다.

다나라는 학생이 황당해하며 물었다. "아니 어떻게 친구의 성공을 질투

할 수 있어?" 그러자 누군가 다나가 사랑스럽다는 듯 말했다. "와아, 다나는 너무 순수해서 질투가 어떤 감정인지조차 모르는 거야." 다나는 자신을 어린애 취급하는 사람들에게 항변했다. "난 정말 이해가 안 돼. 친구가 행복한데 왜 같이 기뻐하면 안 돼?"

소속감: 속한 집단에 어우러진다

몇몇 신앙 공동체에서는 구성원이 신앙을 잃는 것은 곧 결혼생활과 가족을 비롯해 전반적인 사회적 지원까지 모두 상실할 수 있다는 뜻이다. 이는 매우 극단적인 사례지만, 사회 집단마다 구성원들이 공유하리라고 기대하는 신념과 가치관이 있다. 이런 것들이다. '기후변화는 심각한 문제다, 공화당원이 민주당원보다 낫다, 우리는 귀중한 가치를 위해 싸운다, 아이들은 축복이다.' 집단의 규범과 가치에 동의하지 않는다고 해서 무리에서 정말로 쫓겨나지는 않겠지만, 다른 구성원들과 사이가 소원해질 수 있다.

공통된 견해를 따르는 것 자체는 전투병 관점을 보여주는 특징은 아니다. 〈XKCD〉라는 웹 만화를 보면 한 부모가 자녀에게 아주 오래된 수사적 질문을 던진다.

"친구들이 모두 다리에서 뛰어내리면 너도 뛰어내릴 거야?"

여기서 아이에게 기대하는 정답은 잠시 주저하더라도 "아뇨. 당연히 아니죠"라고 말하는 것이다. 그러나 아이는 "그럴 것 같은데요"라고 대답한다. 친구들이 그랬다는 것은 결국 모두 동시에 정신이 나갔거나 아니면 다리에 불이 났기 때문일 텐데, 아이는 둘 중 더 가능성 있는 쪽을 택한 것이다.[17] 아이의 대답은 일리가 있다. 공통된 견해를 따르는 것은 간편하고 효율적인 추론일 때가 많다. 개인이 모든 정보를 직접 조사할 수는 없으며 다른 사람들은 개인이 모르는 정보를 알고 있기 때문이다.

우리가 따르려는 공통된 견해가 정말로 사실인지 그 여부를 따지려 하지 않을 때 이는 동기화된 추론이 된다. 카티아라는 내 친구는 그녀의 표현을 빌리자면 작은 히피 마을에서 자랐는데, 여기선 모든 마을 사람이 강경한 환경주의자였다. 그러나 카티아는 고등학교에 들어간 이후로 인터넷이나 경제학 교과서에서 일부 환경주의 정책이 효과가 없으며 사람들이 생각하는 것만큼 벌목 회사가 유해하지 않다는 주장을 접했다.

카티아는 이런 주장의 결함을 찾아다녔다. 하지만 어떤 때는 놀랍게도 아무 오류가 없어 보였다. 그 순간마다 가슴이 철렁 내려앉았다. 그녀는 이렇게 말했다. "산림관리 문제로 논쟁하면서 상대의 주장에 곧바로 반론하지 못했을 때처럼, 내가 오답을 들고 있는 것을 확인할 때마다 토할 것 같은 기분이 들어."

자신이 속한 집단에 어울리는 사람이 된다는 것은 집단의 공통된 견해를 따르는 것만을 의미하지 않는다. 소속 집단의 명예를 실추할 위험이 있는 증거를 거부하는 것도 충성심을 드러내는 방법이다. 자신을 게이머와 동일시하는 사람(즉 '어떤 사람이 게이머를 비난할 때 이를 개인적인 모욕으로 느낀다'는 진술에 공감하는 이들)은 폭력적인 비디오게임이 유해하다는 사실을 보여주는 연구에 의심을 품는 경우가 더 많다.[18] 자신을 천주교 신자와 동일시하는 사람(즉 '천주교 신자들과 연대감을 느낀다'는 진술에 공감하는 이들)은 천주교 신부가 성범죄 혐의를 받을 때 그 혐의에 의심을 품는 경우가 더 많다.[19]

집단의 성격에 따라 그 안에서 어울리려면 자기 자신에 관한 믿음이나 욕망에 제약이 따르기도 한다. '키 큰 양귀비 증후군'이라 불리는 현상으로, 눈에 잘 띄는 키 큰 양귀비가 먼저 제거되듯이 야심이나 자존심을 너무 크게 드러내는 사람은 견제당한다. 이 같은 집단 문화에서 구성원과 어울리고 싶다면, 혼잣말할 때조차도 자신의 성과와 목표를 축소해서 말하는 습관을 익혀야 한다.

전투병 관점을 사용하는 상황을 관찰하면, 이 사고방식을 교정하려고 자주 내놓는 해결책들이 어째서 무익한지 이유가 분명히 드러난다. 해결책이란 것에는 으레 다음과 같이 '교육'이나 '훈련' 같은 단어가 등장한다.

- 학생들에게 인지 편향에 관해 가르쳐야 한다.
- 사람들은 비판적 사고력을 훈련해야 한다.
- 사람들에게 이성과 논리를 교육해야 한다.

이 방법론 중 어느 것도 장기적 시각에서 또는 교실 밖에서도 사람들의 관점을 변화시키는 데 큰 효과를 내지 못했다. 사실 이는 놀랄 일이 아니다. 동기화된 추론을 하는 이유는 우리가 잘 몰라서가 아니라, 우리에게 매우 중요한 것을 지키고자 하기 때문이다. 즉 자기 자신과 삶에 관해 마음을 편안히 하는 능력, 힘든 과제를 수행하고 극복하는 데 필요한 동기, 남들에게 좋은 인상을 주고 설득하는 능력, 공동체 안에서 느끼는 소속감을 지키기 위함이다.

전투병 관점을 사용한다고 해서 이 사고방식이 반드시 좋은 전략이라는 의미는 아니다. 오히려 역효과를 내기도 한다. 앞서 설득력 효과를 다루며 살폈듯이, 법대생들이 모의재판에서 무작위로 어느 한 편을 배정받았음에도, 사건 자료를 읽고 나면 자신이 변호해야 하는 쪽이 도덕적·법률적으로 옳다고 확신한다. 그러나 이런 확신은 재판부를 설득하는 데 도움이 되지 않는다. 자기편이 옳다는 확신이 클수록 재판에서 이길 가능성은 도리어 상당히 낮다. 그런 확신 때문에 논거를 무너뜨릴 만한 반증에 대비하는 데 소홀해지기 때문이다.[20]

설령 전투병 관점이 역효과를 내지 않더라도 이 사고방식이 최선인지는 확실치 않다. 자신의 결함을 부정함으로써 자존감을 높이는 대신 결함을 알아차리고 고침으로써 자존감을 높이는 방법도 있다. 소속 집단에 억지로 생각을 맞추기보다는 그곳을 떠나 자기와 더 잘 맞는 무리를 찾는 또 다른 방법도 있다.

이번 장을 시작하며 체스터턴의 울타리 원칙을 살폈다. 그렇다면 전투병 관점은 애초에 어디에 쓰였으며, 이 관점을 버려도 괜찮다고 확신할 수 있는가? 지금까지는 첫 번째 질문을 다뤘다. 두 번째 질문에 답하려면 가치 있게 여기는 것들을 전투병 관점 없이도 그에 못지않게 또는 그 이상으로 효과적으로 얻을 수 있는지 판단해야 한다. 이것이 다음 장에서 다룰 주제다.

Chapter 3

진실이 우리 생각보다
더 가치 있는 이유

○○

다시 정리해보자. 전투병 관점에서 우리는 받아들이고 싶은 것에는 '믿어도 될까?'라고 물으며 믿어도 좋은 근거를 찾아 나서고, 거부하고 싶은 것에는 '어째서 믿어야 하지?'라고 물으며 배척할 근거를 찾아 나선다. 또한 전투병 관점으로 일련의 신념을 지킨다. 이 신념은 자존감을 높이고, 위안을 주고, 힘든 과제를 수행하는 데 필요한 의욕을 북돋고, 다른 사람들을 설득하고, 좋은 인상을 심어주고, 집단에서 소속감을 얻는 데 유리하다.

정찰병 관점에서는 '이것이 사실일까?'라는 기준으로 정보를 찾는다. 자신의 판단이 정확한지 정보를 살피고, 문제점을 해결하고, 유리한 기회를 파악하고, 어떤 위험을 감수할 가치가 있는지 알아내고, 인생을 어떻게 보낼지 결정한다. 때로는 순전히 호기심을 충족하는 차원에서 우리가 사는 세계를 깊이 이해하고 싶을 때도 정찰병 관점에서 사고한다.

전투병 관점에서 신념을 지킬 때의 이점	정찰병 관점에서 상황을 명확히 파악할 때의 이점
정서적 이점 위안: 실망감, 불안감, 후회, 질투를 처리한다. 자존감: 자신을 긍정한다. 의욕: 어려운 과제에 도전하고 실패해도 쉽게 낙담하지 않는다.	어떤 문제를 개선해야 하는지, 어떤 위험을 감수해야 하는지, 어떻게 목표를 달성할지, 누구를 신뢰할지, 어떤 삶을 살고 싶은지, 장기적 관점에서 기존의 판단을 어떻게 개선할지에 관해 **좋은 판단을 내릴 수 있다.**
사회적 이점 설득력: 자신에게 유리한 정보를 상대방이 믿도록 설득한다. 좋은 인상: 똑똑하고, 세련되고, 동정심이 있고, 도덕적인 사람으로 보이게 한다. 소속감: 집단에 어울리는 사람이 될 수 있다.	

무의식중에 벌어지는 양자택일

우리가 가진 신념이 전혀 다른 성격의 여러 목표를 동시에 만족시켜야 한다는 것은 인간으로서 직면하는 역설이다. 그럴 수 없기에 결국 어느 하나를 얻는 대신 다른 하나를 버려야 하는 선택에 놓인다.

우리는 판단력과 소속감 사이에서 하나를 선택해야 한다. 가령 유대감이 강한 공동체에 거주하는 사람이라고 하자. 공동체에서 믿는 핵심 가치와 신념에 의구심이 들 때마다 전투병 관점에 따라 이를 떨쳐낸다면 쉽게 무리와 어울릴 수 있다. 반대로 머릿속에 떠오르는 의구심을 그대로 키운다면 도덕과 종교, 성 역할에 관한 공동체의 견해를 거부하고 관습에 얽매이지 않은 채 사는 쪽이 더 낫다는 사실을 깨달을지도 모른다.

우리는 판단력과 설득력 사이에서 하나를 선택해야 한다. 유명 자선 단체에서 일했던 내 친구는 이사장의 자기확신에 매우 놀랐다. 이사장은 예산을 한 푼도 허투루 집행하지 않았다고 스스로를 완벽히 설득했기에 기부에 관심 있는 사람들에게도 마찬가지로 확신에 차 주장할 수 있었다. 반면 이같은 자기기만 탓에 성과가 나쁜 프로그램도 폐지하기를 꺼렸다. 그의 머릿속에서는 성과가 나쁜 프로그램이란 있을 수 없었기 때문이다. 친구는 이렇게 기억했다.

"너무나 명백한 사실인데도 그걸 입증하려면 이사장과 치열한 논쟁을 벌여야 했을 거야."

이 경우 전투병 관점은 이사장이 기부자를 모으는 데는 유익했지만, 돈을 사용하는 방법을 정하는 일에는 해로웠다.

우리는 판단력과 의욕 사이에서 하나를 선택해야 한다. 계획을 세워놓고 좋은 점에만 집중하는 것("끝내주게 좋은 계획이야!")은 그것을 실행에 옮기는 열정과 동기를 부여하는 데 도움이 된다. 반면 계획에 결함이 없는지 면밀히 검토한다면("단점은 무엇인가? 어떤 경우에 실패할 가능성이 있는가?") 더 나은 방법은 없는지 고려할 가능성이 크다.

이렇게 하나를 버리고 하나를 선택하는 트레이드 오프trade-off는 대체로 무의식중에 일어난다. 요컨대 자기기만은 의식이 알아차리지 못하는 수면 아래서 일어난다. 우리가 '내가 망쳤다는 사실을 인정해야 할까?'라고 분명하게 의식할 수 있다면 이 문제는 따로 논의할 필요도 없을 것이다.

그러나 상황에 따라 어떤 목표를 우선시할지 선택하는 것은 대체로 무의식에 달렸다. 우리는 때로 전투병 관점에 서서 정확성을 포기하고 대신 정서적 이점이나 사회적 이점을 선택한다. 그런가 하면 때로는 마주한 진실이 바라던 것과는 다를지라도 정찰병 관점에 서서 기어코 진실을 찾아 나서기도 한다.

인간의 무의식은 2가지 관점을 모두 택하기도 한다. 나는 워크숍을 진행할 때면 학생들이 강의를 제대로 따라오는지 확인하는 습관이 있었다. 학생들이 수업 내용에 혼란을 느끼거나 불만족스럽다면 이를 조금이라도 일찍 파악하는 편이 낫기 때문이고 그래야 문제를 고칠 수도 있었다. 수강생에게 피드백을 듣는 일이 쉬웠던 적은 한 번도 없었기에 이토록 바람직한 행동을 수행하는 나 자신을 대견하게 여겼다.

내가 무슨 일을 하고 있는지 몰랐다는 사실을 알아차리기 전까지는 적어도 스스로 자랑스러웠다. 그런데 알고 보니 나는 학생들에게 "워크숍 내용이 재미있나요?"라고 물을 때마다 얼굴에 격려하는 미소를 지은 채 연신 고개를 끄덕이고 있었다. 마치 '재미있는 거 맞죠? 그렇다고 해줘요'라고 요청하는 모양새였다.

자존감과 행복을 사수하려는 욕구와 문제를 정확히 파악해 고치려는 욕구가 내 안에서 경쟁을 벌였다. 솔직한 의견을 바란다고 하면서도 긍정적인 대답을 유도하려고 고개를 끄덕이며 학생들을 격려하던 모습은 전투병과 정찰병 사이에서 벌어지는 긴장이 구현된 순간으로 뚜렷이 각인됐다.

인간은 합리적으로 비합리적인가?

우리는 정찰병 관점과 전투병 관점 사이에서 끊임없이 저울질하며 무의식적으로 어느 하나를 선택한다. 따라서 다음 2가지 질문을 스스로 점검해봐야 한다.

'두 관점 사이에서 선택과 포기를 잘하고 있는가?'

'거짓을 진실로 받아들였을 때 발생하는 편익과 비용에 대비해 진실을 알았을 때 발생하는 편익과 비용을 직관적으로 따지는 일에 능숙한가?'

인간의 뇌가 이 같은 트레이드 오프에 능숙하도록 진화했다는 가설은 경제학자 브라이언 캐플런Bryan Caplan이 말한 '합리적 비합리성' 가설로도 알려져 있다.[1] 이 명칭이 모순되게 들린다면, 2가지 다른 의미로 '합리적'이라는 용어를 사용하기 때문이다. 인지적 합리성이란 그만한 이유가 있는 신념을 지니는 것을 의미하는 반면, 도구적 합리성은 목표를 성취하려고 효과적인 수단을 선택하는 것을 의미한다.

따라서 인간이 합리적으로 비합리적이라는 말은, 우리가 판단력을 지나치게 훼손하지 않으면서 사회적·정서적 목표를 이루기에 충분한 '인지적 비합리성을 무의식적으로 선택하는 일에 능숙하다는 것'을 의미한다. 합리적으로 비합리적인 사람은 직면한 문제가 해결 가능성이 매우 낮고 현실 부정으로 얻는 위안이 충분히 큰 경우에만 그 문제를 부정한다. 합리적으로 비합리적인 최고경영자는 전략적 의사결정에 미치는 부정적 영향보다 투자자들을 설득하는 데 미치는 긍정적 영향이 훨씬 크다고 판단할 때만 기업의 건전성에 대한 인식을 과장한다.

그러면 우리는 가설대로 합리적으로 비합리적인 존재인가?

실제로 그렇다면, 책에서 할 이야기가 그리 많지 않을 것이다. 물론 인간의 이타심에 호소한다든지 전투병보다는 정찰병 관점에서 선량한 시민이 돼달라고 요청할 수는 있다. 아니면 마음에 내재하는 진리를 추구하는 의지에 호소할 수도 있다. 하지만 우리 뇌가 정찰병 관점과 전투병 관점 사이에서 최적의 균형점이 어디인지 이미 알고 이에 따라 판단하고 있다면, 정찰

병 관점에서 더 많이 사고하는 편이 훨씬 유익하리라고 굳이 주장할 필요
는 없을 것이다.

당신 손에 이 책이 들려 있다는 사실만 봐도 내 답이 어느 쪽인지는 짐작
이 될 것이다. 그렇다. 우리는 합리적으로 비합리적인 존재와는 거리가 멀
다. 인간의 의사결정 과정에는 뇌의 시스템에 따라 진실의 비용과 편익을
오판하도록 만드는 몇 가지 편향과 회로가 존재한다.

이번 장의 나머지 지면에서는 편향 때문에 과대평가되는 전투병 관점과
이와 반대로 과소평가되는 정찰병 관점을 다룬다. 이런 이유로 우리는 필요
이상으로 자주 전투병이 되고 정찰병이 되는 일은 드물어진다. 그 과정도
함께 알아보자.

전투병은 눈앞의 보상에 집착한다

자신이 세운 목표를 스스로 망치는 버릇이 있다는 것은 인간으로서 참
절망스러운 부분이다. 사람들은 피트니스 회원권을 등록해놓고도 꼬박꼬
박 이용하지 않는다. 다이어트를 시작하고는 도중에 그만둔다. 마감일이 닥
치기 전날까지 논문 작성을 뒤로 미루다가 곤경에 빠뜨린 과거의 자신을
저주한다.

이 같은 자기방해의 근원은 '현재 중시 편향'에 있다. 직관적인 의사결정
의 특징으로, 지나치게 단기 성과를 중시하며 장기 성과를 무시한다. 다시
말해, 우리는 참을성이 없고 보상이 눈앞에 가까이 다가올 때는 더욱 조급

해진다.[2]

피트니스 회원권을 등록할까, 말까? 적어도 이론상으로는 회원권을 등록하는 쪽이 가치 있어 보인다. 매주 몇 시간을 운동하며 보내는 대가로 보기 좋게 몸매도 가꾸고 기분도 상쾌해지기 때문이다. 그래서 회원권을 등록한다! 하지만 어느 날 아침 이보다 더 어려운 선택의 기로에 선다. '알람을 끄고 단잠을 청할까?' 아니면 '아직 효과는 모르겠지만 피트니스 센터에 가서 스스로 세운 목표를 향해 한발 나아가야 할까?' 다시 포근한 잠자리에 들 때 얻는 보상은 즉각적이나, 운동을 택할 때 얻는 보상은 분명치 않고 시간이 오래 걸린다. 게다가 고작 하루 거른다고 해서 목표에 그리 큰 차이를 가져올 것 같지도 않다.

현재 중시 편향이 우리가 어떻게 행동할지 선택하는 데 지대한 영향을 미친다는 사실은 널리 알려져 있다. 그에 비해 우리가 어떻게 사고할지 선택하는 데도 지대한 영향을 미친다는 사실은 잘 모른다. 늦잠을 자고 다이어트를 그만두고 일을 미루는 것과 마찬가지로, 전투병 관점에서 사고할 때는 즉각적인 보상을 얻지만 이에 대한 대가는 나중에 치른다.

가령 자신이 저지른 실수 때문에 속을 끓이다가 '그건 내 잘못이 아니다'라고 스스로를 설득하면 즉시 안도감을 보상으로 얻는다. 하지만 실수에서 아무것도 배우지 못했으므로 같은 실수를 반복하지 않도록 예방하는 능력은 키우지 못한다. 물론 언젠가 실수의 대가를 치르기 전까지는 아무 영향도 느끼지 못할 것이다.

자기 장점을 과대평가하는 것은(낭만적이다, 전문가답다 등) 인간관계를 맺는 초기에 무척 효과적인 전략이다. 어떤 사람을 처음 만나면 직원이나 동료로서 무슨 자질이 있는지 아무런 정보도 없으므로 '그 사람이 자신의 자질을 얼마나 확신하는가?'와 같은 대용품에 의존할 수밖에 없다. 그러나 오래 알고 지내면서 누군가의 장단점을 많이 알아갈수록 자신감 같은 대용품에 의존할 필요도 적어진다.

어떤 일에 대한 성공 가능성을 낙관할수록 의욕이 크게 일어난다. 그러나 이런 동기부여 효과는 시간이 지나면서 사그라질 것이고, 성공이 예상보다 지연될 때는 오히려 역효과를 부른다. 프랜시스 베이컨Francis Bacon은 이렇게 말했다.

"희망은 좋은 아침밥이지만, 나쁜 저녁밥이다."

정찰병은 조금씩 그러나 많은 것을 바꾼다

아침에 일어나 피트니스 센터로 향할 때 얻는 이점은 운동으로 소비할 열량이나 그날 단련할 근육에 그치지 않는다. 값진 습관과 능력을 더한다는 사실도 빼놓을 수 없다. 여기에는 피트니스 센터에 가는 습관을 비롯해 넓은 의미에서 보면 힘든 과제를 수행하는 능력과 자기 자신에게 한 약속을 관철하는 습관도 포함한다.

우리가 이런저런 이점을 모르는 게 아니다. 하지만 아침 6시에 알람이 울리고, 유독 잠자리가 아늑하고 포근하게 느껴질 때는 그 진가를 제대로 인정하기가 쉽지 않다. 더욱이 딱 하루라면 습관을 만들고 능력을 향상하는 데 별 영향을 끼치지 않는다. 그래서 "내일 가면 되지"라며 알람을 끄게 된다. 물론 틀린 말은 아니다. 문제는 내일이 되면 또 똑같은 생각을 한다는 것이다.

정찰병 관점으로 현실에 대한 지도를 더 정확히 그릴 수 있다고 앞서 말했지만, 이점은 그뿐 아니다. 정찰병 관점으로 여러 능력이나 습관도 강화할 수 있다. 삶에 직접 영향을 미치지 않는 외교 정책 같은 것을 추론할 때도 정찰병 관점은 전반적인 사고 능력을 높이므로 간접적인 영향을 미친다. 하나의 사안에서 "오, 좋은 지적입니다. 그건 생각하지 못했군요"라고 말할 때마다 다른 사안에서도 좋은 논점을 받아들이기가 조금씩 수월해진다. 어떤 말을 인용하기 전에 먼저 사실을 점검할 때마다 다른 사안에서도 사실을 점검하는 습관을 익힐 가능성이 크다. "내가 틀렸어요"라고 기꺼이 인정할 때마다 혹여 그르칠까 두려워하는 일이 줄어든다.

이렇게 시간이 지나면 정찰병 관점에서 사고하는 값진 습관이 만들어진다. 하지만 차츰차츰 개선되는 사고 습관으로 얻는 이점과 특정한 순간에 전투병 관점으로 얻는 생생하고 즉각적인 보상을 비교한다면 전자가 후자를 이기기는 쉽지 않다.

자기기만의 파급효과를 경시한다

'거짓은 더 많은 거짓을 낳는다.'

시트콤 코미디에서 흔히 쓰이는 기법이다. 이런 코미디를 본 적이 있을 것이다. 주인공이 사소한 잘못을 저지른다. 가령 아내에게 크리스마스 선물을 사주기로 한 일을 깜빡한다. 이 잘못을 덮으려고 사소한 거짓말을 한다. 원래는 아버지를 위해 샀던 선물을 아내에게 주면서 처음부터 그녀를 위해 사놓은 선물인 듯 행동하는 것이다. 하지만 남편은 첫 번째 거짓말을 덮으려고 또 다른 거짓말을 해야 한다.

"음, 넥타이야. 맞아. 당신이 넥타이를 매면 섹시하다고 예전부터 말해주고 싶었어."

코미디가 막바지에 달하면 주인공은 날마다 넥타이를 매고 다니는 아내를 보게 된다. 희극 효과 때문에 과장한 경우지만, 이는 실제 현실에 근거한다. 거짓을 말할 때 우리는 그 거짓말이 미래의 자신을 어떤 상황에 빠뜨릴지 정확히 예측하기 어렵다.

남에게 하는 거짓말과 마찬가지로 자기 자신에게 하는 거짓말에도 파급효과가 있다. 자기가 저지른 실수를 합리화하는 경향이 있어서 실제보다 자신이 더 완벽하다고 믿는 사람이 있다고 하자. 이는 타인을 바라보는 견해에도 파급효과를 미친다. 가령 친구나 가족이 일을 그르칠 때 거기에 공감하지 않을지도 모른다. 자신은 절대 그런 실수를 저지르지 않는 사람이기 때문이다.

"더 잘할 수는 없는 거야? 그렇게 어려운 일도 아니잖아."

또 한 예로, 장밋빛 렌즈로 자신을 바라보며 자존감을 세우는 사람이 있다고 하자. 이 남자는 다른 사람들이 실제로 생각하는 것보다 자기가 더 매력적이고, 재미있고, 근사한 사람이라 믿는다. 그런데 여자들이 아무도 그와 데이트하는 데 관심을 보이지 않는다. 여기서 하나의 파급효과가 발생할 수 있다. 그토록 매력적인 인물이라면 이 사실을 어떻게 설명해야 할까? 아무래도 여자들이 모두 속물이 아닐까?

그러나 결론을 이렇게 내리면 또 다른 파급효과가 나타난다. 부모나 친구, 인터넷 댓글마다 대다수 여성이 속물이 아니라고 단언하며 이 남자를 설득하는 이유를 어떻게 설명할 것인가? 어쩌면 그는 사람들이 있는 그대로 솔직히 이야기하는 게 아니라고 생각할지도 모른다. '사람들은 대체로 진실을 말하기보다는 필요하다고 생각하는 말을 하는 법이니까.' 이렇게 결론 지으면 그의 현실 인식에 미치는 파급효과가 커질 수 있다.

이 사례들은 예로 든 것일 뿐 현실에서 꼭 그렇다는 얘기는 아니다. 특정한 자기기만 행동이 초래하는 파급효과가 미래의 자신에게 해를 끼칠지 말지, 또 해를 끼친다면 어떻게 끼칠지 정확히 알기는 어렵다. 당장 부정적 영향을 받는다고 해도 아마 많은 경우에는 무시해도 좋은 수준일 것이다. 그러나 자기기만의 대가는 나중에 화를 부를 수 있으며 예측이 안 된다는 사실에 경각심을 느껴야 한다.

선택에 앞서 직관적으로 비용과 편익을 따질 때 자주 간과하는 비용이 바로 이렇게 지연되는 '피해 비용'이다. 파급효과는 우리가 자기기만의 대가를 과소평가한다고 의심해도 좋은 근거다. 이 비용을 과소평가하므로 정찰병 관점보다 전투병 관점을 더 자주 선택한다.

남의 시선 때문에 자기 행복을 희생한다

의사에게 거짓말을 한 적이 있는가? 만약 그렇다면, 당신만 그런 것이 아니다. 근래에 수행한 2건의 설문조사에서 의사에게 중요한 정보를 숨겼다고 답한 환자들은 각각 81%와 61%에 달한다. 예컨대 규칙적으로 약물을 복용했는지, 또는 의사의 지시사항을 올바로 이해했는지 등에 관한 정보다.[3] 환자들이 정보를 숨긴 가장 흔한 이유는 무엇일까? 의사에게 지적받는 것이 두렵고 창피하기 때문이었다. 논문의 주 저자는 "대다수가 의사에게

아주 괜찮은 사람으로 평가받기를 바란다"고 말했다.[4]

여기서 일어나는 트레이드 오프는 참으로 괴이하다. 먼저 환자가 두려워하는 것만큼 의사가 가혹하게 환자를 비난할 일은 대개 없다고 봐도 무방하다. 난처한 질병이나 나쁜 습관이 있는 환자를 의사는 수도 없이 봤다. 무엇보다 환자 개인에 대한 의사의 시선은 그리 중요하지 않다. 그것은 환자의 인생이나 경력, 행복에 거의 아무런 영향도 미치지 않는다. 합리적으로 판단하자면, 의사에게 솔직히 이야기하는 쪽이 훨씬 타당하다. 그래야 가장 적절한 의학적 조언을 들을 수 있기 때문이다.

여기서 비용과 편익을 저울질하는 우리의 직관은 기울어져 있다. 사람들은 남에게 비치는 인상의 중요성을 과대평가한다. 남들 시선에 이상하게 보이거나 웃음거리가 되는 등의 사회적 관계 비용을 실제보다 훨씬 더 중요하게 느낀다. 그러나 현실에서 다른 사람들은 직관이 말하는 것과는 달리 우리에게 별로 신경 쓰지 않으며, 또한 그들의 견해는 우리가 느끼는 만큼 삶에 큰 영향을 미치지 못한다.

안타깝게도 비교적 사소한 사회적 관계 비용을 회피하려고 그보다 훨씬 큰 잠재적 행복을 희생하는 선택을 한다. 가령 어떤 사람에게 데이트를 신청했다가 거절당하면 세상이 끝난 것도 아닌데 마치 그런 듯한 기분을 느끼기도 한다. 거절당할 것 같은 스트레스가 너무 크면 아예 데이트하지 않는 쪽으로 자신을 합리화하곤 한다. 이성과의 관계 자체에 관심이 없다든지, 지금 당장은 데이트할 시간이 없다든지, 어차피 자기랑 데이트할 사람은 없을 테니 애쓰지 않아도 된다고 스스로를 설득한다.

2장에서 소속감을 다루며 지나치게 야심이 큰 사람이 키 큰 양귀비처럼 소속 집단에서 먼저 견제당하는 현상을 살펴봤다. 실제로 일어나는 현상이지만 때로 사람들은 이런 일에 과도하게 대응한다. 경제학자 줄리 프라이Julie Fry는 예로부터 키 큰 양귀비 증후군이 만연한 뉴질랜드에서 야심에 관한 태도를 연구한다. 프라이는 책을 출판하기 전에 인터뷰 내용의 수록을 허락받으려고 2년 전 인터뷰했던 여성에게 다시 연락했다.

처음 인터뷰했을 때 그 여성은 야망 같은 것에는 그다지 흥미가 없다면서 조용히 회사생활 하는 쪽을 선호한다고 주장했다. 그랬던 그녀가 회사에서 팀장이 돼 기쁘다는 소식을 전했다. 그녀는 프라이와 함께 야망에 관해 2년 전 나눴던 대화 덕분에 생각이 바뀌었노라고 말했다. "이런 건 나랑 맞지 않아. 야망에는 관심 없어"라고 믿었지만, 지금은 "너무 자신만만하게 과도한 욕심을 부릴 필요는 없어도, 내가 닿을 수 있는 것들에 손을 뻗어 뭔가를 갖는 건 괜찮아"라고 여기게 됐다고 말이다.[5]

그동안 사회적 관계에서 대가를 치를까 봐 어떻게든 회피했던 비용에 관해 성찰해보면(또는 뉴질랜드 여성처럼 누군가 문제를 성찰하도록 촉발한다면) 이런 사실을 깨닫게 된다. "별일 아니잖아. 직장에서 더 중책을 맡아도 돼. 괜찮을 거야. 그런다고 나를 미워할 사람은 없어." 하지만 결정을 본능에 맡기면 사회생활에서 위험에 노출될 기미만 보여도 "사회적 관계 비용은 무조건 피해야 해!"라고 반응한다.

심지어 낯선 이 앞에서 바보처럼 보이기 싫어 죽음을 무릅쓰기도 한다. 작가 마크 스벤볼드Mark Svenvold는 《Big Weather: Chasing Tornadoes in the Heart of America》에서 토네이도가 다가올 때 오클라호마 엘리노의 한 모텔에 머무는 경험이 어떤 것인지 묘사했다. 모텔 텔레비전에서는 경고 방송이 나왔고, 화면 하단에는 미국 기상청의 경고 문구가 흘렀다.

"즉각 대피하십시오."

스벤볼드는 이러다가 싸구려 모텔에서 최후를 맞이하는 게 아닌가 생각했다. 그렇지만 그는 대피하기를 주저했다. 모텔 밖을 내다보니 동네 주민 2명이 트럭에 몸을 기댄 채 태연히 맥주를 마시고 있었다. 토네이도가 돌진해 오는데도 전혀 동요하지 않는 듯했다. 그가 순진한 것일까? 모텔 데스크 직원도 침착해 보였다. 스벤볼드는 모텔에 대피용 지하실이 있는지 물었다. 그는 "아뇨. 지하실은 없어요"라고 대답하는 직원에게 무시당하는 기분마저 들었다.

나중에 스벤볼드는 "현지인인 모텔 직원의 코웃음에 나는 창피했고, 무식한 외지인이 된 것 같아 끝내 현실을 부정하기에 이르렀다"고 회상했다. 모텔 밖에서 '꿈쩍도 하지 않고 맥주를 마시는' 두 사내 때문에 그는 결단을 내리지 못하고 망설였다. 30분가량 자신의 결정을 의심하던 스벤볼드는 모텔 밖의 사내들이 사라진 걸 알아차리고 나서야 홀가분하게 도망칠 수 있었다.[6]

우리는 나중에 비싼 대가를 치르게 될지라도 당장 눈앞에 보이는 보상에 지나치게 집착한다. 자기기만이 초래하는 피해의 총량과 정찰병 관점에서 사고할 때 얻는 이점의 총량을 과소평가한다. 남들의 시선과 평가가 삶에 미치는 영향을 과대평가한다. 이런 성향 때문에 당장 보이는 정서적·사회적 보상을 얻느라고 사태를 정확히 파악하는 능력을 기꺼이 포기한다. 이는 정찰병 관점이 언제나 더 좋은 선택이라는 말이 아니라 심지어 '정찰병 관점이 더 나은 선택일 때조차' 전투병 관점을 선호하는 편향을 지녔다는 말이다.

뇌 구조상 최적의 의사결정에서 벗어나려는 편향이 있다는 사실을 아는

본능이 시키는 것보다 전투병 관점을 덜 선택하고, 정찰병 관점을 더 자주 선택할 때 삶이 나아진다.

것은 나쁜 소식일까? 그렇지 않다. 사실은 좋은 소식이다. 개선의 여지가 있다는 뜻이기 때문이다. 전투병 관점에 의존하는 힘을 빼고 정찰병 관점에 더 의존하는 법을 배운다면 삶이 나아질 기회가 아직 활용되지 않은 채 남아 있다.

이 시대에는 정확한 지도가 유용하다

만약 우리가 5만여 년 전에 태어났다면, 좋든 싫든 정해진 부족과 가족에서 벗어나지 못한다. 선택할 수 있는 직업도 많지 않다. 부족에서 맡은 역할에 따라 사냥을 나가거나 먹이를 구하거나 아이를 낳고 키울 것이다. 일이 마음에 들지 않더라도 참 안된 일이지만 별다른 도리가 없다.

오늘날 우리에게는 훨씬 많은 선택지가 있다. 어떤 음식을 먹고, 어떤 옷을 입을지, 어디에 거주할지, 어떤 경력을 쌓을지, 누구와 결혼할지, 연애를 시작할지 또는 끝낼지, 아이를 가질지 말지, 얼마나 대출할지, 어디에 투자할지, 어떻게 몸과 마음을 관리할지 등을 선택할 자유가 있다. 내가 한 선택으로 삶이 더 나아질지 나빠질지는 스스로의 판단에 달렸고, 그 판단은 우리 관점에 달렸다.

PART 1 정찰병 관점을 위한 뼈 있는 변론 **67**

현대 세계에서 살아간다는 것은 삶에서 원치 않는 것을 고칠 기회가 더 많다는 뜻이기도 하다. 어떤 일에 서툴면 강의를 듣거나 입문서를 읽어도 좋고, 유튜브에서 교육 동영상을 봐도 좋고, 가정교사를 구해도 좋고, 아니면 대리인을 고용해 처리할 수도 있다. 거주 공동체의 관습에 숨이 막혀 짜증 나면 인터넷에서 비슷한 생각을 하는 사람들을 찾아도 되고, 대도시로 이사를 할 수도 있다. 가족이 괴롭히면 연을 끊을 수도 있다.

삶의 만족도가 떨어지면 심리치료를 받아도 좋고, 운동을 하거나 식단을 바꿔도 좋고, 항우울제를 복용해도 좋고, 자기계발서나 철학서를 탐독하거나 명상을 해도 좋고, 자원봉사를 해도 좋고, 1년 내내 햇빛을 더 많이 볼 수 있는 곳으로 집을 옮겨도 된다.

모두가 이런 해결책으로 같은 효과를 보는 것은 아니며, 해결책들에 전부 돈을 들이거나 시간을 투자해야 하는 것도 아니다. 어떤 해결책을 시도할 가치가 있는지 결정하는 것은 판단의 문제다. 삶에서 해결할 가치가 있는 문제는 무엇이고, 그냥 안고 살아가는 법을 배울 문제는 무엇인지 결정하는 것 역시 판단의 문제다.

이처럼 기회가 풍족한 세계에서는 과거 선조들의 처지와 다르게 정찰병 관점이 살아가는 데 훨씬 유익하다. 결국 문제를 고칠 수 없으면 그런 문제가 존재한다는 사실을 인정한들 무슨 소용이 있는가? 다른 곳으로 떠날 수 없으면 자신이 공동체와 다른 견해를 지녔음을 깨닫는 것이 무슨 소용이 있는가? 오직 하나의 길밖에 없다면 정확한 지도를 갖춘들 별로 도움이 되지 않는다.

그러니 본능이 진실을 과소평가해도 그리 놀랄 일이 아니다. 인간의 본능은 전투병에게 더 적합한 세상에서 진화했기 때문이다. 하지만 이제 세계는 상황을 분명히 볼 줄 아는 능력을 높이 평가하는 방향으로 변화하고 있다. 특히나 길게 봤을 때 이는 거부할 수 없는 흐름이다. 인생에 허락된 것이 무엇이든, 타고난 능력 또는 배경이 무엇이든, 거기에 적응하는 능력에 따라 행복이 결정되는 시대는 끝났다.

오늘날의 세계는 갈수록 정찰병의 세계가 되고 있다.

PART 2

합리적 판단을 위한
자기인식 능력 기르기

Chapter 4

정찰병이라는
5가지 지표

○○

'제가 쓰레기인가요?'라는 레딧Reddit 포럼의 글을 읽는 일은 내 은밀한 취미다. 여기서 사람들은 최근 겪은 갈등을 털어놓고 누가 옳았는지 의견을 묻는다.

2018년에 어떤 남자가 이런 고민을 적었다.[1] 그는 1년간 만난 애인과 자기 집에서 함께 살고 싶었다. 문제는 여자가 키우는 고양이었다. 고양이가 귀찮았던 남자는 애인이 고양이를 버리고 오기를 원했다. 남자가 주장하기로 자기는 '매우 차분하고 합리적으로' 의견을 설명했지만, 여자는 마음을 바꾸지 않았고 자기와 고양이가 한 묶음이라고 말했다. 애인이 비합리적이라고 생각한 남자는 레딧에 사연을 올려 지지를 받고자 했다.

그러나 사람들은 그를 옹호하지 않았다. 오히려 고양이가 애인에게 얼마나 중요한지, 그가 고양이를 성가시게 여긴다고 해서 다른 사람에게 고양이를 줘버리라고 요구할 수는 없는 일이라고 알려줬다. 당시 판결은 다른 사연과는 달리 만장일치에 가깝게 사연 올린 당사자가 잘못한 것으로 결론 났다.

'맞아요, 당신이 쓰레기입니다.'

정찰병 관점에서 더 자주 사고하지 못하도록 방해하는 주요인은 우리가 이미 정찰병처럼 생각하고 있다고 확신하기 때문이다. 이번 장에서는 정찰병이 아님에도 그렇게 느끼도록 만드는 요인을 살펴볼 것이다.

객관적이라는 '생각'이 만드는 착각

앞서 레딧 게시물에서 인용한 문구('매우 차분하고 합리적으로')를 보면 알 수 있는 게 하나 있다. 우리가 스스로 객관적인 사람이라고 여기는 이유는 자신이 객관적이라고 느끼기 때문이라는 것이다. 자기 논리를 혼자 검토하고 나면 객관적인 것으로 생각하기 쉽다. 사람들은 대체로 자기의 주장에서 어떤 편향의 징후도 감지하지 못한다. 자신이 냉정하고 공정하게 판단했다고 느끼는 것이다.

레딧 포럼 이용자들이 의도치 않게 증명했듯이, 차분히 생각했다고 해서 공정한 사람이 되는 것은 아니다. 사연 올린 남자가 '합리적으로'라는 표현을 썼지만 그렇다고 그 견해가 공정함을 의미하지는 않는다. 사람들은 자기가 상대편을 설득할 수 있다고 생각할 때 이렇게 말한다. 물론 자신이 하는 주장은 스스로 생각할 때 설득력 있게 들린다. 모든 주장은 그들 자신에게는 설득력 있기 마련이다. 동기화된 추론은 이렇게 돌아간다.

실제로는 자기 자신을 합리적으로 보는 것이 오히려 독이 될 수 있다. 스스로를 객관적이라고 생각할수록 자신의 직관과 견해가 현실을 정확히 반영했다는 믿음이 굳어지고, 생각에 의문을 가질 가능성은 줄어든다. 우리는 이렇게 생각한다. '나는 객관적인 사람이야. 내 의견에 동의하지 않는 저 비합리적인 사람들과는 달라. 그러니까 총기 규제에 관한 내 견해는 틀림없이 옳아.' 또는 이렇게 생각한다. '나는 편견 없는 사람이니까 내 눈에 이 지원자가 나아 보인다면, 이 사람이 틀림없이 더 좋은 인재일 거야.'

2008년 미국의 억만장자 금융가인 제프리 엡스타인Jeffrey Epstein이 미성년자 성매매 혐의로 유죄를 선고받았다. 몇 년 후에 한 기자가 엡스타인의 친구인 물리학자 로렌스 크라우스Lawrence Krauss와 인터뷰하면서 그 사건을 언급한 적이 있다. 크라우스는 엡스타인의 혐의를 일축하며 말했다.

과학자로서 저는 항상 경험적인 증거를 바탕으로 판단하는데, 그는 늘 19세에서 23세 사이의 여성을 곁에 뒀습니다. 다른 연령대의 여성은 본 적이 없습니다. 과학자로서 제 추론에 따르자면, 문제가 무엇이든 간에 다른 사람들보다는 친구의 말을 믿겠습니다.[2]

여기서 경험주의에 호소한 것은 매우 수상쩍다. 좋은 과학자란 두 눈으로 직접 확인하기 전까지 아무것도 믿지 않는 사람을 말하는 게 아니다. 크라우스는 친구를 고소한 여성이나 혐의를 확증한 수사관보다 그저 자신의 친구를 더 신뢰했다. 이것은 객관적인 과학이 아니다. 스스로 객관적이라 전제하고 출발하는 사람은 자신의 결론에 절대적 확실성을 부여하곤 한다.

지능과 지식은 자격이 아니다

"진짜 멍청하네."

누군가가 터무니없는 의견을 페이스북Facebook에 게시하면 우리는 이렇게 반응한다. 요즘 유행하는 비과학적 신념을 접할 때면 "사람들은 이제 사실과 증거에는 관심이 없나 봐"라며 탄식한다. 기자들은 대중에 만연한 '무지의 문화'[3]와 반지성주의에 관해 음울한 기사를 쓰고, 《우리는 왜 어리석은 투표를 하는가: 욕망과 무지로 일그러진 선거의 맨얼굴》 같은 책을 출간한다.[4]

논조를 보면 문제의 원인(이토록 많은 이가 쟁점에 '잘못된' 견해를 갖는 까닭)을 지식과 사고 능력이 부족한 탓으로 인식하는 듯하다. 사람들이 똑똑해지고 아는 게 많아져야 잘못을 깨닫게 된다는 것이다! 과연 그럴까?

예일대학교 법학과 교수 댄 카한Dan Kahan은 미국인을 대상으로 정치적 견해와 기후변화에 관한 신념을 조사했다. 다들 짐작하듯이 이 2가지는 상관관계가 매우 크다. 진보적인 민주당 지지자는 보수적인 공화당 지지자와 비교할 때 '근래에 발생한 지구온난화가 주로 화석연료 사용 같은 인간의 활동 때문이라는 확실한 증거가 있다'는 진술에 동의할 가능성이 훨씬 컸다.＊

여기까지는 놀라울 게 없다. 반전 결과는 카한 교수가 다양한 질문으로

＊ 이 유형은 진보주의자와 보수주의자가 기후변화 문제에서 동기화된 추론에 빠지는 과정을 보여주는 것으로, 일반 대중이 동기화된 추론에 빠지는 유형을 보여주는 것은 아니다.

응답자들의 과학 지식을 측정한 대목에서 나타났다. 설문에서 사고 능력을 물어보는 질문에는 '위젯 5개를 만드는 데 기계 5개로 5분이 걸린다면, 기계 100개로 위젯 100개를 만드는 데 얼마나 걸릴까?' 같은 질문이 있었다. 또 기초과학 지식을 물어보는 질문에는 '레이저는 음파를 집중시켜서 작동한다. 참인가 거짓인가?', '지구의 대기에서 가장 많은 비중을 차지하는 기체는 무엇인가? 수소, 질소, 탄소, 산소 중에 고르시오' 등이 있었다.

지식과 지능을 갖출 때 동기화된 추론에 빠지지 않는다면, 과학 지식을 많이 알수록 과학 질문에 관한 답변도 서로 간에 이견이 없으리라 예상할 수 있다. 그러나 카한이 발견한 결과는 정반대였다. 과학 지식이 낮은 집단일수록 의견 일치 비율이 높게 나타났으며 진보와 보수 모두 약 33%가 지구온난화의 원인이 인간이라고 믿었다. 과학 지식이 많을수록 오히려 진보와 보수의 의견이 나뉘었다. 과학 지식이 제일 많은 집단에서 지구온난화의 원인이 인간이라고 답한 이들은 진보주의자의 경우 100%에 이르지만, 보수주의자는 20%에 그쳤다.[5]

이념 논쟁을 일으키는 과학적 질문에 대해서도 이와 똑같은 깔때기 모양의 유형이 나타난다. '정부가 줄기세포 연구에 자금을 지원해야 하는가?', '우주는 어떻게 시작했는가?', '인류는 하등동물에서 진화했는가?' 과학 지식이 많을수록 이 질문에 정치적으로 상반된 입장이 나타났다.[6]

이념 양극화에 관한 언급 때문에 진실은 항상 중도에 놓인다는 게 내 입장일 거라고 생각하는 독자도 있을지 모른다. 그렇지 않다. 그런 균형은 거짓이다. 무슨 사안이든 간에 진실은 극좌에도 극우에도 또는 그 밖의 어디에도 놓일 수 있다. 요지는 사람들이 정보를 많이 알수록 '진실이 어디에 놓여 있든 그곳에서 만나야 한다'는 것이다.

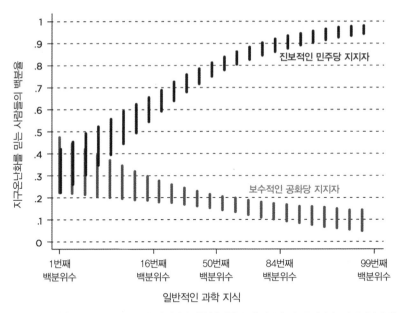

과학 지식이 많을수록 인간이 일으킨 지구온난화에 대한 '확실한 증거' 여부에 진보주의자와 보수주의자의 견해가 나뉜다. 출처: Kahan(2017), 1012쪽에서 인용.

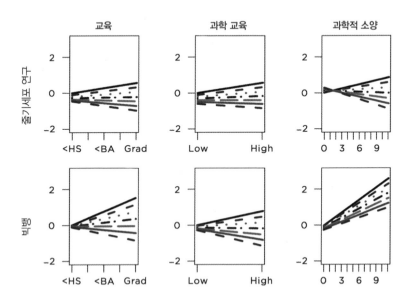

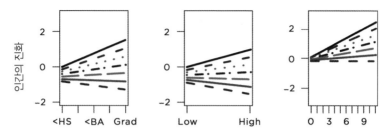

이념 논쟁을 일으키는 과학적 사안(줄기세포 연구, 빅뱅, 인간의 진화)에 대해서는 지식이 많을수록 정치적 견해에 따라 의견이 극단적으로 나뉜다. 출처: Drummond & Fischhoff(2017), 4쪽에서 인용.

그런데 설문 결과는 정반대로 나타났다. 사람들은 더 많이 알수록 의견이 판이하게 나뉘었다.

이 설문 결과는 매우 중요하다. 어떤 주제와 관련해 똑똑하고 지식이 많다는 것은 우리가 내리는 추론에 거짓된 안정감을 부여하는 2가지 요인이기 때문이다. 수학 문제 풀이나 투자처를 선택하는 문제 등 이념적인 쟁점을 일으키지 않는 분야에서는 높은 지능지수와 고등교육 학위가 이점이 있는 것으로 보인다. 그러나 이 요인은 이념적으로 쟁점을 일으키는 사안에서 일어나는 편향을 막지 못한다.

말이 나온 김에 '어떤 사람들이 남보다 인지 편향이 더 강한가?'라는 질문은 그 자체가 이념적으로 쟁점이 되는 질문이다. 우리 안의 편향을 조사하는 연구원들은 그 연구의 결과로 공격의 대상이 될 수 있다.

수십 년 동안 심리학자들 사이에서는 보수주의자가 진보주의자보다 선천적으로 편향성이 더 강하다는 것이 상식처럼 여겨졌다. 이른바 '완고한 우파' 이론으로서 편협성, 권위주의, 독단주의, 낯선 것과 변화에 대한 두려움 같은 특성이 있는 사람들이 보수주의자가 된다는 것이다. 진보주의자라면 거부하기 힘든 가설이며 미국의 심리학자 중에는 압도적으로 진보주의 자가 많다. 미국의 사회심리학자와 성격심리학자를 대상으로 최근에 실시한 설문조사에 따르면 자칭 진보주의자 대 보수주의자의 비율은 거의 14 대 1이었다.[7]

이 비율은 완고한 우파 이론의 배경이 되는 연구가 미심쩍기 짝이 없음에도 심리학 전반에서 이 가설을 기꺼이 수용하는 이유와 무관치 않을 것이다. 어떤 사람이 완고한 사람인지 아닌지 판별하는 데 흔히 쓰이는 질문을 몇 가지 살펴보자.[8]

- 전통적인 가족 가치관을 용감하게 거부하는 동성애자와 페미니스트는 칭찬받아 마땅하다는 주장에 동의하는가? 그렇지 않다고 대답했으면, 당신은 완고한 사람이다.
- 사형선고를 지지하는가? 그렇다고 대답했으면, 당신은 완고한 사람이다.
- 사회주의를 지지하는가? 낙태 합법화를 지지하는가? 그렇지 않다고 대답했으면, 이미 짐작했겠지만 당신은 완고한 사람이다.

심리학자들과 달리 당신은 설문조사에 어떤 문제점이 있는지 금세 알아차렸기 바란다. 응답자가 실제로 얼마나 완고한 사람인지 그 정도를 평가하는 설문이라고 주장하지만, 질문에서 평가하는 것은 응답자가 보수적인 신념을 지녔는지 여부일 뿐이다. 따라서 이 말은 보수주의자가 진보주의자보다 완고하다는 이론이 실증적인 연구 결과에 근거하지 않았음을 의미한다. 완고한 우파 이론은 그저 동어 반복에 불과하다.

지능과 지식은 단지 도구일 뿐이다. 그럴 동기만 있다면, 이 도구로 세상을 명확하게 관찰하는 데 도움을 받을 수 있다. 하지만 또 다른 동기가 있다면, 이 도구로 특정한 관점을 방어할 수도 있다. 지능과 지식을 보유했다는 자체만으로 정찰병이 되는 것은 아니다.

정찰병 관점에서 실행해야 정찰병이 된다

어느 날 저녁 파티에서 있었던 일이다. 그날 나는 트위터Twitter에서 사람들의 의견이 충돌할 때 생산적으로 의견을 바꾸는 일이 얼마나 어려운지 이야기했다. 이때 한 사람이 끼어들며 말했다.

"저는 하나도 어렵지 않더군요."

나는 물었다.

"와우, 무슨 비법이라도 있나요?"

그는 어깨를 으쓱하더니 말했다.

"비법 같은 것은 없어요. 그냥 사실을 죽 열거하면 됩니다."

나는 이해가 되지 않아 미간을 찌푸렸다.

"그렇게 하면…. 흠, 정말 먹혀요? 사실을 늘어놓으면 사람들이 생각을 바꾸나요?"

"네, 항상요."

그는 단호했다.

다음 날 그의 트위터 피드를 살피며 내가 몰랐던 게 무엇인지 찾아봤다. 몇 달 치 게시물을 읽었지만 파티에서 말한 사례는 단 1건도 발견하지 못했다. 그는 자신이 한 말에 어떤 사람이 이견을 표하면, 언제나 무시하거나 조롱하거나 아니면 그들이 틀렸다고 알려주고는 대화가 매듭지어졌다고 간주했다.

사실이야 어쨌든 간에 이렇게 여기기는 쉽다. '증거가 드러나면 나는 마땅히 생각을 바꾼다', '나는 당연히 일관된 원칙을 적용한다', '물론 나는 편견이 없다'처럼 말이다. 하지만 내가 어떤 유형의 사람인지 스스로 판단하는 것으로 정찰병 관점의 유무를 평가하기는 어렵다. 그보다는 정찰병 관점에서 실제로 했던 일과 지금도 실천하는 사례를 구체적으로 언급할 수 있어야 판정이 가능하다.

자신이 합리적이라는 생각, 높은 지능지수와 지식, 동기화된 추론을 알아차리는 것, 이 모두는 정찰병 관점을 나타내는 표지처럼 보이지만 놀랍게도 별로 관련이 없다. 정찰병인지 아닌지 제대로 판가름하려면 그 사람이 어떻게 행동하는지를 봐야 한다.

이번 장의 나머지 지면에서는 정찰병 관점의 5가지 지표를 살핀다. 이 지표는 진실이 무엇인지 신경 쓸 때, 심지어 누가 시킨 것도 아니고 그 진실이 오히려 자신에게 불리함에도 진실을 찾으려고 할 때 나타나는 중요한 행동 단서다.

1. 상대가 옳았음을 깨달은 다음 그 사람에게 이 사실을 말하는가?

미국 남북전쟁에서 빅스버그는 가장 중요한 거점이었다. 미시시피강에 인접한 전략적 요충지라 이곳을 장악하는 쪽이 위아래로 군 병력과 물자의 이동을 통제할 수 있었다. 남부 연합 대통령 제퍼슨 데이비스Jefferson Davis는 이렇게 지적했다.

"빅스버그는 남부를 두 동강 나지 않도록 연결하는 못대가리다."[9]

북부 연방군 총사령관 율리시스 그랜트Ulysses Grant는 넉 달에 걸쳐 빅스버그를 공략했으나 실패했다. 1863년 5월에 그랜트는 허를 찌르는 방향에서 빅스버그를 공격하는 과감한 계획을 세우고, 도시로 전진하는 사이 연합군이 이를 알아차리지 못하도록 위장 작전을 펼치기로 했다. 합중국 대통령 에이브러햄 링컨Abraham Lincoln은 너무나 위험해 보이는 계획 때문에 수심에 싸였다. 하지만 두 달이 지나고 마침내 그랜트의 군대는 독립기념일에 빅스버그 도심 한가운데서 승전했다.

링컨은 개인적으로 그랜트를 만난 적은 없지만, 승전보를 듣고 나서 편지를 썼다. 편지는 '친애하는 장군에게'로 시작한다. 링컨은 그랜트의 노고에 사의를 표하고 이렇게 적었다.

한마디 덧붙일 게 있습니다. … 나는 귀관이 강을 따라 내려가 뱅크스Banks 장군과 합세해야 한다고 생각했습니다. 귀관이 북쪽으로 방향을 돌려 빅블랙 동쪽으로 향했을 때 그것이 실수라고 여겼습니다. 하지만 이제 귀관이 옳았고 내가 틀렸다는 사실을 솔직히 인정합니다.[10]

링컨과 함께 일했던 동료는 훗날 이 편지를 읽고 '더없이 링컨 대통령다운' 편지였다고 언급했다. 링컨 대통령은 자기보다 상대방의 판단이 더 나았다고 이야기하는 데 전혀 어려움을 느끼지 않았다고 한다.[11]

원칙적으로는 다른 사람이 아니라 스스로 자신의 판단이 틀렸음을 인정할 수 있다면 그것으로 충분하다. 하지만 다른 사람에게도 "내가 틀렸습니다"라고 기꺼이 인정하는 모습은 자존심보다 진실을 더 중시하는 사람임을 나타내는 강력한 표지다. 이 같은 사례를 구체적으로 떠올릴 수 있는가?

2. 나를 비판하는 사람에게 어떻게 반응하는가?

"나는 솔직한 게 좋아. 사람들이 내게 사실대로 얘기해줬으면 해."

상사나 친구 중에 말은 이렇게 해도 정작 누군가 그 말대로 하면 형편없이 반응하는 이들이 있다. 비판을 듣고 불쾌해하거나 자신을 변호하거나 보복으로 받은 만큼 돌려준다. 아니면 솔직한 직언에 감사하다고 정중하게 인사한 후 그때부터 찬바람이 쌩쌩 부는 사람도 있다.

비판을 수용한다고 입으로 말하는 것은 실제로 그렇게 행동하는 것에 비하면 너무나 쉽다. 하지만 솔직한 피드백을 받아들이는 일은 수많은 분야에서 문제점을 개선하는 데 매우 중요하다. 피드백 없이는 예컨대, 연설 능력을 키우려면 어떻게 해야 하는지, 고객의 불편사항이 무엇인지 알기 힘들다. 또 자신이 상사, 직원, 친구, 연인으로서 다른 사람을 실망스럽게 한다면 어떤 점 때문인지 알기도 힘들다.

비판을 기꺼이 받아들이는지 측정하려면 '나는 비판에 너그러운가?'라고 자문하는 것으로는 부족하다. 그보다는 실제 성과를 살펴야 한다. 비판을 받아들여 행동이나 계획을 바꾼 사례가 있는가? 비판한 이에게 보상을 했는가?(예를 들어, 그를 승진시켰는가?) 다른 사람들이 자신을 거리낌 없이 비판하도록 남달리 노력한 일이 있는가?

내 친구 스펜서는 창업 지원 서비스 회사를 운영하며 여러 팀을 관리한다. 그는 1년에 두 차례 모든 직원을 불러 모아 그가 관리자로서 어떻게 행동하는지 설문조사를 한다. 솔직한 의견을 낼 수 있도록 설문은 익명으로 진행한다. 스펜서는 비판과 피드백을 효과적으로 끌어내려고 다양한 방식으로 질문하는 법을 배우기도 했다. 예를 들어, "관리자로서 제 약점은 무엇이라고 생각합니까?"라고 묻는 것에 더해 "제가 개선하기를 바라는 점을 하나만 꼽는다면 무엇인가요?"라고 묻는다.

앞에서 내가 학생들에게 솔직한 의견을 듣겠다며 유도 질문을 던졌던 것을 기억하는가. 짐작하겠지만 비평을 수용하는 측면에서 나는 정찰병으로서 좋은 점수를 얻지 못한다. 비판하는 얘기를 듣는 게 정말 싫어 억지로 노력하지 않으면 안 된다. 이 부분에서 스펜서와는 때로 하늘과 땅만큼 차이가 난다. 한번은 그가 신이 나서는 이런 제안을 하기도 했다.

"봐봐, 줄리아. 방금 끝내주는 스피드 데이트 행사 소식을 들었어. 10명하고 5분씩 돌아가며 데이트를 하고 나중에 각자 첫인상이 어땠는지, 어떻게 하면 단점을 개선할 수 있는지 말하는 거야. 나랑 같이 여기 신청하지 않을래?"

"스펜서, 차라리 버터칼로 다리를 자르고 말겠어."

나는 그때 진심이었다.

3. 자신이 틀렸다는 것을 입증한 적이 있는가?

어느 월요일 아침, 미국의 과학 전문 기자인 베서니 브룩셔Bethany Brookshire는 책상에 앉아 이메일을 열었다. 그녀가 인터뷰 요청 메일을 보낸 과학자들에게서 2개의 답장이 도착했다. 여성 과학자에게서 온 이메일은 '친애하는 브룩셔 박사님'으로 시작했다. 남성 과학자에게서 온 이메일은 '친애하는 브룩셔 양'으로 시작했다. 이메일을 확인한 그녀는 트위터에 들어가 글을 올렸다.

나는 매일 수많은 박사학위자에게 이메일을 보낸다. 이메일 본문에는 '박사Dr.' 호칭 없이 이름만 적어 인사하지만, 이메일 서명에는 '박사학위PhD'를 포함한다.

그들의 답장

남성: "친애하는 베서니", "안녕하세요, 브룩셔 양"

여성: "안녕하세요, 브룩셔 박사님"

100%는 아니지만 '아주' 뚜렷한 차이가 보인다.[12]

이 게시물에는 '좋아요'가 2,300개 넘게 달렸다. "그럼, 그렇지"라고 한 여성이 댓글을 달았다. "확실히 편향이 보이네!"라고 쓴 여성도 있었다. 또 한 여성은 "어쩜, 내 경험과 똑같아"라고 썼다.

지지하는 댓글이 쌓이자 브룩셔는 적잖이 당혹스러웠다. 그녀가 보낸 이 메일에 남성 과학자와 여성 과학자가 답장하는 유형이 전형적이라는 주장은 어쨌든 기억에 의존한 단편적인 인상에 지나지 않았다. 실제 데이터 자체는 우편함의 메일을 모두 확인해야 알 수 있었다. 브룩셔는 자신의 주장을 검증해야겠다고 생각했다.

지난 이메일까지 일일이 점검하며 계산한 결과 브룩셔는 결국 자신이 틀렸다는 사실을 확인했다. 그녀에게 '박사님' 호칭을 붙인 경우는 남성 과학자의 8%, 여성 과학자의 6%였다. 데이터의 양 자체가 많지 않기에 확실한 결론을 도출할 수는 없어도 트위터에 게시한 의견을 뒷받침하지 않는 것은 틀림없었다. 그녀는 해당 글을 올린 일주일 후에[13] 조사한 결과를 공유했다.

"새 글: 이 사안에 관한 데이터를 확인했다. 그 결과, 내가 틀렸다."

확실히 짚고 넘어가자면 이 사례에서 브룩셔가 틀렸다는 사실은 과학계에 젠더 편향이 없다는 뜻은 아니다. 다만 여기서 그녀는 잘못된 편향을 보였다. 브룩셔는 후속으로 올린 게시글에 이렇게 말했다.

"우리는 다들 어떤 것이 자신이 처한 현실과 일치하는 듯 보일 때 공감한다. 많은 경우에는 실제 현실일 가능성이 크다. 그러나 이메일에 관해서 나는 오류를 범했다."[14]

자신이 틀렸음을 자발적으로 입증한 사례를 떠올릴 수 있는가? 이를테면 인터넷에서 특정한 의견을 펼치기 전에 먼저 반론을 찾아봤는데 결국 그들의 주장이 설득력 있음을 깨달은 경험이 있는가? 처음에는 새로운 업무 전략을 지지했지만 다시 신중히 계산한 후 실현 불가능한 전략임을 깨닫고 생각을 바꾼 적이 있는가?

4. 자기기만을 피하는 예방조치가 있는가?

우주의 가속 팽창 여부는 20세기 물리학에서 뜨거웠던 쟁점이다. 머나먼 미래가 어떤 모습일지 알려주기 때문이다. 팽창 속도가 가속화하면 존재하는 모든 물질이 점점 서로 멀어질 것이다. 반면에 팽창 속도가 줄어들면 결국 모든 것이 한 점으로 붕괴할 것이다. 빅뱅의 과정이 역전되는 것이다(그래서 '빅크런치'라고 불린다).

1990년대에 미국의 물리학자 솔 펄머터Saul Perlmutter와 그의 팀은 초신성 우주론 프로젝트를 운영했다. 이들은 초신성, 즉 폭발하는 별들이 내뿜는 빛을 측정해 우주가 팽창하는 속도의 변화를 조사했다. 펄머터는 '우주 팽창이 가속화하고 있다'는 결과가 나올 것 같다고 생각했다. 하지만 동기화된 추론이 혹여 연구 과정을 왜곡시킬까 염려했다. 아무리 의도가 좋은 과학자라도 자기 자신을 속이고, 바라거나 예측했던 결과를 끌어낼 수 있음을 펄머터는 모르지 않았다.

펄머터는 편향을 방지하려고 블라인드 분석 방법을 선택했다. 컴퓨터 프로그램으로 모든 초신성 데이터를 임의의 양만큼 변화시켰고, 이 사실을 팀원들에게 알리지 않았다. 팀원들은 원래의 데이터를 몰랐기에 의식적으로나 무의식적으로 자신이 원하는 답을 얻으려고 분석을 변경할 수 없었다. 모든 분석이 끝나고 나서야 그들은 진짜 데이터로 결과가 의미하는 것이 무엇인지 해석했다. 그리고 '우주 팽창이 가속화하고 있다'고 확정했다. 이 발견으로 노벨상을 받은 펄머터는 "블라인드 데이터 분석은 훨씬 손이 많이 가는 일이지만, 분석할 때 훨씬 안전한 기분"이라고 말했다.[15]

우리가 실재하는 것의 본질을 규명해 노벨상을 받을 만한 이론을 날마다 실험할 일은 없겠지만, 일상에서도 똑같은 원칙을 적용할 수 있다. 당신은 정보를 다루는 과정에서 편향을 방지하려고 노력하는가? 이를테면 배우자와 다툰 뒤 친구에게 조언을 구할 때, 친구의 답변에 영향을 미치지 않으려고 자신이 어느 쪽인지 알리지 않은 채 설명하는가? 업무상 새 프로젝트를 실시할 때, 실패를 감당하기 싫어 나중에 목표를 수정하는 걸 막으려고 사전에 성공과 실패에 대한 기준을 세우는가?

5. 좋은 비평가를 곁에 뒀는가?

찰스 다윈은 1859년에 《종의 기원》을 출판했을 때 책이 엄청난 논란을 불러일으킬 폭탄임을 알았다. 그는 자연선택에 따른 진화를 주장했는데, 이 이론은 이해하기 어려울 뿐 아니라 인간이 신에게 부여받은 권한으로 동물을 지배하는 전통적인 가치관을 뒤집어 신성모독으로 여겨질 정도였다. 진화론을 주장하는 것은 '살인죄를 자백하는 것과 같은' 일이었다고 다윈은 동료 과학자에게 말했다.[16]

실제로 책이 출판되자 비난이 쇄도했다. 예상한 일이었음에도 다윈은 화가 났다. 비평가들은 허수아비 논증을 일삼았고, 현실적으로 불가능한 수준의 입증을 요구했으며, 터무니없는 반론을 제기했다. 다윈은 공개적으로는 정중히 대응했지만 사적인 서신에서는 짜증을 터뜨렸다. 한 서평에 관해서는 이렇게 성토했다.

"오언Owen은 정말이지 악랄해. 그는 내가 한 말을 몹시 부당하게 바꿔가며 왜곡해."[17]

물론 비주류 이론을 펼치는 이단아 같은 사람이 주류에 부당하게 무시당하는 일은 흔하다. 하지만 다윈은 소수의 좋은 비평가를 높이 평가했다는 점에서 남달랐다. 다윈이 인정한 좋은 비평가들은 실제로 그의 이론을 이해하려는 수고를 들였고 지적으로 반론했다.

프랑수아 쥘 픽테François Jules Pictet de la Rive는 다윈이 인정한 평론가로 〈디 애서니엄The Athenaeum〉이라는 문학잡지에 《종의 기원》을 비평하는 서평을 발표했다. 다윈은 픽테의 견해에 깊은 인상을 받은 나머지 서신을 보내 자신의 책에 담긴 주장을 정확히 정리한 것에 감사하며, 비평이 매우 타당했다고 평가했다. 다윈은 픽테에게 말했다.

"귀하가 하신 모든 지적에 진심으로 동의합니다. 지적하신 난점을 제대로 해명하지 못했음을 전적으로 인정합니다. 우리 사이에 유일한 차이점이 있다면 전 사실을 해명하는 데 더 큰 비중을 두고, 설명하기 힘든 난제에는 다소 비중을 작게 됐다는 것입니다."[18]

당신이 굳건히 믿는 신념과 인생의 선택을 비판하는 사람이 주변에 있는가? 총기 규제, 사형제도, 낙태 같은 정치적 사안에 반대 의견을 지닌 사람들. 기후변화, 영양섭취 문제, 백신접종 같은 과학적 질문과 관련해서 견해를 달리하는 사람들. 하이테크 산업이나 방위 산업 같은 곳에서 종사한다는 이유로 타인의 직업을 비난하는 이들도 있을 것이다.

사람들은 자신을 비판하는 사람을 보면 상대가 옹졸하고, 제대로 아는 게 없으며, 비합리적이라 치부하고 싶은 마음이 든다. 그들 가운데 일부는 분명 그런 사람일 것이다. 하지만 모두가 그럴 가능성은 적다. 당신의 신념과 직업 또는 삶의 방향을 비판하는 사람 중 설령 그들이 틀렸더라도, 사려 깊은 사람으로 당신이 인정하는 지인이 있는가? 또는 (알고 지내는 사람은 아닐지라도) 이견을 보이는 이유 가운데 당신이 합리적이라 여기는 반론이 있는가?

자, 정리해보자. 나를 합리적으로 비판하는 사람이 옆에 있는가? '이번에는 당신의 주장에 일리가 있다'고 상대방에게 흔쾌히 말할 수 있는가? 내가 틀렸을 때 이를 기꺼이 인정할 줄 아는가? 생각만이 아니라 실제로 진실에 신경 쓰는지 여부를 가릴 수 있는 지표란 바로 이런 태도다.

자신이 전투병 관점에서 사고한다는 것을 깨달은 사례가 있는가? 이 사례야말로 정찰병 관점에서 사고하는지 보여주는 가장 큰 지표가 아닐까 한다. 전투병처럼 생각한다는 게 진화적으로 퇴보를 의미한다고 느낄 수도 있겠지만, 앞서 살폈듯이 동기화된 추론은 사실 인간에게는 본능에 가깝다. 뇌는 전투병처럼 사고하도록 설계됐다. 전투병처럼 사고한 적이 한 번도 없다고 생각하는 사람이 있다면, 이는 대다수 인류와는 매우 다른 유전자를 우연히 보유했거나 아니면 자신이 어떻게 사고하는지 알아차리지 못했을 가능성이 더 크다.

일이 벌어지는 순간에 자신의 편향을 포착하는 법을 배우는 것은 결코 쉽지 않다. 그러나 올바른 도구가 있다면 불가능한 일도 아니다. 이것이 다음 두 장에 걸쳐 다룰 주제다.

" Chapter 5

편애하는
합리주의자에게

○○

동기화된 추론이 얼마나 은밀히 일어나는지 파악하기 위해서 마술 기법 하나를 잠시 알아보자. 마술사가 흔히 쓰는 기법 중에 '포싱forcing'이라는 기술이 있다. 가장 단순한 형태의 포싱은 다음과 같다. 마술사가 당신 앞에 카드 두 장을 엎어놓는다. 그는 당신이 왼쪽에 있는 카드를 고르게 만들어야 한다. 그리고 이렇게 말한다.

"이제 둘 중 하나를 제거할 겁니다. 한 장을 고르세요."

왼쪽 카드를 선택하면, 마술사는 "좋아요. 그것은 당신 카드입니다"라고 말한다. 오른쪽 카드를 선택하면, 마술사는 "좋아요. 그 카드를 빼겠습니다"라고 말한다. 어느 쪽을 택하든지 당신은 마지막에 왼쪽 카드를 손에 쥐고는 스스로 골랐다고 믿는다.

이 2개의 시나리오를 동시에 살필 수 있다면 마술사가 어떤 수법을 사용하는지 자명해질 것이다. 그러나 당신은 가능한 시나리오 중 어느 한쪽만

"좋아요. 그것은 당신 카드입니다."

"좋아요. 그 카드를 빼겠습니다."

경험하므로 수법을 절대 알아차리지 못한다.

우리 뇌가 스스로 객관적이라고 착각하면서 동기화된 추론에 빠질 때 일어나는 일도 포싱 기법과 같다. 이런 상황을 생각해보자. 한 민주당 정치인이 아내를 속이고 바람을 피우다 걸렸다. 그리고 한 민주당 지지자는 그 행동이 표를 주지 않을 이유는 못 된다고 생각한다. '사생활에서 저지른 일은 어디까지나 개인사다'라고 보는 것이다. 하지만 불륜을 저지른 사람이 공화당 정치인이라면 얘기가 달라진다. 이런 경우엔 '불륜은 저급한 인격을 보여주는 지표다. 이는 그 정치인이 국가를 통치할 자격이 없음을 의미한다'고 여겼을 것이다.

이 민주당 유권자가 반사실적 세계(현실과는 다른 동기가 존재하는 세계)에서 보였을 반응과 현실에서 실제로 보이는 반응을 모두 관찰할 수 있다면, 동기가 판단에 어떤 영향을 미치는지 분명히 확인할 수 있다. 그러나 2개의 세계 중 어느 한쪽만 보면 자신이 공정함과 거리가 멀다는 사실을 결코 깨닫지 못한다.

"불륜은 저급한 인격을
보여주는 지표다."

공화당

"사생활은 우리가
상관할 일이 아니다."

민주당

　뇌가 과거에 성찰해본 적 없는 주제에 포싱 기법을 사용하는 것은 매우 쉬운 일이다. 사전에 세워둔 원칙이 없으므로 자신에게 유리한 쪽으로 무엇을 선택하든 이를 방해할 게 없기 때문이다.

　당신이 불륜 문제에 이미 엄격한 판단 기준이 있다면, 이번에는 다른 사례를 하나 들어보자. 가령 소송을 당한 재판에서 이겼다고 가정해보자. 이때 소송 비용은 고소인이 부담해야 하는가? 당신이 대다수 사람과 같다면 (한 연구에 따르면 이 질문에 "그렇다"고 답한 사람은 85%다[1]) 아마 "그렇다"고 답할 것이다. 무고하게 고소를 당한 것이라면 왜 변호사 비용으로 수천 달러를 잃어야 하는가? 이는 부당한 처사다.

　하지만 질문 내용을 조금 바꿔보자. 당신이 누군가를 고소했는데 재판에서 패소한다면, 상대의 소송 비용을 당신이 부담해야 하는가? 이 질문에는 단지 44%만이 "그렇다"고 답했다. 고소했다가 패소한 사람이 바로 당신이라고 상상하면 이전 경우와는 다른 반론이 떠오른다. 예컨대 상대편이 부자라서 더 좋은 변호사를 고용할 수 있었기 때문일지도 모른다. 재판에서 패소할 때 소송 비용을 감당할 경제력이 없어서 피해자가 고소하기를 주저하게 된다면 불공평하지 않은가?

소송 비용을 패소자가 부담한다는 방침에 찬성하는 쪽이나 반대하는 쪽이나 모두 일리가 있다. 그러나 어느 쪽 주장이 머릿속에 떠오르는지 차이는 자신이 원고인지 피고인지에 따라 달라진다. 당신은 절대 그럴 리 없을거라 생각하겠지만 어느 쪽이든 위치가 뒤바뀌면 이에 따라 지지하는 주장도 곧장 바뀔 것이다.

사고실험으로 반사실적 세계를 경험하라

자신의 추론을 스스로 꼼꼼히 따진 뒤 그것이 일리가 있다고 결론짓는 방식으로는 동기화된 추론에 빠졌는지 감지하지 못한다. 당신이 반사실적 세계에서 했을 추론과 현재의 추론을 서로 비교해야 한다. 앞서 예로 든 문제의 정치인이 민주당이 아니라 반대편 정당 소속이었다면 그의 행동을 어떻게 판단했을까? 부부 갈등 문제에 대해 친구가 당신이 아니라 배우자의 편에서 조언해줬다면 그 조언을 어떻게 평가했을까? 어떤 연구 결과가 당신의 주장을 지지한다면 그 연구 방법론도 정당하다고 판단했을까?

물론 상황이 달라졌을 때 당신이 어떻게 추론할지 정확히 알 수는 없다. 반사실적 세계를 직접 방문할 수는 없기 때문이다. 그러나 할 수 있는 게 있다. 머릿속 사고실험으로 반사실적 세계를 가상으로 경험하는 것이다.

지금부터 5가지 유형의 사고실험을 살펴볼 것이다. 이중잣대 테스트, 외부인 테스트, 동조 테스트, 선택적 의심 테스트, 현상 유지 편향 테스트다.

시작하기에 앞서 사고실험을 할 때 유념할 중요한 요령이 있다. 반사실적 시나리오를 '실감 나게 그려야' 한다는 것이다. 방금 친구를 놀려먹은 여섯 살배기 아이를 예로 들어보자. 엄마는 아이를 야단치며 아이가 한 짓이 왜 잘못됐는지 설명하려고 여느 엄마들이 자주 하는 사고실험을 제안한다.

"네가 빌리라고 생각해봐. 누가 너를 친구들 앞에서 놀렸다고 상상해보라고. 기분이 어떻겠니?"

아이는 즉각 대답한다.

"난 아무렇지 않아!"

여기서 아이가 빌리의 입장이 돼 생각하고 있지 않다는 것은 자명하다. 아이는 자신이 생각하는 정답을 이야기했을 뿐이고, 그 답은 자기가 아무 잘못도 저지르지 않았다는 뜻이다. 사고실험은 일이 실제로 일어난다고 상상할 때만 효과가 있다. 따라서 단순히 질문만 던져서는 소용이 없다. 반사실적 세계를 생생히 떠올린 후 그 안에 자신을 배치해서 어떻게 반응하는지 관찰해야 한다.

반사실적 세계를 뚜렷이 구현할 때 생기는 차이는 놀라울 정도다. 몇 년 전에 알게 된 법대생이 있다. 편의상 게이샤라 부르자. 게이샤는 법대에 다니는 게 즐겁지 않았고, 변호사가 되는 일에도 아무 감흥이 없었다. 그런데도 법대를 그만둔다는 생각은 해보지 않았다. 한 친구가 물었다.

"부모님을 슬프게 하고 싶지 않아서 법대에 그냥 계속 다니는 거니? 만약 부모님이 개의치 않는다는 사실을 알게 되면 생각이 달라질까?"

게이샤는 단호히 답했다.

"아니, 부모님 때문에 학교에 다니는 건 아냐. 그건 미친 짓이지."

친구는 질문을 바꾸며 게이샤를 더 몰아붙였다.

"좋아. 내일 부모님이 전화해서 '애야, 우리가 그 문제를 얘기해봤는데 법대에 다니는 게 즐겁지 않다고 하니 걱정스럽구나. 학교를 그만두더라도 우리는 상관하지 않는다는 사실을 확실히 말해주고 싶었다. 그저 네가 즐거워하는 일을 하기를 바랄 뿐이다'라고 말씀하시면?"

그제야 비로소 게이샤는 깨달았다.

"그렇다면 나는 법대를 당장 그만둘 거야."

이중잣대 테스트

댄(가명)이라는 남학생은 성비가 매우 치우친 군사 고등학교에 다녔다. 한 반에 여학생 30여 명, 남학생 250명이 있었다. 여학생들은 선택지가 많은 만큼 잘생기고, 운동도 잘하고, 매력적인 남학생을 좋아했다.[2] 하지만 댄은 이런 서술어에 해당하지 않았다. 사람들과 어울리는 일이 어색했고, 외모도 볼품없었기에 여학생들의 관심을 조금도 끌지 못했다. 무관심에 상처받은 댄은 여학생들이 모두 '콧대 높은 못된 계집애들'이라고 결론지었다.

그러던 어느 날 사고실험을 하고 나서 인식이 바뀌었다.

'솔직히 반대 상황이었다면 너도 똑같이 행동하지 않았을까?'

'그래, 그런 경우라면 나도 예쁜 애들과 어울렸을 거야.'

관점의 변화로 곧바로 데이트 상대를 얻은 것은 아니지만, 그 덕분에 편안한 마음으로 학교생활에 대처했고, 나이가 더 든 후에는 한결 수월하게 여자들과 연락하며 지내게 됐다.

여기서 댄이 했던 일은 일종의 '이중잣대 테스트'였다.

'나한테 들이대지 않을 잣대로 다른 사람들의 행동을 판단하는가?'

이중잣대 테스트는 개인뿐 아니라 집단에도 적용할 수 있다. 사실 우리는 일상에서 흔히 이 테스트를 접한다. 정치적으로 두 진영이 대립할 때 사람들은 분노하며 이렇게 외친다.

"이거 봐요. 당신네 후보 방어는 그만 좀 하시지! 우리 당에서 누군가 똑같은 짓을 했대도 이렇게 반응했을까?"

자발적으로 상대방의 처지에 서는 경우는 드물지만, 가끔은 그런 사람이 있다. 2009년에 필리버스터 제도를 폐지하려는 민주당의 의도를 놓고 인터넷에서 토론이 벌어졌을 때였다. 이중잣대 테스트를 적용하는 민주당원을 보고 나는 깊은 인상을 받았다. 그 사람은 필리버스터 제도 폐지에 반대 의사를 표명했다.

"공화당 대통령 조지 W. 부시가 전쟁 예산 등의 사안에 비슷한 전략을 사용했다는 말을 들으면 내가 어떻게 반응할지 상상해봤습니다. 그걸 좋아할 리가 없다는 생각이 들어요."[3]

지금까지 다룬 사례는 부당한 잣대로 다른 사람이나 집단을 비판한 경우였다. 하지만 이중잣대 테스트는 반대로도 나타난다. 똑같은 상황에서 자신에게 더 가혹하고 타인에게 너그러운 경우를 말한다. 수업시간이나 회의시간에 멍청하게 질문한 일로 심하게 자책한 적이 있는가? 다른 사람이 똑같이 멍청한 질문을 던진 경우를 상상해보자. 당신은 그 사람에게 어떻게 반응했을까? 실수가 그토록 대단한 것일까?

외부인 테스트

　기술 회사 인텔Intel의 공동설립자 앤디 그로브Andy Grove에 따르면, 1985년
전반기는 인텔로서는 "암울하고 쓰라린" 시기였다. 인텔은 메모리칩 전문
제조 업체로 호황을 누렸으나 1984년경 일본의 경쟁사들이 인텔 제품보다
빠르고 좋은 메모리칩 제조법을 알아냈다.

　인텔 경영자들은 일본의 시장점유율이 치솟는 반면 자사의 점유율이 급
락하는 것을 지켜보며 끊임없이 대책을 논했다. 그들은 메모리칩 시장에서
밀려나고 있었다. 다른 시장으로 옮겨야 하는가? 하지만 메모리는 인텔의
정체성이었다. 이제 메모리 반도체 회사를 접어야 한다는 생각은 마치 종교
적 신조를 위배하는 것 같은 충격으로 다가왔다. 그로브는 자신의 회고록
《편집광만이 살아남는다》에서 공동설립자인 고든 무어Gordon Moore와 나눈
대화를 기록했다. 이 대화 덕분에 그들은 회사를 지켜냈다.

　　우리는 침울했다. 저 멀리 그레이트 아메리카 놀이공원의 대관람차가 회전하는
　　것을 나는 창 너머로 지켜봤다. 그러다 문득 고든을 향해 물었다.
　　"우리가 쫓겨나고 이사회가 최고경영자를 새로 데려온다면 그 사람은 무슨 일을
　　할까요?"
　　고든은 망설임 없이 대답했다.
　　"메모리 사업에서 손을 떼겠지."
　　나는 멍하니 그를 바라보다가 이렇게 말했다.
　　"우리가 저 문으로 나갔다가 다시 걸어 들어와 그 일을 직접 하는 게 어때요?"[4]

잘나갔던 메모리칩 사업을 포기하는 것이 외부인의 관점에서는 너무나 명백한 선택지라는 사실을 확인하자 의사결정은 순조롭게 이뤄졌다. 인텔은 메모리칩 사업을 접고 돌파구를 찾아 1980년대 중반의 침체기에서 벗어났다. 새로 찾은 활로는 바로 마이크로프로세서였다.

그로브와 무어가 했던 사고실험은 '외부인 테스트'라 불린다. 다른 사람이 당신을 대신하게 됐다고 상상해보는 것이다. 그 사람은 당신이 처한 상황에서 무슨 일을 하리라고 예상하는가? 결단이 쉽지 않을 때 무엇을 해야할지 선택하려면 질문이 꼬리를 물고 감정이 동요하기 쉽다. '상황이 이렇게 된 건 내 잘못일까?', '여기서 생각을 바꾸면 사람들이 나를 혹독하게 비판하진 않을까?' 외부인 테스트는 이런 영향을 걷어내고, 자신이 처한 상황에서 최선의 대응책이 무엇인지 솔직히 추론하도록 돕는다.

외부인 테스트를 약간 변형해 당신이 외부인이 돼 스스로를 관찰할 수도 있다. 가령 2년 후면 대학원을 졸업하는데, 전공에 불만이 큰 상황이라고 생각해보자. 학업을 그만둘까도 고민했지만 여기까지 오는 데 많은 세월을 허비했다고 생각하면 너무 괴로워 결국에는 오래 버티기 위한 이유를 찾아낼 것이다.

제삼자가 돼 [자기 이름]이라 불리는 사람의 과거 속으로 순간이동을 한다고 상상해보자. 제삼자는 당신이 과거에 내린 결정에 아무 애착도 없다. 한결같은 사람으로 보이고 싶은 욕심도 없고, 자신의 선택이 옳았음을 입증하려는 욕망도 없다. 그저 현재 처한 이 상황에서 최선의 결정을 내리고 싶을 뿐이다. 당신은 이제 '새 경영진의 지휘 아래'[5] 있다. 어떤 선택지에 더 가슴이 뛰는가?

2년을 마저 대학원에서 보내고 학위를 취득하는 것인가, 아니면 대학원을 그만두고 다른 일을 하는 것인가?*

동조 테스트

사촌인 쇼샤나는 어렸을 때 내 우상이었다. 두 살 위였는데 내 눈에는 말도 못하게 멋졌다. 어느 여름 가족 캠핑에서 쇼샤나가 당시 선풍적 인기를 끌던 밴드 뉴 키즈 온 더 블록New Kids On The Block을 소개해줬다. 텐트에 앉아 카세트 플레이어로 그들의 최신 앨범을 함께 들었다. 쇼샤나가 말했다. "아, 다음에 나오는 게 내가 가장 좋아하는 노래야!" 노래가 끝나자 쇼샤나가 나를 바라보며 어떻게 생각하는지 물었다. 나는 신이 나서 "정말 멋진데! 나도 이게 최고로 좋아"라고 화답했다.

쇼샤나는 이렇게 말했다.

"근데 사실은 말이야, 이건 내가 가장 좋아하는 노래가 아니야. 진짜는 애정이 제일 없어. 그냥 네가 내 말을 그대로 따라 하는지 알고 싶었어."

그때는 몹시 창피했지만 돌이켜보면 이 경험으로 배운 게 많았다. 그 곡이 최고로 좋다고 말했을 때 나는 진심이었다. 분명히 다른 곡보다 더 좋게 느껴졌다. 쇼샤나에게 잘 보이려고 그렇게 말했다고는 생각하지 않았다. 그런데 속임수였다는 게 밝혀진 후에는 당장 내 마음도 달라지는 게 아닌가.

---

*
이 사고실험은 "너라면 이런 상황의 친구에게 뭐라고 말할 것 같아?"의 형태로 더 자주 쓰인다. 물론 이 질문도 유익하겠지만, 친구에게는 필요 이상 관대하다는 점에서 인지 편향이 발생할 수 있다.

노래가 갑자기 시시하게 들렸다. 재미없고 따분했다. 마치 누군가 환한 조명을 비추자 곡의 결점이 뚜렷하게 드러나는 것 같았다.**

요즘 나는 얼마나 많은 부분이 정말 내 견해인지 검증하고 싶을 때 사고 실험으로 쇼샤나의 기법을 이용한다. 어떤 이의 견해를 옹호할 때 '동조 테스트'를 해보는 것이다. 이 사람들이 더는 그 견해를 지지하지 않는다고 말한다면 어떤가? 그래도 나는 여전히 지지하는가? 다른 이들에게 맞서 그 견해를 거리낌 없이 지킬 수 있는가?

일례로 전략 회의에서 동료가 추가 인력 채용 방안을 주장한다고 치자. 당신은 고개를 끄덕이며 "맞아. 그렇게 하는 것이 오히려 돈을 절약하는 길이지"라고 동의한다. 동료의 의견이나 당신의 의견이나 다름없이 느껴진다. 하지만 확인을 위해 동조 테스트를 해보는 것이 좋다. 갑자기 동료가 이렇게 말하는 상황을 상상해보자.

"그런데 여러분, 여태껏 저는 열띤 논의를 위해 일부러 반대 입장을 취했던 것뿐입니다. 지금 당장은 인력 채용이 필요하다고 보지 않습니다."

그 말을 듣고 나서도 변함없이 채용 계획에 찬성하는가? 동조 테스트는 자신의 신념뿐 아니라 기호를 파악하는 데도 사용된다. 내가 아는 20대 후반의 한 여성은 향후 아이를 낳을지 말지 고민했다. 언젠가는 당연히 엄마가 되리라 생각하며 살았지만, 진심으로 그렇게 하고 싶은 것인지 아니면

**어쩌면 쇼샤나는 그 전에 버락 오바마(Barack Obama)에 관해 알았던 걸까? 오바마 대통령도 재임 시절 보좌관에게 비슷한 기법을 사용했다. 기본적으로는 정직한 피드백을 얻으려는 예스맨 테스트였다. 어떤 사람이 자신의 의견에 맞장구치면, 오바마는 더는 그 의견을 지지하지 않고 생각이 바뀐 듯 가장했다. 그러고서는 처음 의견에 찬성한 보좌관에게 어째서 지지하는지 이유를 설명해달라고 요청했다. 오바마는 이렇게 말했다. "모든 리더에게는 장단점이 있는데, 제 장점 중 하나가 허튼소리를 감지하는 능력입니다." 6

그저 다들 그렇게 하니까 따라가려는 것인지 알고 싶었다. 그래서 동조 테스트를 해봤다.

아이를 갖는 게 대다수가 아니라, 30%의 사람들만이 하는 선택이라고 가정하자. 그러면 나는 어떻게 할 것인가? 그런 세상을 상상해보니 아이를 갖는 일에 별로 마음이 내키지 않는다는 사실을 깨달았다. 이 사고실험으로 자신이 생각했던 것보다 부모가 되는 일에 관심이 적었음이 드러났다.

선택적 의심 테스트

책에 필요한 자료를 조사하는 동안 전투병 관점을 지닌 사람들이 인생에서 성공한다는 사실을 증명하겠다고 주장하는 논문을 우연히 접했다. "아, 말도 안 돼." 나는 코웃음을 치고 나서 연구 방법을 확인하며 오류를 점검했다. 아니나 다를까, 연구 설계 자체가 형편없었다. 마음이 내키지는 않았지만 그래도 사고실험을 진행했다. '이 저자가 전투병 관점을 지닌 사람들이 인생에서 실패한다고 주장했다면 어떻겠는가?'

내 반응은 이랬을 것이다. "역시 예상했던 대로야. 책에서 이 연구를 예로 들어야겠어!" 현실 세계와 반사실적 세계에서 보인 극명한 차이는 경각심을 불러일으켰다. 내 견해를 지지하는 증거를 만났을 때 쉽게 신뢰해서는 안 되겠다는 생각이 들었다. 이를 계기로, 내 견해를 지지하는 증거로 인용하려 했던 연구를 모두 다시 점검하면서 그 방법론들에 결함이 없는지 전투병 관점을 지지하는 연구를 점검했을 때처럼 꼼꼼히 따졌다. (알고 보니 안타깝게도 대부분 증거로서 부적절했다.)

이런 종류의 사고실험을 나는 '선택적 의심 테스트'라고 부른다. 어떤 증거가 자신과 반대쪽에 선 사람을 지지한다고 상상해보자. 당신은 그 증거를 얼마나 신뢰할 수 있는가?

누군가 당신 회사에서 내린 결정을 비판했다고 하자. 당신은 여느 때처럼 "저 사람들은 자기네가 무슨 얘기를 하는지도 몰라. 세부 정보도 없으면서 말이야"라고 반응했다. 여기서 선택적 의심 테스트를 하려면 그들이 회사에서 내린 결정을 칭송했다고 상상하면 된다. 이때도 당신은 오직 내부자만이 근거 있는 의견을 내기에 충분한 정보를 안다고 생각할까?

당신이 페미니스트라고 가정하자. 그리고 페미니스트가 남성을 얼마나 증오하는지에 관해 항의하는 글을 읽었다. 글을 쓴 사람은 증거로 당신이 듣도 보도 못한 사람들이 올린 일부 게시물을 제시한다. 거기에는 "모든 남자는 뜨거운 불길 속에서 죽어야 한다!!! #걸파워 #페미니즘" 같은 문구가 등장한다. 당신은 이렇게 여길 것이다. "잠깐만. 어느 집단이나 잘 들여다보면 바보도 있고 극단주의자도 있어. 저렇게 논증에 유리한 것만 취사 선택한 증거로는 페미니즘에 대해 아무것도 증명하지 못해."

이때 선택적 의심 테스트는 이렇게 한다. 항의글을 쓴 사람이 논거로 인용한 발언이 모두 이를테면, 보수당 지지자들처럼 당신이 싫어하는 집단에서 취사 선택했다고 상상해보자.* 당신은 어떻게 반응할까? 똑같은 논리로 글을 쓴 사람의 주장을 거부할 수 있을까? 자신의 논증에 유리하게 취사 선택한 소수 사례는 보수당 지지자들에 대해 아무것도 증명하지 못하는가?

•
페미니스트 대신 보수주의자로 바꿀 때 사례가 더 분명히 이해된다면 얼마든지 바꿔도 좋다.

현상 유지 편향 테스트

내 친구 데이비드는 대학 동창들과 고향에서 살았다. 그런데 어느 날 실리콘밸리에 있는 꿈의 직장으로 이직할 기회가 왔다. 데이비드는 고민했다. 더 좋은 일자리를 얻으려고 좋아하는 사람들과 함께하는 이 삶을 포기할 가치가 있을까? 그래서 사고실험을 진행했다.

'내가 이미 샌프란시스코에 살면서 연봉도 좋고 신나는 일을 하고 있다고 가정하자. 그러면 대학 친구들과 가까이 살고 싶어서 직장을 그만두고 고향에 돌아가려 할까?'

그는 그렇지 않을 거라고 판단했다.

데이비드의 사고실험은 우리가 선택지를 고려할 때 현상 유지 편향에 영향받을 가능성이 크다는 사실을 보여준다. 인간에게는 어떤 경우든 현상 유지가 되는 쪽으로 방어하려는 동기가 있다. 사람들이 어째서 현상 유지를 선호하는지 설명하는 이론 중 '손실 회피 편향'이라는 게 있다. 비슷한 가치라면 이를 얻었을 때 느끼는 기쁨보다 잃었을 때 느끼는 고통이 훨씬 크다. 설령 변화를 통해 전반적으로 더 나아질 것이라 해도, 장차 얻을 것보다는 현재 잃을 것에 더 신경 쓰기 때문에 현재 상황을 바꾸기 꺼린다.

나는 데이비드가 했던 사고실험을 '현상 유지 편향 테스트'라고 부른다. 지금 처한 상황이 현재가 아니라고 상상해보자. 선택의 기회가 오면 여전히 현재 상황을 기꺼이 고르겠는가? 그렇지 않다면 지금의 상황을 선호하는 이유가 특정한 장점이 있어서가 아니라 그저 현상을 유지하고 싶은 편향 때문이라고 보면 된다.*

현상 유지 편향 테스트는 개인의 삶에서 마주하는 선택뿐 아니라 정책을 선택할 때도 효과가 있다. 2016년 영국 시민들이 유럽연합 탈퇴 여부를 놓고 찬반투표를 할 때 한 영국 블로거는 어디에 투표할지 고심했다. 최종 선택에 도움을 준 것은 현상 유지 편향 테스트였다. '우리가 아직 유럽연합 회원국이 아니라면, 유럽연합 가입에 찬성하는 것이 좋겠다고 생각할까?' 그녀의 대답은 "아니요"였다.**

사회 변화가 동반되는 정책을 거부하고 싶을 때마다 자신이 현상 유지 편향을 지녔는지 검증할 기회다. 생명 연장 연구를 예로 들어보자. 과학자들이 인간의 수명을 85세에서 170세까지 약 2배로 늘릴 방법을 찾아낼 수 있다면, 이는 좋은 일인가? 이 문제로 여러 사람과 토론한 적이 있는데 대다수는 부정적 의견이었다. 그들은 이렇게 주장했다.

"인간이 그렇게 오래 산다면 진보는 아주 더디게 진행될 겁니다. 늙은 세대가 사라지고 새로운 사상을 지닌 젊은 세대에 양보해야죠."

현상 유지 편향 테스트를 위해 현재 인간의 자연수명이 170년이라고 상상해보자. 그리고 유전자를 조작해 인간 수명을 85세까지 줄일 수 있다고 가정해보자. 그렇게 되면 좋겠는가? 이 질문에 "아니요"라고 답한다면, 실제로는 생명 연장보다 신속한 사회 변화가 더 가치 있다고 생각하지 않는 것이다.[7]

---

*
예리한 독자는 현상 유지 편향 테스트의 허점을 알아챘을 것이다. 현재 상황을 뒤집어 결정을 내릴 때 거래 비용을 추가해야 하기 때문이다. 그러나 이것은 사고실험이므로 거래 비용이 감쪽같이 사라진 것으로 보자.

**
다음 2가지를 놓고 현상 유지 편향을 테스트하는 것은 문제가 있다고 반박할 수도 있다. 처음부터 영국이 유럽연합에 가입하지 않는 경우와 이미 가입하고 난 후에 탈퇴하는 경우다. 이는 현상 유지 편향 테스트에 존재하는 또 다른 비대칭성이다. 그렇긴 해도 자신의 주된 목표가 무엇인지 가늠할 때 도움이 된다.

5가지 사고실험

이중잣대 테스트	똑같은 상황에서 이 사람(또는 집단)을 판단한 기준과 저 사람(또는 집단)을 판단한 기준이 다른가?
외부인 테스트	문제 상황이 다른 사람의 일이라면 나는 이 상황을 어떻게 평가할 것인가?
동조 테스트	다른 사람들이 이 견해를 더는 지지하지 않더라도 나는 이 견해를 계속 지지할 것인가?
선택적 의심 테스트	증거가 반대편 주장을 지지한다면, 나는 이 증거를 얼마나 신뢰할 것인가?
현상 유지 편향 테스트	지금의 상황이 현재가 아니라면, 그래도 이 상황을 자발적으로 선택할 것인가?

사고실험은 신탁이 아니다. 시시비비나 공정성 여부를 가리는 실험이 아니며 무엇을 선택해야 옳은지 알려주지도 않는다. 사고실험으로 공화당원보다 민주당원이 저지른 불륜을 당신이 더 쉽게 용서한다는 사실을 알아차렸는가? 그렇다면 이 문제에 이중잣대가 있는 것이다. 하지만 당신이 어떤 기준을 가져야 옳은지에 관해서는 말해주지 않는다. 사고실험으로 현재 가진 것을 놓칠까 봐 불안해한다는 사실을 알아차렸다 해도 이번에는 안전하게 현재를 유지하는 방향으로 결정할 수도 있다.

사고실험은 동기가 바뀌면 추론도 바뀐다는 사실을 보여줄 뿐이다. 추론 과정에서 당신이 언급하고 싶은 원칙이나 반대 근거는 다음과 같은 동기에 따라 달라진다. 지키고 싶은 위상이나 지위, 자기에게 이득이 되는 정책을 지지하려는 동기, 변화에 대한 두려움 또는 거절당하는 것에 대한 두려움.

우리 뇌가 동기화된 추론에 빠진 것을 알아차리면, 즉 사고실험 이전에는 보이지 않던 결함을 알아차리거나 또는 시나리오 속에서 무관하다고 여겨지던 세부사항을 재배치하자 선호하는 대상이 바뀌었음을 알아차리면 객관적인 판단이라 믿었던 것이 실제론 '착각'이었음을 깨닫는다. 사고실험을 통해 우리가 하는 추론이 동기에 따라 언제든 달라질 수 있으며, 이전에 내린 판단은 어디까지나 출발점일 뿐 종착점이 아니라는 사실을 실감한다. 정찰병을 비유로 사고실험을 설명하자면, 망원경으로 멀리 떨어진 강을 바라보며 이렇게 말하는 것이다.

"확실히 강이 얼어버린 것 같아요. 하지만 또 다른 관찰 지점에서, 그러니까 다른 각도, 다른 조명, 다른 렌즈에서도 별 차이가 없는지 살펴봐야 합니다."

Chapter 6

얼마나
확신하세요?

2016년도 영화 〈스타트렉 비욘드〉에서 함선 한 대가 서둘러 하늘을 가로지르는 장면이 나온다.[1] 우주선의 함장인 커크는 적의 배 세 척을 추격하고 있고, 적들은 도심으로 직행해 초강력 무기를 폭발시킬 작정이다. 커크의 오른팔인 스팍 부함장이 외친다.

"함장님, 세 척을 모두 막는 것은 불가능한 일입니다!"

부함장의 입에서 나온 말은 무척이나 단호하고 위엄 있게 들렸다. 하지만 채 60초도 안 돼 커크는 적의 배를 앞지르는 법을 알아냈고, 적들이 목적지에 도달하기 전에 함선 선체로 그들을 막아냈다.

〈스타트렉〉을 이전부터 시청한 사람이라면 이런 상황이 놀랍지 않을 것이다. 미래 예측에 관한 한 스팍의 성적은 별로 좋지 않았다. 텔레비전에서 방영된 오리지널 드라마의 한 에피소드에서는 스팍이 "이 방법이 성공할 가능성은 극히 희박합니다"라고 커크에게 경고했지만, 그 말이 끝난 직후 계획은 성공했다.[2] 또 다른 에피소드에서는 생존 가능성이 "7,000 대 1도 안 된다"고 스팍이 커크에게 말했지만, 얼마 지나지 않아 멀쩡하게 탈출했다.[3] 또 다른 에피소드에서 스팍은 "생존자를 발견할 가능성이 전무합니다"라고 단언했지만, 곧 생존자들로 가득한 행성을 발견한다.[4]

우리는 확신에 끌린다

스팍은 자신을 과신한다. 자기가 옳다는 확신이 실제 정확도를 한참 넘어섰다는 의미다. 그런 점에서 스팍은 여느 사람들과 다르지 않다(다만 자신의 예측이 얼마나 객관적이고 논리적인지에 관해 보통 사람들보다 과장이 훨씬 심하다는 점에서 차이가 날 뿐이며, 이는 스팍을 예시로 든 이유기도 하다). 우리는 흔히 자신이 틀릴 리가 없다고 확신하지만("이만한 거리에서 그것을 맞출 가능성은 결코 없어!", "금요일까지는 확실히 마무리할 거야!") 결국에는 틀린 것으로 판명되는 경우가 허다하다.

엄밀히 따지면, 확신에 찬 표현을 쓰는 것은 자신감 때문만은 아니고 말을 간결하게 하려는 목적도 있다. 이런 말을 할 때마다 잠시 생각해보고 확률을 따져서 숫자를 정확히 표현해야 한다면 대화하기가 얼마나 거추장스러운가. 그러나 우리는 상대가 구체적으로 확률을 말해달라고 요구할 때도 100% 확신한다고 단언할 때가 많다. 인터넷에서 '얼마나 확신합니까'라든지 '얼마나 자신합니까'와 같은 문구로 검색해보면 쉽게 알 수 있다. 쿼라Quora, 야후! 앤서스Yahoo! Answers, 레딧 같은 포럼에서 몇몇 사례를 간추려봤다.

- 지능을 지닌 생명체가 지구 밖에 존재할 가능성을 백분율로 표시한다면 얼마나 확신합니까? "나는 외계 생명체가 있다고 100% 확신한다."[5]
- 2017년도 영업 목표를 달성하리라고 얼마나 자신합니까? "나는 100% 확신한다."[6]
- 무신론자인 당신은 임종 시에 기독교 같은 종교로 개종하지 않으리라고 얼마나 확신합니까? "나는 100% 확신한다."[7]

전문가들도 지나치게 확신하다가 자기 분야에서 틀릴 때가 많다. 예컨대 여러 연구에 따르면, 의사들은 환자를 진단하는 과정에서 통상적으로 자신의 능력을 과대평가한다. 한 연구에서는 의사가 진단 결과를 완전히 확신하는 환자들의 부검 결과를 나중에 조사했더니 의사들 가운데 40%가 오진을 내렸다.[8]

인간이 자신의 지식을 과신하는 성향이 있다고 할 때, 개인적인 견해에 관해서는 더더욱 그렇다고 볼 수 있다. 우리는 이런 말을 한다. "미국인에게 생활임금이 필요하다는 것은 의심의 여지가 없다, 인터넷 때문에 사람들의 주의지속시간이 엉망으로 떨어졌다는 것은 명백하다, 당연히 그 법안은 재앙이 될 것이다."

모든 과신이 동기화된 추론에서 기인하는 것은 아니다. 해당 주제가 얼마나 복잡한지 미처 몰라서 정답을 쉽게 찾을 거라고 자기를 과대평가할 때도 있다. 하지만 많은 경우에 지나친 과신은 뭔가를 굳게 믿고 싶은 욕구 때문이다. 확실한 것은 이해하기 쉽다. 확실한 것은 편안하다. 확실한 것은 우리가 똑똑하고 유능하다는 인상을 준다.

정찰병의 장점은 이런 유혹에 저항해 처음에 내린 판단을 의심하고, 흑백논리를 벗어나 회색지대에서 문제를 보는 것이다. 이를테면 95%의 확신, 75% 확신, 55%의 확신을 차이에 따라 각각 구분하는 능력에 있다. 이것이 이번 장에서 다룰 주제다. 그 전에 한번 생각해보자. 확신의 정도를 수치로 평가한다는 것은 무엇을 의미하는가?

불확실성을 수량화하기

무엇을 얼마나 확신하는지 생각할 때 사람들은 으레 이런 식으로 자문한다. '내가 확신하지 못하는 부분이 있는가?' 그리고 자신이 의심하는 부분이 없으면 흔히들 '100% 확신한다'고 단언한다.

방금 설명한 대로 확실성을 이해할 수도 있지만, 정찰병이 확실성에 관해 생각하는 방식은 아니다. 정찰병은 확신의 정도를 생각할 때 어떤 명제가 옳을 가능성에 대한 예측으로 여긴다.

자신의 판단이 옳다고 확신하는 정도에 따라 각각의 신념을 분류해서 바구니에 넣는다고 상상해보자. 우리가 믿는 것에는 일상적인 예측("나는 이 식당이 마음에 들 것이다"), 삶에 관한 신념("내 배우자는 바람을 피우지 않을 것이다"), 세상이 돌아가는 방식에 관한 신념("흡연은 암을 유발한다"), 핵심 전제("마술은 실제가 아니다") 등이 포함된다. 가령 어떤 믿음을 '70% 확신' 바구니에 넣는 것은 '내 말이 맞을 가능성이 대략 70%라고 예상한다'는 뜻이다.

확신의 정도에 따라 자신의 믿음을 분류할 때 은연중에 확신의 정도와 실제 발생률을 오차 없이 일치시키고 싶어 한다. 즉 '50% 확신'하는 주장이

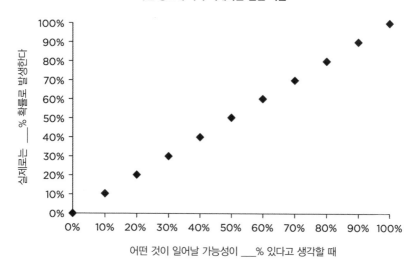

확신 정도에 따라 기대하는 실현 비율

(y축) 실제로 ___% 확률로 맞았다

(x축) 어떤 것이 일어날 가능성이 ___% 있다고 생각할 때

면 실제로 50% 확률로 예측이 맞고, '60% 확신'하는 주장이면 실제로 60% 확률로 예측이 맞고, '70% 확신'하는 주장이면 실제로 70% 확률로 예측이 맞아떨어지기를 바란다.

이렇게 완벽히 일치하는 건 이상적인 목표일 뿐 현실에서 이룰 수 있는 일은 아니다. 하지만 2가지 값을 비교하는 작업은 자신의 판단력을 점검하는 유용한 도구가 된다. 이 개념을 이해하려면 스팍을 계속 괴롭힐 수밖에 없을 듯싶다. 과연 그의 예측력은 어느 정도인지 확신 정도와 실제가 일치하는 모형과 비교해보자.

나는 〈스타트렉: 오리지널 시리즈〉, 〈스타트렉: 애니메이션 시리즈〉, 영화 〈스타트렉〉에서 스팍이 등장한 모든 장면을 살폈다. 거기서 "개연성, 퍼센트, 가능성, 승산, 가능한, 불가능한, 공산이 있는, 공산이 없는, 가능성이 큰,

가능성이 작은" 등의 관련 표현을 골라냈다. 스팍이 일정 수준의 확신을 드러내며 예측하고, 그 예측이 참 또는 거짓으로 판명된 사례는 총 23건이었다. 스팍의 예측 내용과 그것을 어떻게 분류했는지 자세한 사항은 부록 A에 따로 실었으니 참고하라. 다음은 제목만 요약한 것들이다.

- 스팍이 "불가능하다"고 예측하면 실제로는 83% 확률로 발생한다.
- 스팍이 "거의 공산이 없다"고 예측하면 실제로는 50% 확률로 발생한다.
- 스팍이 "공산이 없다"고 예측하면 실제로는 50% 확률로 발생한다.
- 스팍이 "공산이 있다"고 예측하면 실제로는 80% 확률로 발생한다.
- 스팍이 "99.5% 이상 가능성이 있다"고 예측하면 실제로는 17% 확률로 발생한다.[9]

확인한 대로 스팍의 예측 성적은 그리 좋지 않다. 예측과 실제의 일치 정도가 그나마 제일 나은 경우는 스팍이 "공산이 있다"고 확신한 순간이다. 스팍이 이렇게 말할 때는 그가 확신한 수준과 비슷한 비율로 실현됐다. 이 경우를 제외하면 스팍의 예측은 현실과 반대로 나타났다. 실현 가능성이 적다고 예측할수록 실제로 발생할 가능성은 훨씬 컸고, 실현 가능성을 크게 본 것일수록 실제 발생할 가능성은 적었다.

당신은 어떨까? 스팍보다 성적이 좋은지 나쁜지 알고 싶은가? 몇 가지 분야로 나눠 일반 상식에 해당하는 문제를 풀어보면 자기확신의 정도와 실제로 발생한 결과의 오차를 확인하고, 그 차이를 인식하는 법을 배울 수 있다. 이를 위해 다음 페이지에 40개 문항을 준비했다. 전부 답할 필요는 없지

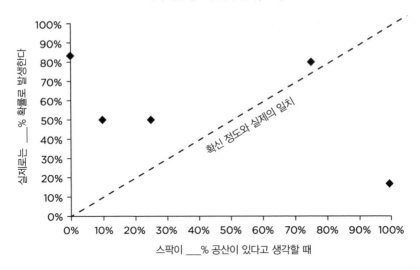

만 많이 답할수록 결과가 더욱 유의미하다.

먼저 각 문항이 참인지 거짓인지 동그라미를 친 후 답을 확신하는 정도에 표시하자. '참' 아니면 '거짓'으로 답변하기 때문에 아는 게 전혀 없으면 확신의 정도는 (동전 던지기 수준에 해당하는) 50%일 것이고, 틀릴 가능성이 전혀 없다고 여기면 100%일 것이다. 여기서는 문제를 단순하게 만들려고 확신 정도를 55%, 65%, 75%, 85%, 95%, 총 5개로 제시했다. 자신이 생각하는 확신 정도와 가장 근접한 수치에 동그라미를 치면 된다.

문제를 다 풀면 확신 정도가 문항마다 변동이 심하다는 사실을 확인할 것이다. 쉽게 느껴지는 문제는 거의 100%라며 정답을 확신할 것이고, 두 손 두 발 들며 "전혀 모르겠다!"고 외치고 싶은 문제도 있을 것이다. 지극히 자연스러운 반응이다.

확신 정도와 실제 결과를 일치시키는 연습: 당신이 생각하는 정답에 동그라미를 치시오.

1라운드: 다음 동물에 관한 명제는 참인가 거짓인가?	얼마나 확신하는가?
1. 코끼리는 세상에서 가장 큰 포유류다. (참 / 거짓)	55% 65% 75% 85% 95%
2. 해달은 때로 동료와 손을 잡고 잔다. (참 / 거짓)	55% 65% 75% 85% 95%
3. 지네는 다른 어떤 동물보다 다리가 더 많다. (참 / 거짓)	55% 65% 75% 85% 95%
4. 포유류와 공룡은 공존했다. (참 / 거짓)	55% 65% 75% 85% 95%
5. 곰은 나무를 오르지 못한다. (참 / 거짓)	55% 65% 75% 85% 95%
6. 낙타는 혹에 물을 저장한다. (참 / 거짓)	55% 65% 75% 85% 95%
7. 홍학은 새우를 먹기 때문에 붉다. (참 / 거짓)	55% 65% 75% 85% 95%
8. 대왕판다가 먹는 음식은 대부분 대나무다. (참 / 거짓)	55% 65% 75% 85% 95%
9. 오리너구리는 알을 낳는 유일한 포유류다. (참 / 거짓)	55% 65% 75% 85% 95%
10. 노새는 수탕나귀와 암말을 이종교배한 동물이다. (참 / 거짓)	55% 65% 75% 85% 95%

2라운드: 두 사람 중에 누가 먼저 태어났는가?	얼마나 확신하는가?
11. 율리우스 카이사르 아니면 공자?	55% 65% 75% 85% 95%
12. 피델 카스트로 아니면 마하트마 간디?	55% 65% 75% 85% 95%
13. 넬슨 만델라 아니면 안네 프랑크?	55% 65% 75% 85% 95%
14. 클레오파트라 아니면 무함마드?	55% 65% 75% 85% 95%
15. 윌리엄 셰익스피어 아니면 잔 다르크?	55% 65% 75% 85% 95%
16. 조지 워싱턴 아니면 손자?	55% 65% 75% 85% 95%
17. 칭기즈칸 아니면 레오나르도 다빈치?	55% 65% 75% 85% 95%
18. 빅토리아 여왕 아니면 카를 마르크스?	55% 65% 75% 85% 95%
19. 사담 후세인 아니면 마릴린 먼로?	55% 65% 75% 85% 95%
20. 알베르트 아인슈타인 아니면 마오쩌둥?	55% 65% 75% 85% 95%

3라운드: 2019년 기준으로 어느 나라 인구가 더 많은가?	얼마나 확신하는가?				
21. 독일 아니면 프랑스?	55%	65%	75%	85%	95%
22. 일본 아니면 대한민국?	55%	65%	75%	85%	95%
23. 브라질 아니면 아르헨티나?	55%	65%	75%	85%	95%
24. 이집트 아니면 보츠와나?	55%	65%	75%	85%	95%
25. 멕시코 아니면 과테말라?	55%	65%	75%	85%	95%
26. 파나마 아니면 벨리즈?	55%	65%	75%	85%	95%
27. 자메이카 아니면 아이티?	55%	65%	75%	85%	95%
28. 그리스 아니면 노르웨이?	55%	65%	75%	85%	95%
29. 중국 아니면 인도?	55%	65%	75%	85%	95%
30. 이라크 아니면 이란?	55%	65%	75%	85%	95%
4라운드: 이 과학 명제는 참인가 거짓인가?	얼마나 확신하는가?				
31. 화성에는 지구처럼 달이 하나 있다. (참 / 거짓)	55%	65%	75%	85%	95%
32. 괴혈병은 비타민C 결핍으로 생긴다. (참 / 거짓)	55%	65%	75%	85%	95%
33. 놋쇠는 철과 구리로 만들어진다. (참 / 거짓)	55%	65%	75%	85%	95%
34. 기름 1큰술이 버터 1큰술보다 열량이 높다. (참 / 거짓)	55%	65%	75%	85%	95%
35. 헬륨은 가장 가벼운 원소다. (참 / 거짓)	55%	65%	75%	85%	95%
36. 감기는 세균이 일으킨다. (참 / 거짓)	55%	65%	75%	85%	95%
37. 지구에서 가장 깊은 곳은 태평양에 있다. (참 / 거짓)	55%	65%	75%	85%	95%
38. 계절 변화는 지구가 타원 궤도로 태양을 돌기 때문이다. (참 / 거짓)	55%	65%	75%	85%	95%
39. 목성은 태양계에서 가장 큰 행성이다. (참 / 거짓)	55%	65%	75%	85%	95%
40. 고체 속의 원자들이 기체 속의 원자들보다 훨씬 조밀하다. (참 / 거짓)	55%	65%	75%	85%	95%

성적표

확신 정도	A열: 정답을 맞힌 개수	B열: 틀린 개수	확신 정도의 정답률(%) = A / (A + B)
55% 확신			
65% 확신			
75% 확신			
85% 확신			
95% 확신			

여기서 목표는 가능한 한 많은 문제의 답을 맞히는 게 아니라, 우리가 확신하는 정도가 실제와 얼마나 일치하는지 아는 것이다. 문제를 전부 또는 풀고 싶은 만큼 풀었으면 부록 B에 있는 정답과 비교해보라.

다음으로 당신이 '55% 확신한' 질문들만 살펴보고, 실제로 정답을 맞힌 백분율을 계산해보자. 예를 들어 55% 확실하다고 답한 문제가 10개고, 그중 6개를 맞혔으면 55% 확신 정도에서 당신의 정답률은 6/10 = 60%다.

그런 다음 나머지 확신 정도에서도(65% 확신, 75% 확신, 85% 확신, 95% 확신) 앞과 똑같이 정답률을 계산한다. 5가지 결과를 오른쪽 그래프에 시각적으로 표시해보자. 표시한 결과가 그래프에 보이는 점선에 가까울수록 확신의 정도를 실제와 가깝게 일치시켰다는 뜻이다.

확신의 정도를 실제 결과와 일치시키는 연습은 다행히 어렵지 않다. 두어 시간 연습하면(적어도 간단한 상식퀴즈 같은 문제에서는) 대다수 사람이 실제와 일치시키는 법을 배운다.[10] (참고로 어느 한 분야에서 익힌 기술은 다른 분야에도 도움이 된다. 물론 여기에 해당하지 않는 분야도 있다.)

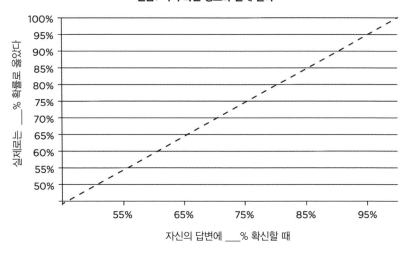

실습: 나의 확신 정도와 실제 결과

세로축: 실제로는 ___% 확률로 옳았다

가로축: 자신의 답변에 ___% 확신할 때

판돈을 걸 때 확신의 크기가 드러난다

행사에서 음식을 제공하는 케이터링 사업을 시작한 후 어려움을 겪는 친구와 대화를 나눈다고 상상해보자. 당신은 친구를 안심시키려고 이렇게 말한다. "너는 이 일을 끝내주게 잘하잖아! 손님이 빨리 늘지 않는 것은 사업을 시작한 지 얼마 되지 않아서지 다른 이유는 없어. 다들 처음에는 손님을 모으는 데 어려움을 겪어!" 친구는 당신에게 감사한다. "고마워! 그렇게 생각해주니 좋네. 직장 동료들에게 나를 추천해줄 수 있니?"

당신은 갑자기 말문이 막힌다. 친구가 무책임하게 직장을 그만뒀던 기억이 떠오르고, 게다가 한 번도 친구의 요리를 맛본 적이 없다는 사실을 깨닫는다. 결국에는 이렇게 자문하지 않을 수 없다. '이 친구가 제대로 일을 하

리라고 나는 얼마나 확신하는가?'

앞서 친구를 격려할 때 한 말은 절대 거짓이 아니었다. 다만 그 순간에는 자신이 실제로 친구를 어떻게 평가하는지는 중요해 보이지 않았기에 고려하지 않았던 것뿐이다. 그러나 당신이 위험을 무릅써야 할지도 모르는 상황에서는 얘기가 다르다. 친구의 실력을 잘못 판단하고 주변에 추천했다가는 평판에 타격을 입을 수 있으므로 이제 당신의 뇌는 목표를 전환한다. 지금부터는 친구에게 '도움을 주려는 것'이 아니라 '올바른 답을 얻는 것'이 목표다.

진화심리학자 로버트 커즈반Robert Kurzban은 이 2가지 작동 방식을 다음과 같이 비유한다.[11] 기업에는 이사회가 있고, 회사를 위해 중요한 결정(예산을 어떻게 집행하고, 어떤 위험을 무릅쓰고, 경영 전략을 언제 변경할지 등)을 내리는 것이 그들의 역할이다. 또한 기업에는 홍보비서실이 있고, 이들의 역할은 기업의 가치와 사명, 의사결정의 근거를 설명하고 널리 알리는 것이다. 예컨대 경쟁사가 시장점유율을 높일 때 홍보비서실은 소비자에게 자사 브랜드를 보장하는 전략을 쓸 것이다.

"우리는 걱정하지 않습니다. 지난 30년간 미국인이 가장 사랑하는 브랜드였고, 앞으로도 이 사실은 변하지 않을 것입니다."

하지만 같은 시기에 이사회라면 심각한 위험신호로 여겨 비용 절감 방안을 진지하게 모색할지도 모른다.

치약을 판매하는 회사라고 가정하자. 홍보비서실이라면 이렇게 단언할 것이다. "우리 치약은 그 어느 브랜드보다 미백 기능이 뛰어납니다." 그러나 치대 교수가 이사회를 찾아와 다음과 같이 제안한다고 하자. "실험을 해보고 싶습니다. 어느 제품을 쓰는지 참가자들에게 알리지 않고 시중의 인기

제품을 사용하게 한 후에 치아가 얼마나 더 하얗게 되는지 측정하려 합니다. 그리고 실험 결과가 어떻게 나오든지 발표하겠습니다."

이사회가 자사의 치약 성능이 최고라고 진심으로 확신하면, "좋습니다. 우리가 최고임을 대중에게 입증할 기회군요"라고 대답할 것이다. 그러나 소비자에게 제품의 품질을 보장한 홍보비서실과는 달리 이사회는 자사 제품의 경쟁력을 확신하지 못하고, 실험에 참여해 굳이 패배를 무릅쓸 필요가 없다고 결정할지도 모른다.

홍보비서실은 무엇이 진실인지에 관해서는 고려하지 않는다. 그들은 책임지지 않아도 될 이야기가 무엇인지, 어떻게 해야 가장 보기 좋고 그럴듯하게 회사를 포장할 수 있는지 생각한다. 그러나 이사회는 다르다. 그들에게는 최대한 사실에 가깝게 판단해야 할 동기가 있다. 그들의 예측이 옳아야 사업이 번창하고, 틀리면 손해를 입기 때문이다. 홍보비서실은 주장하고, 이사회는 베팅한다.

베팅이라는 단어는 경마나 블랙잭 테이블을 연상시키지만, 의미는 훨씬 일반적이다. 베팅은 결과에 따라 가치 있는 것을 얻거나 잃을 수 있는 모든 의사결정을 가리킨다. 여기서 가치 있는 것이라 하면 돈, 건강, 시간이 있다. 또는 케이터링 사업을 시작한 친구를 추천하는 일을 놓고 고민한 사례처럼 자신의 평판도 포함할 수 있다. 우리가 무엇을 얼마나 확신하는지 제대로 알려면 관점을 바꿔보는 게 좋다. '내가 무슨 주장을 하든 아무 일 없을 거야'가 아니라 '여기에 상당한 판돈이 걸렸다면, 어떻게 베팅할 것인가?'라고 생각해봐야 한다.

나도 공들인 프로젝트가 생각보다 가망이 없어 보여 절망에 빠질 때가 있다. 이럴 때 가상으로 판돈을 걸고 자기확신을 검증하는 과정을 살펴보

자. '지금 작업하는 책은 한심하기 짝이 없어. 여기서 그만둬야 해.' 하지만 곧 사라질 먹구름일 수도 있지 않은가? 일시적인 불안이 아니므로 그만둬야 한다고 얼마나 확신할 수 있을까? 내 안의 홍보비서실에서는 '그만둬야 한다고 100% 확신한다'고 외친다. 잠시 이 말에 귀를 닫고 이번에는 이사회에 판단을 맡기자.

'지금부터 일주일 후에도 여전히 불안할지 아니면 그 불안이 사라질지 돈을 걸고 내기한다고 가정하자. 정확하게 예측하면 1,000달러를 얻는다. 어느 쪽에 베팅할 것인가?'

판돈이 걸렸다고 생각하면 어느 쪽이든 쉽사리 확신하지 않고 망설이게 된다. 가만 생각해보니 예전에도 책을 쓸 때나 다른 프로젝트를 진행할 때 갑자기 실의에 빠지곤 했지만, 대체로 하루 이틀 지나면 먹구름이 사라졌다는 사실이 떠오른다. 그렇다면 '십중팔구 기분이 나아진다'는 쪽으로 베팅하는 쪽이 현명한 듯하다.

판돈을 걸고 자기 생각을 점검하는 연습을 하면 우울함이 마법처럼 사라지지는 않아도 한결 기분이 나아진다. 설령 먹구름이 영원히 사라지지 않을 것 같은 기분에 휩싸여도, 결국에는 불안이 사라진다는 쪽에 베팅하리라는 사실을 확인하는 것만으로도 도움이 된다.

무엇을 얼마나 확신하는지 가늠하려고 베팅 기법을 사용할 때 요령이 하나 있다. 자신이 확신하는 게 무엇인지 이를 검증하는 가상의 상황을 구체적으로 실감 나게 그려야 그 확신이 옳은지 그른지 입증할 수 있다. 예컨대 우리 컴퓨터 서버는 매우 안전하다고 확신하면, 가상의 검증은 이런 식이 될 것이다.

컴퓨터 시스템을 뚫어보라고 해커를 고용한 후, 그들이 성공하면 당신이 한 달 치 임금을 잃는다고 상상해본다. 당신이 이기리라고 얼마나 확신하는가?

또 한 예로 배우자와 싸웠는데 당신은 합리적이었고 배우자는 비합리적으로 굴었다고 확신하는 경우라면, 가상의 검증은 이런 식이다. 다른 사람, 특히 객관적으로 판단할 수 있는 제삼자에게 싸움에 관해 자세히 전부 알려준 후, 어느 쪽이 더 합리적인지 판정해달라고 부탁하는 것이다. 그가 당신 편이라면 당신이 1,000달러를 얻고, 그렇지 않으면 1,000달러를 잃는다고 상상해보자. 당신이 이기리라고 얼마나 확신하는가?

등가 베팅 테스트

앞서 언급한 베팅 사례는 내가 무엇을 얼마나 확신하는지 '정성적 감각'을 기르기 위한 것이다. 자신이 확신하는 것에 망설임 없이 베팅하는가? 아니면 조금이라도 의구심이 드는가? 망설임과 단호함은 당신이 믿는 바가 사실이라고 얼마나 확신하는지 그 정도를 가늠할 수 있는 지표다.

베팅의 결과를 예상하면서 승률을 구체적인 수치로 따져보는 작업은 확신의 정도를 '정량적으로 정의'하는 데 이용할 수 있다. '자율주행 자동차가 올해 안에 시장에 출시될 것!'이라는 전망처럼 기술 발전을 과감하게 예측하는 사람들을 볼 때마다 나는 대체로 "말도 안 돼"라며 먼저 비웃곤 했다. 그런데 나는 그런 전망이 틀렸다고 얼마만큼 확신한 것일까?

질문에 답하기 위해 2가지 베팅 가운데 어느 하나를 선택하는 상황을 상상한다. 여기서 나는 의사결정 전문가 더글러스 허버드Douglas Hubbard가 '등

공 베팅(성공 확률 4분의 1)	자율주행 자동차에 베팅
4개의 공 가운데 하나뿐인 회색 공을 상자에서 꺼내면 1만 달러를 딴다.	완전 자율주행 자동차가 1년 안에 시장에 출시되면 1만 달러를 딴다.

가 베팅 테스트equivalent bet test'라 부른 기법을 응용했다.[12] 이 기법은 다음과 같다.

먼저 자율주행 자동차가 1년 안에 시장에 출시되는 쪽에 베팅하고, 실현될 경우 1만 달러를 받는다. 이 베팅이 마음에 들지 않으면 '공 베팅'을 할 수 있다. 회색 공 하나를 포함해 총 4개의 공이 든 상자에서 안을 보지 않고 회색 공을 꺼내면 1만 달러를 얻는다.*

어느 내기를 선택해야 할까? 나는 잠시 고민하다가 공 베팅 쪽이 더 낫다고 봤다. 공 베팅에서 성공할 가능성이 4분의 1(또는 25%)이기 때문이다. 공 베팅 쪽을 더 확신한다는 말은 자율주행 자동차가 1년 안에 출시되리라는 주장에 대한 확신이 25%에 미치지 못함을 의미한다.

이제 공 베팅의 성공 확률을 줄여보자. 상자 안에는 16개의 공이 있고, 하나만 회색이다. 이 경우에는 어느 쪽 베팅을 선호하는가? 회색 공을 꺼내는 쪽인가 아니면 자율주행 자동차가 1년 안에 출시되는 쪽인가?

---

* 베팅 테스트를 공평하게 하려면 공 베팅 역시 자율주행 자동차처럼 1년이 지나서 보상을 받게 해야 한다. 그렇지 않으면 즉각적인 보상 가능성 때문에 베팅 선호도가 왜곡될 수 있다.

공 베팅(성공 확률 16분의 1)	자율주행 자동차에 베팅
16개의 공 가운데 하나뿐인 회색 공을 상자에서 꺼내면 1만 달러를 딴다.	완전 자율주행 자동차가 1년 안에 시장에 출시되면 1만 달러를 딴다.

이번에는 자율주행 자동차 쪽에 베팅하는 것이 더 낫다고 판단한다. 어쨌거나 기술 발전 속도는 때로 우리를 감탄시키지 않는가. 자율주행 기술 개발 업체 가운데 한 곳쯤은 그들이 말한 것보다 훨씬 더 큰 성과를 이룰지도 모를 일이다. 실현 가능성이 그리 높아 보이지는 않지만 그래도 회색 공을 뽑는 쪽보다는 자동차 쪽에 베팅하고 싶다. 회색 공을 꺼낼 확률이 16분의 1(약 6%)이므로, 자율주행 자동차 쪽에 베팅하기로 선택한다는 것은 자율주행 자동차가 1년 안에 시장에 출시될 것이라는 사실을 6% 이상의 확률로 확신한다는 뜻이다.

이제 공 베팅의 성공 확률을 조금 조정해서 9분의 1로 맞춰보자. 어느 쪽에 베팅하겠는가?

이번에는 어떻게 해야 할지 모르겠다. 어느 쪽이 더 나은 베팅인지 도무

공 베팅(성공 확률 9분의 1)	자율주행 자동차에 베팅
9개의 공 가운데 하나뿐인 회색 공을 상자에서 꺼내면 1만 달러를 딴다.	완전 자율주행 자동차가 1년 안에 시장에 출시되면 1만 달러를 딴다.

지 판단이 안 선다. 두 베팅의 가치는 동등하게 느껴진다. 이는 공 베팅 성공률이 9분의 1(약 11%)이므로 자율주행 자동차가 1년 안에 출시된다는 것에 대략 11%로 확신한다는 뜻이다. 그러니까 나는 '자율주행 자동차가 1년 안에 출시될 것'이라는 전망이 실현될 것 같지 않다는 생각에는 변화가 없다. 하지만 적어도 "말도 안 돼"라고 가볍게 비웃었던 처음 태도에서 벗어나 내가 얼마만큼 확신하는지 최선의 추측을 하게 됐다.

이전 장에서 다룬 사고실험의 핵심은 일종의 알아차림으로, 자신이 내린 '판단은 언제든지 달라질 수 있다'는 사실을 깨닫는 데 있다. 즉 판단에 아무 영향을 미치지 말아야 하는 요소를 변경해서 질문을 재구성하면, 처음에는 분명 합리적이거나 공정하게 판단했던 결론도 달라질 수 있음을 알아채는 게 핵심이다. 앞에서 다룬 구체적인 사고실험 사례는 모두 나를 포함한 많은 이들이 자주 사용하는 유용한 도구다. 그러나 우리 뇌가 추론하는 과정과 결과물을 바라보는 관점 자체를 전환하는 편이 더 유용하다.

이번 장에서 다룬 테스트의 핵심은 '무엇을 주장할 때'와 '실제로 무엇이 사실인지 가늠할 때'의 차이를 구분하는 것이다. 뭔가를 주장하는 건 말하자면 홍보비서실이 광고 메시지를 발표하는 것과 같다. 이들이 하는 말은 거침없고, 정돈돼 있고, 깔끔하게 느껴진다. 때로는 너무 성급히 주장하느라 아무 생각 없이 말이 입 밖으로 나오는 것 같다. 이때 뇌는 사실을 선언하고, 공언하고, 고집하고, 또는 상대의 주장을 비웃는다.

무엇이 사실인지 가늠하는 것은 이사회의 일원이 돼 어떻게 베팅할지를 결정하는 일과 같다. 이사회 관점에서는 어떤 결론에 도달할지 전혀 모르는 순간이 있다. 결론을 내기 전에 증거를 살펴보고, 자신이 파악한 사실을 정리해야 한다. 이때 우리 뇌는 사실을 추정하고, 예측하고, 저울질하고, 숙고한다.

불확실성을 정량화하고, 자신의 확신과 실제 간에 오차가 없도록 보정하고, 가상의 베팅 상황을 설계해 판단을 점검하는 기법은 모두 그 자체로 매우 유용한 기술이다. 그러나 자신의 능력을 최대한 활용하면서, 현재를 정직하게 기술하는지 여부를 알아차리는 능력을 갖추는 것은 훨씬 더 유용한 기술이다.

○○

PART 3

현실 왜곡 없이
목표를 이루는 법

Chapter 7

그 무엇도
쉽게 타협하지 마라

○○

1981년 대서양 1인 횡단에 나선 스티븐 캘러핸Steven Callahan의 배가 뒤집혔을 때, 생존 가능성은 희박했다. 그는 팽창식 구명보트를 타고 난파선에서 탈출했다. 그러나 배들이 흔히 다니는 항로에서 멀리 떨어진 대서양의 외딴 구역에서 식량도 식수도 거의 없이 표류했다. 할 수 있는 일이라고는 가장 가까운 육지로 방향을 잡는 것뿐이었다. 바로 2,900km나 떨어진 카리브 제도였다.

조난생활은 고되기 짝이 없었다. 상어들이 구명보트 주위를 맴돌고, 파도에 이리저리 부딪히며 바닷물에 젖었다. 그때마다 몸에 난 상처로 쓰라려하며 추위로 몸을 떨었다. 캘러핸은 작살총으로 물고기를 잡고, 빗물을 모아 식수 만드는 장치를 조립해 다행히 목숨은 연명할 수 있었다. 하루에 소비할 수 있는 물의 양을 계산해보니 한 컵(약 230ml) 정도로, 6시간마다 한 모금 가득 마실 수 있는 양이었다. 간신히 생존할 만큼은 됐다. 몇 주가 지나는 동안 캘러핸은 육지에 도달하려면 얼마나 걸릴지 계산하고 확률오차를 추적해 현재 위치가 어디인지 추정했다.[1]

하루에도 몇 번씩 힘든 결정에 직면했다. 밤에도 깨어 지낸다면 지나가는 배를 알아차릴 가능성은 커진다. 그러나 비축된 물과 에너지를 그만큼 더 빨리 소모하게 되고, 낮 동안 훨씬 고된 시간을 보내야 한다. 멀리서 배한 척이 지나갈 때면 조명탄을 쏴 신호를 보낼지 말지 결정해야 했다. 그 선박에서 신호를 포착할 가능성이 충분하면 시도할 가치가 있었다. 그러나 배가 너무 멀리 떨어져 있으면 몇 개 안 되는 귀중한 조명탄만 낭비하게 된다. 낚시를 열심히 하지 않으면 식량이 고갈된다. 그러나 물고기를 잡을 때마다 기운을 너무 많이 쓰거나 작살을 잃어버리거나 구명보트에 구멍이 날 위험을 감수해야 했다.

캘러핸은 결정을 내릴 때마다 발생할 수 있는 경우의 수를 떠올리며 각각의 위험성을 저울질했다. 모든 것이 도박이었다. 보장된 건 아무것도 없었다. "넌 최선을 다했어. 이게 최선이고 다른 길은 없어"라고 캘러핸은 주문처럼 되뇌었다.[2]

그는 시속 13km 속도로 표류하는 동안 체중이 3분의 1이나 줄었고 마침내 과달루페 연안에서 어부의 눈에 띄어 구조됐다. 76일간의 표류였다. 어찌나 엄격하게 식수를 관리했는지 보트 안에는 파인트 컵 5개 분량의 물이 남아 있었다. 캘러핸은 물병을 하나하나 들고 남김없이 마셔버렸다. 11주 만에 갈증을 완전히 해소한 캘러핸은 신성한 한 마디를 떠올렸다.

"살았다."

절망 대신 할 수 있는 걸 하기

만사가 아무 문제 없이 돌아간다고 생각하는 것은 인간이 지닌 강력한 생존욕구 중 하나다. 자신은 인생의 낙오자가 아니고, 세상은 살 만한 곳이며, 인생에 어떤 시련이 닥치든 감당할 수 있으리라 생각한다. 그러나 생사가 오가는 처지에서는 당연히 이를 충족하기가 매우 어렵다. 대다수 사람은 몹시 어렵고 절박한 상황에서 현실 부정, 희망적 사고, 합리화 같은 형태로 동기화된 추론에 빠진다.

잔인한 역설이지만 절박한 상황에서야말로 그 어느 때보다 냉철한 판단이 필요하다. 캘러핸의 항해는 어려운 결단의 연속이었다. 식량과 식수를 어떻게 소비하는 것이 최적의 속도인지, 오가는 선박에 발견될 가능성은 얼마인지, 여러 위험요소 중 어느 것이 더 심각한지 우선순위를 매겨야 했다. 동기화된 추론에 의지하면 할수록 절박한 상황에서 올바른 판단을 내리는 능력이 떨어진다.

난파된 이후 캘러핸은 새로운 현실을 성찰하면서, 자기기만에 빠질 여유가 없음을 깨달았다. 그는 자신에게 말했다.

"나는 사실을 감추고 스스로를 기만하곤 했어. 다른 사람을 속일 때도 있었어. 하지만 대자연은 바보가 아니야. 운이 좋으면 큰 문제가 안 되는 몇 가지 실수쯤은 타격 없이 넘어갈 수도 있겠지. 하지만 운에 의존할 수만은 없어."[3]

캘러핸을 살아남게 한 건 두려움이나 절망에도 끄떡없는 강인함이 아니다. 끔찍한 상황에 놓인 여느 사람들과 마찬가지로 그는 절망감을 차단하느라 몸부림쳤다. 목숨을 살린 건 현실의 지도를 '왜곡하지 않고' 절망감을 차단할 방법을 찾는 데 온 힘을 다한 능력이었다.

그는 자신이 누린 행운을 세어봤다. 천만다행으로 항해를 떠나기 전에 구명보트를 큰 것으로 마련한 선견지명은 있었다. 선박을 살 때 원래 딸려 있던 작은 보트에 갇혀 지냈더라면 몹시 고통스러웠을 것이다.

캘러핸은 자신이 할 수 있는 모든 조치를 하고 있다는 사실을 계속 떠올렸다("넌 최선을 다했어. 이게 최선이고 다른 길은 없어").

그리고 죽음의 공포를 부정하기보다는 수용하는 방식으로 두려움을 진정시킬 방법을 찾았다. 그는 자기에게 남은 시간을 유익하게 보내려고 미래의 항해자를 위한 안내서를 써나갔다. '설령 죽더라도 내가 쓴 글은 구명보트에서 발견될 것'이라 판단했다.

"이 글은 다른 사람들, 특히 항해 중 나와 유사한 처지에 놓인 이에게 유익한 지침이 될 것이다. 이것이 내가 할 수 있는 마지막 봉사다."[4]

자기기만보다 좋은 답이 있다

감사하게도 일상에서 직면하는 위험이 캘러핸처럼 극단적인 경우는 좀처럼 드물다. 생사를 오가는 위협에 대응해야 하는 일은 흔치 않더라도, 기분과 자존감을 위협하는 것에 대처할 일은 많이 벌어진다. 우리 머릿속에는 수시로 걱정거리가 떠오른다.

'직장을 그만둔 것은 실수였을까?, 나 때문에 그 사람 기분이 상했을까?'

때로는 누군가 나를 비난한다. 때로는 달갑지 않은 결단을 내려야 한다. 때로는 실패한다. 이런 일이 생길 때 대응 전략으로 부정적인 감정을 차단할 방법을 찾는다.

사람들은 대부분 문제를 해결하는 전략으로 자기기만을 당연시한다. 전문가들도 예외가 아니다. 심리학자 캐럴 태브리스Carol Tavris와 엘리엇 애런슨Elliot Aronson은《거짓말의 진화》에서 자기합리화 문제를 탐구한다. 자기합리화는 일종의 동기화된 추론으로, 사람들은 자신이 올바른 선택을 내렸다고 입증할 수 있는 사실을 찾아내 스스로를 설득한다. 책에서 두 저자는 대부분 자기합리화의 단점을 다룬다. 자기합리화는 다른 길을 모색하기보다 잘못된 결정을 고수하게 함으로써, 거기서 교훈을 얻기보다 실수를 반복하게 만든다고 설명한다. 하지만 태브리스와 애런슨은 정신건강에는 어느 정도 자기합리화가 필요하다고 결론짓는다.

"자기합리화가 없다면 우리는 크나큰 수치심이 주는 고통을 계속 이어나갈 것이다. 가지 않은 길을 돌아보거나 자신이 선택한 길이 얼마나 끔찍한지 지난 일을 후회하며 스스로를 괴롭힐 것이다."[5]

그런데 후회하며 스스로를 괴롭히는 행동을 방지하기 위해 자기합리화가 필요하다는 게 정말 사실일까? 지난 일을 후회하며 스스로를 괴롭히지 않는 법을 처음부터 배울 수는 없을까?

노벨상 수상자인 심리학자 대니얼 카너먼Daniel Kahneman은《생각에 관한 생각》에서 동기화된 추론에는 회복탄력성이라는 정서적 이점이 있다고 지적한다. 자기 자신이 아닌 다른 사람을 탓할 수 있다면 패배감에서 회복하기가 더 쉽다. 카너먼은 방문판매원을 예로 든다. 이 사람은 직업상 사람들에게 거절당하기 일쑤다.

"화가 난 주부에게 문전박대를 당할 때 '못된 여자네'라고 생각하는 쪽이 '나는 무능한 판매원'이라고 생각하는 쪽보다 훨씬 낫다."[6]

그러나 정말로 2가지 선택지밖에 없을까? 그보다는 '그래, 이번 영업은 망쳤어. 하지만 사람들은 다들 실수해' 또는 '그래, 이번 영업은 망쳤어. 하지만 점점 나아지고 있어. 날마다 문전박대를 당하는 일에도 익숙해졌고, 이제 그것도 일주일에 한 번꼴로 줄었어!'라고 자신을 다독이는 건 어떨까? 남을 탓하지 않고도 실패를 딛고 감정을 추스르는 방법을 찾을 수 있다. 이것이 정직하게 현실에 대응하는 전략이다.

다윈에게 물어보자. 주체할 수 없는 불안에 간간이 시달렸던 그는 책이 비평가들에게 공격받을 때는 특히 증상이 심해졌다. 이와 관련해 친구에게 보내는 서신에서 다윈은 "나는 오늘 몹시 가련하고, 매우 어리석고, 모든 사람과 모든 것이 미워졌다"고 한탄했다.[7] 그러나 다윈에게 더 중요했던 것은 자기기만에 빠지지 않고, 정당한 비판이나 자기 실수에 눈감지 않는 일이었다. 캘러핸과 마찬가지로 다윈 역시 자신이 최선을 다한다는 것만큼은 사실이라는 생각에 위안을 얻고 기운을 차렸다.

어리석은 실수를 저질렀을 때나 내 책에 흠이 있다는 사실을 발견할 때마다 그리고 모욕적인 비평을 받을 때나 심지어 과도한 칭송을 들어 도리어 모멸감을 느낄 때도 '나는 할 수 있는 한 최선을 다했고 이보다 더 잘할 사람은 아무도 없다'고 수백 번도 넘게 스스로 되뇌었고 이것이 가장 큰 위안이었다.[8]

정찰병은 두려움, 걱정, 불안감, 절망감, 또는 동기화된 추론을 불러일으키는 특정한 감정에도 끄떡없는 천하무적의 사람이 아니다. 정찰병 역시 남들과 마찬가지로 현실의 문제에 대응하는 전략이 필요하다. 다만 정찰병은 대응 전략을 선택할 때 판단의 정확성을 떨어뜨리지 않으려고 더욱 주의를

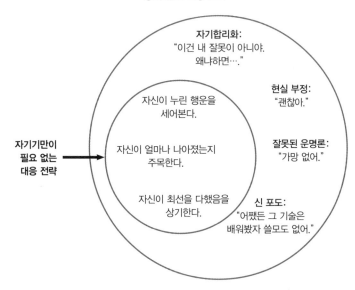

통에 담긴 대응 전략

자기합리화:
"이건 내 잘못이 아니야.
왜냐하면….'

현실 부정:
"괜찮아."

자신이 누린 행운을
세어본다.

잘못된 운명론:
"가망 없어."

자기기만이
필요 없는
대응 전략

자신이 얼마나 나아졌는지
주목한다.

자신이 최선을 다했음을
상기한다.

신 포도:
"어쨌든 그 기술은
배워봤자 쓸모도 없어."

기울인다.

내가 즐겨 쓰는 비유는 이것이다. 실행할 수 있는 대응 전략들, 즉 부정적인 감정을 피할 방법이 거대한 통 안에 모두 담겨 있다고 상상하는 것이다. 그 안에는 문제를 부정하거나 희생양을 찾아 자기 잘못을 넘기는 자기기만 전략, '과거에 이런 문제를 성공적으로 다룬 적이 있지'라며 실제 있었던 사실을 상기하는 전략, 심호흡하며 열까지 세는 방법을 비롯해 아무것도 주장하지 않는 (따라서 자기기만을 하지 않는) 전략까지 다양하다.

부정적인 감정이 몰아칠 때 우리는 그 기분을 차단하려고 거대한 통 안에 손을 넣어 서둘러 아무거나 꺼내려는 사람과 비슷하다. 꺼내려는 대응 전략이 어떤 종류의 것인지, 그 안에 자기기만 전략이 있는지 없는지 특별히 주의를 기울이지 않는다. 덕분에 기분이 나아진다면, 어느 정도 일리만 있어도 충분하다고 생각한다.

이번 장에서 하고 싶은 얘기는 다양한 대응 전략이 있으니 어쩌다 통 안에서 첫 번째로 꺼낸 것을 급하게 적용할 필요가 없다는 것이다. 통 안에 손을 넣고 조금만 더 신중히 찾아보면 자기기만을 하지 않고도 나를 위로하는 적절한 대응 전략을 언제든 찾을 수 있다. 가장 흔하게 쓰이는 4가지 사례를 보자.

1. 대처할 계획을 세워보라

시트콤 〈오피스〉의 한 에피소드에서 우유부단한 점장 마이클 스콧은 상사에게 이달 말까지 직원 한 사람을 해고하라는 지시를 받는다. 마이클은 그 일이 탐탁지 않아 차일피일 미루고 또 미룬다. 마침내 말일이 돼 업무 마감까지 몇 시간 남지 않았지만, 그때까지도 누구를 해고할지 결정하지 못한다. 이에 영업사원인 짐 핼퍼트가 현실을 부정하는 마이클의 태도를 웃음기 없는 얼굴로 정리한다.

"제 생각에는 누군가가 알아서 나가주길 바라거나 아니면 마감시간 전에 버스에 치였으면 하고 바라고 있어요."[9]

속상하고 불쾌한 일을 처리할 때 자기기만적으로 대응하는 전략이 있다. 그게 꼭 필요한 일은 아니라고 이유를 대며 합리화한다든지 스콧처럼 현실을 부정하는 방법이다. 그러나 가상의 계획을 세워 현실을 직시하고 대응하는 방법도 있다.

나는 친구에게 경솔한 행동을 저지른 뒤 죄책감을 느끼면서도 일주일 내

내 속으로 그 행동을 합리화하며 보낸 적이 있다. '내가 사과해야겠지?', '아니야, 그럴 필요 없어. 친구는 눈치채지도 못했을 거야'라고 수없이 되뇌었다. 또 그러다가 '친구는 이미 나를 용서했을 거야'라고 바라기도 했다. 보다시피 이렇게 상충하는 자기합리화로는 마음이 영 편치 않았기에 나 자신과 똑같은 말싸움을 하고 또 했다.

결국에는 스스로에게 물었다. '좋아. 사과해야 한다고 치자. 그런데 어떻게 사과하지?' 이 정도면 내가 그래도 마음 놓고 사과할 수 있겠다 싶은 계획을 세우는 데는 그리 오래 걸리지 않았다. 친구가 어떻게 나올지 그려보니 화내지 않고 사과를 받아주는 모습이 떠올랐다. 일단 친구 반응이 나쁘지 않을 것 같다고 판단한 후 처음 질문으로 돌아갔다. '내가 사과해야겠지?' 이제 대답은 분명해졌다. '응, 사과해야 해.'

"이건 사실이 아니야"라고 부정하고 싶은 그 현실이 '사실이라 전제'하고, 어떻게 대처할지 구체적으로 계획을 세우면 현실을 부정하고 싶은 욕구가 놀라울 정도로 줄어든다. 계획을 정교하게 세우지 않아도 좋다. '내가 실수한 사실을 팀원들에게 이러이러하게 설명할 거야'라든지 '새 일자리를 이런 방법으로 찾을 거야'라는 식으로 대략적인 계획만 세워도 현실을 부정하는 전략이 필요 없다고 여겨진다.

2. 먹구름 속에서 한 줄기 빛을 찾아라

한창 논쟁하는 도중에 내가 틀렸을 것 같은 느낌이 슬금슬금 들 때가 있다. 이래서는 마음이 안정이 되지 않는다. 어서 의심을 떨쳐내고 체면을 지키고 싶은 유혹을 느낀다.

하지만 나는 거짓으로 체면을 지키는 대신 사실을 직시했을 때의 긍정적인 면을 떠올린다. 논쟁 상대가 옳다고 인정할 줄 알면 사람들에게 신뢰를 얻을 수 있다. 논쟁에서 이기려고 무조건 자신의 주장을 고집하는 자가 아님이 알려지면 나중에 그를 더욱 신뢰하게 될 것이다. 패배를 솔직히 인정하는 일은 미래에 누군가를 설득하는 역량을 키우기 위해 자신에게 투자하는 것과 같다.

직장에서 해고당할 처지인가? 그러면 성가신 동료들을 더는 보지 않아도 된다는 게 긍정적인 면일 것이다. 끔찍한 데이트 상대를 만났는가? 나중에 누군가에게 들려줄 재미난 이야깃거리가 생겼다는 게 긍정적인 면일 것이다. 실수를 저질렀는가? 그 실수에서 배운 교훈 덕분에 향후 비슷한 실수를 범하지 않게 된다는 게 긍정적인 면일 것이다.

여기서 목표는 자신에게 닥친 불행이 사실은 행운이라고 설득하려는 것이 아니다. 달콤한 레몬 논리로 진실을 가리는 합리화를 시도하려는 게 아니다. 먹구름 속에서 한 줄기 빛을 보려는 것이지, 먹구름은 없고 환한 햇살 뿐이라며 최면을 걸려는 게 아니다. 그저 한 줄기 빛만으로 충분한 경우가 많다. 한 줄기 빛을 찾는다면 먹구름이 짙게 드리운 현실도 기꺼이 받아들일 마음이 생긴다.

3. 유익한 다른 목표에 집중하라

내 친구 존은 소프트웨어 회사를 공동창업한 후 새로운 인재를 면접하고 채용하는 데 많은 시간을 보냈다. 존은 면접을 시작하고 얼마 지나지 않아 기분이 떨떠름해졌다. 유능한 인재가 일자리에 흥미를 느껴 회사에 찾아오면 당연히 기뻐해야 했음에도 그렇지가 않았다. 뛰어난 개발자는 신생 소프트웨어 회사의 성공을 좌우할 수도 있다. 그런데도 존은 그들을 보면 왠지

기운이 빠지고 입맛이 씁쓸했다. 존은 개발자들의 실적을 철저히 살피며 퇴짜 놓을 명분을 찾곤 했다.

존은 자신의 행동을 성찰하며 다음과 같은 사실을 알아차렸다. '내가 이 회사에서 최고의 프로그래머라고 자부했구나.' 그런 까닭에 경쟁자를 깎아내리고 싶었고, 이는 자부심을 지키려는 대응 전략이었다.

회사에서 최고의 프로그래머로 남겠다는 목표는 신생 회사에 이롭지 못할뿐더러 무모하다는 것을 깨달은 존은 관점을 바꿔 목표를 수정했다. 자기가 가장 뛰어난 프로그래머임을 자부하기보다는 지원자들의 프로그래밍 능력을 정확하게 심사하는 면접관이 되기로 했다. 이는 처음의 목표를 대체할 만큼 만족스러운 목표였으며, 능력 있는 인재를 채용하는 데 유익하고 생산적이었다.

4. 그래도 최악은 아니다

1993년 여름은 '에이즈 치료 역사상 희망이 산산이 깨져버린 순간'으로 불린다.[10] 에이즈 환자들은 수년 동안 필사적으로 버티며 아지도티미딘AZT, 즉 발병 지연 효과가 기대되는 이 신약에 모든 희망을 걸었다. 미국에서 진행한 초기 임상시험 결과에서 AZT는 전도유망한 신약으로 한껏 기대를 모았다.

그러나 유럽의 한 연구진이 3년간 AZT의 데이터를 분석한 결과를 1993년에 발표했는데, 가히 충격적인 소식이 전해졌다. AZT는 위약placebo 이상의 효과를 내지 못한다는 것이었다. AZT를 복용한 사람 중 연구 기간이 지나도록 생존한 이는 92%였고, 위약을 투여한 사람 중 생존한 이는 93%였다.

설상가상 AZT 말고는 당시 개발하는 신약도 없었다. 초기 임상에서 AZT가 효과가 있다고 보이자 미국 정부는 다른 신약 개발을 중단한 터였다. 많은 활동가가 에이즈 치료제 개발을 포기했고, 많은 환자가 희망을 잃어버렸다. AZT가 보여주는 희망만 믿고 달려왔던 이들이었다.

그러나 희망을 포기하고 싶지 않은 사람들도 있었다. 데이비드 프랑스David France는 에이즈 위기를 다룬 역사서인 《How to Survive a Plague》에서 트리트먼트액션그룹Treatment Action Group이라는 활동가 단체를 소개한다. 그들은 에이즈 치료제 개발 과정을 면밀히 추적했기에 기적의 치료제를 당장에 찾아낼 확률이 희박하다는 사실을 알았다. 1993년 AZT에 관한 나쁜 소식이 전해졌을 때 그들 역시 다른 이들과 마찬가지로 실망했다. 하지만 무너지지는 않았다.

트리트먼트액션그룹의 활동가들은 대부분 HIV 양성 판정을 받은 이들이었다. 치료 가능성이 거의 없어 보이는 절망적인 현실을 직시하면서도 무너지지 않았던 이유는 뭘까? 다른 이유도 있겠지만, 그나마 다행인 점을 생각하며 감사할 줄 알았기 때문이다. 저자인 프랑스는 암울했던 그해 여름에 개최한 어느 모임에서 피터 스테일리Peter Staley라는 활동가가 한 말을 기록한다.

서로 죽어가는 모습을 지켜보는 것, 이것이 어쩌면 우리 미래겠죠. 그런 일이 일어난다면 얼마나 참담할까요. 이미 오래전부터 비참한 상황이었고 여기서 우리가 할 만한 일은 많지 않았습니다. … 그래도 저는 솔직히 말해 이렇게 함께할 사람들이 곁에 있어서 기쁩니다. 이런 행운을 누리지 못하는 이도 많아요.[11]

트리트먼트액션그룹을 보면서 특히 주목할 장점은 그들이 현실을 부정하지 않으면서도 긍정적으로 생각하는 법을 잃지 않았다는 것이다. 이 자질은 이후 수개월에 걸쳐 귀중한 자산이 된다. 남은 이야기는 14장에서 다시 살펴보도록 하자.

자기를 속여야 더 행복하다?

- "자기기만이 건강에 좋은 이유는 무엇인가?"[12]
- 《긍정의 재발견: 잘될 거라 생각하는 사람들이 진짜 잘되는 이유》[13]
- "우울한 사람은 세상을 더 현실적으로 보고, 행복한 사람은 다소 망상에 빠져 있다."[14]

지난 30년 동안 이런 제목을 달고 세상에 나온 수많은 책과 기사를 한 번쯤은 접했을 것이다. 이 제목들은 정신건강이 자기 자신과 인생을 '긍정적으로 보는 착각'에 달렸다고 주장하는 인기 심리학 이론을 대변한다.

행복해지기 위해 지금 들고 있는 내 책을 창밖으로 던져버리며 자기 자신을 속이는 법을 배우기 전에 먼저 심리학 이론을 한번 꼼꼼히 살펴보자. 이 분야에서 흔히 접하는 연구를 예로 들어보겠다. 워싱턴대학교 심리학자 조너선 브라운Jonathon Brown의 실험 연구를 아래에 요약했으니 읽고 생각을 정리해보자.[15]

1. 브라운은 사람들에게 책임감과 총명함 같은 좋은 자질 측면에서 동

료들과 자신을 비교 평가해보라고 말한다.

2. 자존감이 높은 사람들은 좋은 자질 측면에서 자신이 평균 이상이라고 평가하는 경향이 있음을 발견한다.

3. 그러므로 정신건강과 '자기고양 편향(자기 자신을 호의적으로 지각하는 경향)' 사이에 연관성이 있다고 브라운은 결론짓는다.

연구에서 혹시 눈에 띄는 문제점은 없는가?

이것 하나는 분명하다. 응답자들이 자신에 대해 매긴 평가가 실제로 정확한지 아닌지 브라운은 알지 못한다는 점이다. 응답자가 자신이 평균 이상이라고 주장하면 이는 '자기고양 편향'의 영향을 받은 게 틀림없다고 전제한다.

물론 어떤 자질이든 실제로 평균 이상인 사람도 꽤 있을 것이다. 평균 이상으로 책임감 있는 사람도 있고, 평균 이상으로 똑똑한 사람도 있다. 그렇다면 조사 결과를 이렇게 요약할 수 있다. '좋은 자질을 많이 지닌 사람은 자존감이 높은 경향이 있다.'[16] 애초에 자기고양 편향을 근거로 삼을 필요가 없다는 뜻이다.

비교할 만한 객관적 기준도 없이 사람들의 믿음이 편향됐다거나 착각이라고 하는 것은 자기기만에 관한 연구에서 흔히 보이는 문제점이다. 심리학에서 널리 인용되는 논문인 〈착각과 행복: 정신건강에 관한 사회심리학 관점Illusion and Well-being: A Social Psychological Perspective on Mental Health〉은 1988년에 조너선 브라운이 UCLA 심리학자 셸리 테일러Shelley Taylor와 공동으로 집필한 리뷰 논문으로 긍정적인 착각에 관한 여러 이론을 요약한다. 자기기만의 이점을 다룬 기사나 책을 읽어봤다면 거기에도 이 논문이 인용됐을 것이다.

논문의 용어를 훑어보면 이 심리학 이론에서는 긍정적 착각과 긍정적 믿음을 혼용한다는 사실을 알 수 있다. 다음은 그 예다.

> 행복하다고 말한 답변은 긍정적인 착각과 관련이 있었다. 자존감과 자신감이 높은 사람, 자신의 인생을 잘 통제한다고 응답한 사람, 미래에는 행복할 것이라고 믿는 사람은 이렇게 인식하지 않는 사람에 비해 현재 자신이 행복하다고 선언할 가능성이 더 크다.[17]

첫 번째 문장과 두 번째 문장 사이의 용어 전환(즉 착각에서 믿음으로의 전환)에 주목하자. 첫 번째 문장에서는 자기 삶에 대한 '긍정적인 착각'과 행복이 관련 있다고 주장한다. 그러나 이어지는 두 번째 문장에서는 자기 삶에 대한 '긍정적인 믿음'과 행복이 연결돼 있다고 말한다. 그런데 이 믿음이 사실이 아니라고 의심할 만한, 곧 착각에 지나지 않는다고 생각할 근거는 전혀 없다.

때로 심리학자들은 사람은 반드시 이러이러하다고 미리 결정해놓고는, 이 판단과 다르게 말하는 사람은 자기 자신을 속이는 것이라 전제한다. 1970년대에 심리학자 해럴드 자카임Harold Sackeim과 루벤 구르Ruben Gur는 자기기만 설문지를 개발하고, 이 점수를 토대로 "가장 행복한 사람은 자기 자신을 더 많이 속이는 사람"이라고 주장했다.[18] 응답자가 일련의 질문에 자신이 어떤 사람인지 1점(전혀 아니다)부터 7점(매우 그렇다)까지 점수를 매기는 방식이었다.

질문 하나를 예로 들어보자. '당신은 화를 낸 적이 있는가?' 응답자가 만약 1~2점을 준다면, 그는 자기를 속이는 사람으로 분류된다. 그러나 내 친구들 몇 명은 10년 넘게 알고 지냈는데도 그들이 화낸 모습을 본 건 손에 꼽을 정도다. 친구들이 질문에 정직하게 답한다면 자기를 속이는 사람으로 분류될 것이다.

설문지에는 더 이상한 의아하게 만드는 질문도 있다. '동성에게 성적으로 끌린 적이 있는가?', '강간하고 싶거나 누군가에게 강간당하고 싶은 적이 있는가?' 여기서도 응답자가 (7점 중에) 1~2점만 주면, 자기를 속이는 사람으로 여겨진다.[19]

이 연구로 자기기만에 관해 알 수 있는 사실은 별로 없다. 물론 연구를 진행한 심리학자들이 어떤 사람인지 몇 가지 짐작할 수는 있겠다.

'자기기만이 우리를 행복하게 한다'고 주장하는 이론에 치명적인 결함이 있다고 해서 자기기만이 행복감을 줄 수 없다는 증거가 되지는 않는다. 많은 경우에 자기기만은 분명 행복감을 준다. 문제는 판단력도 같이 잃게 한다는 데 있다. 자기기만을 하지 않고도 현실에 대응할 방법이 많은데 어째서 굳이 단점을 감수해야 하는가?

계획을 세우고, 밝은 면에 주목하고, 목표를 수정하는 것과 같은 이번 장에서 제안한 방법은 정찰병들이 감정을 다스리려고 찾아낸 몇 가지 대응 전략의 예일 뿐이다. 사람마다 자기에게 통하는 효과적인 대응 전략에는 차이가 있다.

내 친구 하나는 신랄한 비판을 당할 때 상대에게 감사하는 마음을 품는 전략으로 대응한다. 이 방법은 친구한테는 통하지만 내게는 전혀 효과가 없다. 대신에 나는 그런 비판을 정직하게 수용할 수 있을 때 미래에 내가 얼마나 더 괜찮은 사람이 될 것인지 상상하는 전략을 쓴다.

연습을 통해 자기에게 맞는 대응 전략을 개발해야 한다. 기억하자.

'쉽게 타협하지 마라!'

문제를 명확히 보는 판단력은 매우 가치 있으며, 마음에 위안을 얻는 대가로 그 능력을 기꺼이 내주는 일은 없어야 한다. 다행히 판단력을 포기하지 않고도 현실에 대응하는 방법이 있다.

Chapter 8

자기기만이 필요 없는
동기부여 방법

○○

나는 열여섯 살 때 연극배우의 꿈을 안고 고등학교를 졸업하면 뉴욕에 가기로 진지하게 계획을 세웠다. 배우로 성공할 가능성이 크지 않다는 사실은 이미 알고 있었다. 연기자 생활은 생계를 꾸리기가 몹시 힘든 직업으로 악명이 높은 데다 연극배우의 삶은 특히나 열악하기 때문이다. 그러나 무대에 완전히 꽂힌 나는 밤마다 브로드웨이 무대에 서는 공상에 잠긴 채 음반을 틀어놓고 〈렌트Rent〉와 〈레미제라블Les Misérables〉의 음악을 따라 부르며 시간을 보냈다.

그러다 우연히 연극배우로 성공한 사람을 알게 됐다. 그에게 배우로 성공할 확률이 매우 낮은 상황에서 내가 어떻게 해야 좋을지를 물었다. 그는 이렇게 말했다.

"확률 따위 무시해버려. 인생에서는 모든 게 모험이야. 하고 싶은 일이 있으면 도전해야지. 실패할까 봐 걱정하면 그 생각 자체가 '자기충족적' 예언이 되는 거야."

그 연극배우는 자기확신의 성공적인 모델이었다. 그의 말인즉 우리가 반드시 성공한다고 확신하면 어려운 일에도 기꺼이 도전할 테고, 역경이 와도 버텨낼 것이기에 낙관적인 생각 자체가 성공을 실현한다는 것이다. 반대로 성공 확률이 낮다는 사실을 인정하거나 실패 가능성에 집중하는 비관적인 태도로 일관하면 낙담한 나머지 어떤 일도 제대로 해낼 수 없어 자연히 실패를 불러온다.

핀터레스트Pinterest나 인스타그램Instagram에서 동기부여 이미지를 살펴보면 어디서나 자기확신 모델을 발견할 수 있다.

"할 수 있다고 생각하면 할 수 있고, 할 수 없다고 생각하면 할 수 없다."

이 유명한 말은 헨리 포드Henry Ford가 한 것으로 알려져 있다.[1] '그녀는 자신이 할 수 있다고 믿었고, 그래서 해냈다'는 문구가 수천 개의 스티커, 포스터, 베개에 쓰여 있다.[2] 동기부여 전문 블로거와 작가의 사례도 소개한다.

- 일이나 인생에서 확률에 따라 위대한 일이 성취된 적은 없다. 모든 규칙에는 언제나 예외가 있고, 그 예외가 당신일 수 없다면 망한 것이다![3]
- 목표에 전력을 다한다면 모든 것이 가능하다. 목표를 지독하게 원하기만 하면 된다.[4]
- 성공하려면 목표에 대한 확고한 믿음과 이를 성취할 능력이 필요하다. … 부정적인 결과에 대비하는 것은 자신감과 자기확신을 훼손할 뿐이다.[5]
- 당신은 온 힘을 다해 자신이 성공하리라고 진심으로 믿어야 한다.[6]

핀터레스트 게시판에 자주 등장하지는 않지만, 일찍부터 자기확신의 중요성을 주창했던 사람 중에는 19세기 철학자 윌리엄 제임스William James가 있다. 〈믿으려는 의지〉는 그의 저작 중 가장 유명한 수필인데, 눈길을 끄는 비유로 주장을 펼쳐나간다.

당신은 등반을 하다 불행히도 절벽에 고립됐다. 여기서 탈출하는 길은 위험천만하더라도 건너편 봉우리로 뛰어내리는 것밖에 없다고 상상해보자. 제임스는 이렇게 말한다.

당신이 해낼 수 있다고 믿으면, 그 일을 해낼 만큼 다리에 기운이 솟는다. 하지만 자신을 믿지 못하고 과학자들이 따지는 모든 달콤한 가능성만을 생각하면서 주저하다 보면, 결국에는 약해질 대로 약해져 흔들리다가 절망의 순간 심연 속에 떨어질 것이다.[7]

제임스는 인생에서 접하는 수많은 상황이 이와 같다고 주장했다. 위험이나 난관에도 불구하고 자신이 해낼 수 있다는 믿음을 선택하는 것이 성공 의지를 끌어모으는 유일한 길이라는 것이다. 제임스가 옳은가? 선택 버튼을 눌러서 성공 가능성에 터무니없이 낙관적인 생각을 품을 수 있다면, 그렇게 해야 하는가?

성공률을 따져야 목표를 고를 수 있다

짐작했겠지만 나는 그 배우의 조언을 따르지 않았다. 열여섯에 불과했으나, 제대로 알아보지도 않고 무작정 배우의 길에 도전해도 좋다는 생각에는 동의할 수 없었다.

그럴듯한 무대연기자가 될 가능성이 얼마나 낮은지 감을 잡으려면 다음과 같은 사실을 알아야 한다. 미국의 무대연기자 조합인 액터스에퀴티Actors' Equity의 회원은 4만 9,000명으로, 이 가운데 1년에 한 번이라도 무대에 오르는 조합원은 1만 7,000명밖에 되지 않는다. 일거리를 얻은 조합원들의 연간 중위소득은 7,500달러다.[8] 그래도 조합에 속한 배우는 비교적 성공한 사람이다. 비조합원 배우는 사정이 훨씬 나쁘다.

물론 개인이 지닌 재능과 근면함, 카리스마, 인맥에 따라 성공 확률은 이보다 높을 수도 있다(또는 더 나쁠 수도 있다). 어쨌든 성공 확률은 중요한 기준선이므로 의사결정 과정에서 고려해야 한다. 성공 확률이 낮을수록 이를 극복하려면 개인의 능력이 훨씬 뛰어나고 운도 더 좋아야 한다.

나는 연예계에 종사하는 또 다른 친구에게도 의견을 물었다. 친구는 처음 조언해준 배우와는 다르게 충고했다. "여기는 정말이지 거친 세계야. 그렇다고 도전해선 안 된다는 말은 아니야. 스스로에게 물어봐. 배우가 되는 게 네가 신나게 할 수 있는 유일한 길인지."

이 질문에 대한 대답은 "아니다"였고, 참고로 우리 부모님은 크게 안도했다. 나는 배우 말고 다른 일에도 흥미를 느꼈고, 대학에 들어가면 신나는 일을 더 많이 찾을 거라고 확신했다. 오로지 배우가 되는 일에만 심장이 뛰거나 남보다 재능이 훨씬 많은 경우에는 비록 성공 확률이 낮아도 배우에 도전할 가치가 있을 것이다. 하지만 열정의 크기라든지 재능 등을 제대로 저울질하려면 그 일을 달성할 확률이 실제로 얼마나 되는지 정확히 파악해야 한다.

앞서 다룬 문제는 자기확신 모델의 동기부여에서 가장 큰 문제점이다. 위험요소를 현실적 관점에서 따져볼 일이 없으므로 이런 질문을 던지는 것이 애초에 불가능하다.

'이만한 위험을 무릅쓰고 도전할 만큼 바람직한 목표인가?'

'그만큼 바람직하면서도 덜 위험한 또 다른 목표는 없는가?'

하지만 자기확신 모델에서는 사실상 어떤 결정도 내릴 필요가 없다. 이미 하나의 올바른 길을 찾았고, 저울질해볼 다른 선택지는 아예 존재하지 않기 때문이다.

아닌 게 아니라 제임스는 위험천만한 절벽에서 뛰어내려야 하는 상황을 가정하며 (터무니없이 강력한 자기확신의 가치를 주장하려고) 의사결정이 전혀 필요 없도록 예를 만들었다. 여기서는 여러 선택지를 비교하거나 혹시 놓쳤을지도 모를 좋은 아이디어를 따져볼 기회가 전혀 주어지지 않는다. 할 수 있는 일이라고는 목숨을 걸더라도 건너편 봉우리에 안착하는 길뿐이다.

선택지가 오직 하나일 때 그 길에서 현실적으로 성공할 가능성을 파악하는 일은 별로 쓸모가 없다. 이런 경우가 현실에서 얼마나 일어나겠는가? 실제로 산에 올라 고립되더라도 하나의 선택지만 주어지는 상황은 존재하지 않는다. 건너편 봉우리로 뛰어내리는 대신 다시 산비탈을 내려가려고 시도할 수도 있다. 아니면 그 자리에 머물며 구조를 기다릴 수도 있다. 이들 선택지 가운데 건너편 봉우리로 뛰어내리는 선택보다 어느 방법이 더 나은지는 각각의 성공 확률을 어떻게 추정하느냐에 따라 다르다.

"자신의 꿈을 좇아야 한다." 이 말은 마치 누구에게나 꿈이 있고 그 꿈은 단 하나뿐인 것처럼 얘기하지만, 사람들에게는 대부분 자신이 좋아하거나 잘하는 일, 또는 해낼 수 있는 일이 하나 이상 있다. '지금 이 일이 내가 할 만한 다른 일보다 더 가치 있는 목표인가?'라는 질문을 던져보지도 않은 채 특정 목표에만 헌신한다면 자기에게 해를 끼치는 행동이다.

어쩌면 당신은 지금 이렇게 생각할지도 모른다.

'그래요. 여러 길 중에 어느 길로 가야 하는지 선택할 때 성공 확률을 정밀히 추정하는 일은 분명히 중요합니다. 하지만 일단 선택하고 나면 그 후로 실행 단계에서는 비현실적일 정도로 낙관적인 관점이 돼야 하지 않나요?'

비현실적일 정도로 낙관적인 관점으로 전환하는 일이 그리 간단하지는 않다. 현실적인 위험요인을 신중히 계산하고 나면 기억에서 간단히 지워버릴 수 없기 때문이다. 설령 할 수 있다 쳐도, 그렇게 해야 할까? 이어지는 2개의 글을 보면 이번에도 내 대답이 "아니요"인 이유를 분명히 알 수 있다.

성공률을 따져야 계획을 수정할 수 있다

셸리 아샴보Shellye Archambeau는 고등학교 이후로 줄곧 내로라하는 기술 기업의 최고경영자가 되겠노라고 꿈꿨다.[9] 2001년 마침내 꿈을 이루는 순간이 코앞에 왔음을 느꼈다. IBM에서 일하는 15년 동안 차근차근 사다리를 밟아 아프리카계 미국인 여성으로서는 회사 역사상 최초로 국제사업부 임원이 됐다. IBM을 떠난 후에는 기술 기업 두 곳에서 임원으로 지냈다. 셸리는 이제 꿈을 실현할 준비가 됐다.

그러나 유감스럽게도 2001년은 닷컴버블이 터진 해이기도 했다. 실리콘밸리에는 실직한 임원들이 넘쳐났고 경험도 인맥도 더 많았던 그들은 모두 최고경영자 자리를 두고 그녀와 경쟁했다. 정말로 시기가 나빴다. 셸리에게는 2가지 선택지가 있었다. 하나는 일류 기술 기업을 겨냥하던 원래의 목표를 고수하고 이전보다 더 낮은 성공 확률에 도전하는 것, 또 하나는 회사가 반드시 일류여야 한다는 요건을 포기하고 목표를 수정하는 것이었다. 새로운 목표 대상은 현재는 고전을 겪지만 쉽게 상위권에 진입할 수 있는 기업이었다. 그런 기업을 맡게 된다면, 강력한 리더십으로 회사를 끌어올릴 수도 있을 것 같았다.

셸리는 두 번째 선택지를 택해 성공을 거뒀다. 당시에는 거의 파산 상태였던 스타트업 재플릿Zaplet, Inc.의 최고경영자를 맡았다. 14년이 흐른 후 재플릿은 셸리의 지휘 아래 직원 수가 1,200명에 달하며, 시가총액 4억 달러가 넘는 메트릭스트림MetricStream으로 성장했다.

현실에서는 어떤 목표를 추구할 때 의사결정 단계와 실행 단계 사이에 명확한 경계가 없다. 시간이 지나면서 처한 상황이 바뀌거나 새로운 정보를 알게 되면 성공 확률에 대한 추정치도 수정해야 할 것이다.

성공률을 따져야 판돈을 거는 데 유리하다

기업가인 놈 브로드스키Norm Brodsky는 1980년대를 거치며 퍼펙트쿠리어Perfect Courier라는 우편물 배달 업체를 3,000만 달러 가치의 회사로 성장시켰다. 그는 회사를 더 빨리 키우기 위해 경영난에 처한 경쟁사 스카이쿠리어Sky Courier를 인수했다. 퍼펙트쿠리어에서 500만 달러를 끌어와 상황을 호전시키려 노력했으나 스카이쿠리어를 구하기에는 모자랐고, 200만 달러를 추가로 투입했다. 이마저도 충분하지 않자 브로드스키는 퍼펙트쿠리어까지 담보로 잡아 자금을 쏟아부었다. 회사 하나를 살리려고 또 다른 회사마저 판돈으로 건다는 걸 모르지 않았지만, 브로드스키는 전혀 걱정하지 않았다. "스카이쿠리어를 살리지 못하리라고는 한 번도 생각해본 적이 없습니다"라고 그는 말했다.[10]

불행히도 브로드스키는 두 차례 연이어 치명타를 입는다. 첫 번째는 1987년 10월에 주식시장이 대폭락한 일이다. 이 사건은 사업 대부분을 집어삼켰다. 두 번째는 팩스 기기의 급속한 성장이었다. 중요한 문서를 팩스 기기에 넣기만 하면 되는 시대가 왔는데 누가 우편물 배송 서비스를 찾겠는가?[11]

이듬해 가을 끝내 스카이쿠리어가 무너졌고, 더불어 퍼펙트쿠리어도 무너졌다. 브로드스키에게 가장 괴로웠던 것은 수천 명의 직원을 해고하는 일이었다. 그는 뒤늦게 후회했다.

"멋지고 안정되고 수익성 좋은 회사를 갖고 있었는데, 마주하지 말았어야 할 위험에 밀어넣어 회사를 망가뜨리고 말았습니다."

벤처투자자 벤 호로위츠Ben Horowitz는 자신의 책《하드씽》에서 창업할 때 성공 확률을 생각하는 것은 소용없는 짓이라고 주장했다. "회사를 설립할 때는 해답이 있음을 반드시 믿어야 하고, 그 답을 찾을 확률이 얼마인지에 주의를 기울여서는 안 된다. 그냥 그 답을 찾아야 한다"면서 "그것을 찾을 가능성이 열에 아홉이든 1,000분의 1이든 문제가 되지 않는다. 당신이 해야 할 과제는 똑같다"고 덧붙였다.[12]

설령 과제는 똑같더라도 그 과제를 성취하는 일에 얼마나 많은 판돈을 걸어야 하는지는 여전히 따져야 할 문제다. 회사가 성공할 확률이 열에 아홉이라면, 평생 저축한 돈을 전부 걸 만한 가치가 있다. 하지만 확률이

1,000분의 1이라면 밑천을 거덜 내고 싶지는 않을 것이다.

성공 확률을 정밀히 추정하는 작업은 언제나 가치가 있다. 하지만 현실적인 추정치를 확보한 후에는 해결해야 하는 심리적 과제가 남는다. 현실적인 전망을 눈앞에 두고 낙담하지 않으려면 어떻게 해야 하는가? 가진 것을 전부 걸어도 성공 확률이 그리 높지 않다는 사실을 알았을 때, 전력을 다하도록 의욕을 끌어올리려면 어떻게 해야 하는가?

가치 있는 베팅에 걸어라

머스크가 항공우주 회사를 세우기로 했을 때 친구들은 그가 제정신이 아니라고 여겼다. 머스크는 자신의 두 번째 회사 페이팔PayPal을 매각해 이제 막 1억 8,000만 달러를 손에 넣은 참이었다. 그 거금을 이후 스페이스X로 알려질 회사에 대부분 베팅했다.

친구들은 경고했다. "넌 실패할 거야. 페이팔로 번 돈을 전부 잃고 말 거야." 심지어 한 친구는 머스크가 몽상에서 깨기를 바라며 우주선이 폭발하는 영상을 편집해 그 영상을 보라고 간청하기도 했다.[13]

'터무니없는 꿈'을 품은 사람에 관해서는 대체로 다음과 같은 이야기가 전해온다. "그러나 그는 단념하지 않았다. 의심하는 이들이 틀렸음을 가슴으로 알았기 때문이다." 그러나 머스크의 이야기는 이렇게 전개되지 않는다. 친구들이 그가 십중팔구 실패할 것이라 얘기할 때 머스크는 이렇게 답했다. "그래, 나도 동의해. 우리는 실패할 것 같아."[14] 실제로 머스크는 스페이스X 우주선이 궤도에 오를 확률이 10%에 불과하다고 추정했다.

2년 뒤 머스크는 페이팔 수익금의 나머지를 전기자동차 회사 테슬라에 투자하기로 했다. 이번에도 그가 추정한 성공 확률은 대략 10%였다.[15] 머스크가 사업의 성공 확률을 그토록 낮게 추정했다는 사실은 많은 이를 어리둥절하게 만들었다. 2014년에 방영된 〈60분〉에서 진행자 스콧 펠리Scott Pelley는 머스크를 만나 그의 생각을 들었다.

> **일론 머스크:** 사실 테슬라가 성공할 줄은 전혀 예상치 못했습니다. 실패할 확률이 훨씬 크다고 생각했죠.
> **스콧 펠리:** 회사가 성공하리라고 기대하지 않았다고 하셨죠? 그러면 애초에 왜 시도한 거죠?
> **일론 머스크:** 어떤 일은 시도할 가치가 있습니다. 설령 실패할 게 뻔히 보여도 말이죠.[16]

머스크 스스로 성공에 대한 기대치를 그토록 낮게 봤다는 사실은 우리를 혼란스럽게 한다. 사람들은 보통 성공 확률이 높아야 어떤 일을 시도하기 때문이다. 하지만 정찰병은 '이 일은 성공할 거야'라는 기대 때문이 아니라 '이 일은 가치 있는 베팅이야'라고 생각할 때 의욕을 느낀다.

사람들은 대체로 어떤 맥락에서는 '가치 있는 베팅'이라는 개념을 이해한다. 간단하게 주사위 놀이를 예로 들어보자. 누군가 주사위를 굴려서 6이 나오면 200달러를 받고 다른 숫자가 나오면 10달러를 잃는다고 제안한다면, 이 베팅을 받아들여야 할까? 대부분이 받아들일 것이다. 꽤 괜찮은 베팅이다. 기댓값을 계산해보면 얼마나 좋은지 정확히 알 수 있다. 베팅을 무한

확률	가치
6분의 1 확률로 6이 나온다.	200달러를 딴다.
6분의 5 확률로 다른 숫자가 나온다.	10달러를 잃는다.

히 반복한다고 할 때 얻을 수 있는 값의 평균 금액은 다음과 같다.

베팅의 기댓값을 계산하려면, 각 결과의 확률을 그 가치와 곱하고 값을 모두 더하면 된다.

([베팅에 이길 확률 6분의 1]×200달러)+([베팅에 질 확률 6분의 5]× −10달러)=33.33달러−8.33달러=25달러

베팅을 여러 번 했을 때 한 번에 딸 수 있는 평균 금액은 대략 25달러다. 주사위만 굴려서 얻는 금액치고는 나쁘지 않다. 주사위를 굴려서 6이 나오지 않을 확률이 훨씬 높겠지만 이 정도면 아주 괜찮은 내기다.

창업의 성공 확률을 따지는 일처럼 현실에서는 결과를 가늠하는 일이 훨씬 복잡하고, 그 과정에서 주관적인 판단이 많이 개입된다. 주사위 베팅과 달리 발생 가능한 결과의 수를 명확하게 규정하기 어렵다. 그만큼 확률도 주관적이다. 또한 베팅으로 얻는 가치에는 금전 외에도 많은 요소가 포함된다. 회사를 운영하며 얼마나 큰 즐거움을 얻는가? 창업 결과가 좋지 않다고 해도 유익한 기술과 인맥을 얻을 수 있는가? 얼마나 많은 시간을 투자하게 되는가? 그 일로 얼마나 많은 사회적 명성(또는 오명)을 얻는가?

어쨌거나 어림으로라도 성공 확률을 따질 수 있으며, 아무 계산도 하지

테슬라와 스페이스X 베팅에 관한 머스크의 생각

확률	가치
성공 확률 10%	인류가 직면한 중대한 문제를 해결한다(지속가능성, 우주여행).
실패 확률 90%	투자금을 잃고 실패하지만, 개인적으로 유익한 가치를 얻는다. 회사는 문제 해결에 진전을 이룰 것이다.

않는 것보다는 낫다. 머스크는 테슬라의 성공 확률을 10%, 실패 확률을 90%로 추정했다. 그러나 성공한다면 가치는 실로 엄청날 것이었다. 망상으로 치부하던 전기자동차 시대를 눈앞에 열면 화석연료 없이 살아가는 친환경 사회를 앞당긴다. 비록 실패하더라도 테슬라 자동차는 소중한 가치를 입증할 수 있다고 머스크는 생각했다. 그는 〈60분〉의 진행자 펠리에게 이렇게 말했다.

"전기자동차가 골프 카트처럼 볼품없고, 느리고, 지루할 것이라는 잘못된 인식을 바꿔놓을 수는 있겠다고 생각했습니다."

스페이스X를 시작할 때도 마찬가지였다. 머스크가 보는 성공 확률은 대략 10%, 실패 확률은 90%였다. 하지만 성공했을 때 인류가 얻는 가치는 막대할 것이었다. 저렴한 우주선을 개발하면 언젠가 인류가 화성에 거주하는 일도 가능해지고, 지구에 재앙이 닥쳤을 때 인류를 구하는 데 일조하게 된다. 스페이스X가 실패하더라도 조금이나마 진전을 이뤄낸다면 완전한 시간 낭비는 아닐 터였다. "우리가 공을 밀어 앞으로 약간이라도 나아가게 할 수 있다면, 우리는 죽더라도 어쩌면 다른 회사가 그 바통을 이어받아 더 전진할 수도 있잖아요. 그러면 쓸 만한 일을 한 거죠"라고 머스크는 말했다.[17]

테슬라와 스페이스X의 사업은 각각 실패할 공산이 높긴 해도, 머스크의 생각을 이해하면 그의 관점에서는 괜찮은 베팅처럼 보인다.

어떤 베팅의 기댓값이 괜찮은지 따지는 또 다른 방법은 그것을 여러 번 반복하는 경우를 상상하는 것이다. 예상되는 성공 가치가 예상되는 실패 가치를 압도하는가? 머스크는 평생에 걸쳐 테슬라와 스페이스X 같은 기업을 최소 10개 정도는 창업할 시간과 자금이 있을 것이다. 10개 중 9개가 실패할 확률이 가장 높다면 핵심은 이것이다.

'한 번의 대박을 위해 아홉 번의 실패를 무릅쓸 가치가 있는가?'

현실에서는 동일한 베팅을 여러 번 반복할 기회가 거의 없다. 하지만 평생에 걸쳐 여러 가지 베팅을 할 기회가 주어진다. 우리는 직장에서, 더 크게는 경력을 쌓는 과정에서 다양한 베팅 순간에 직면한다. 이를테면 투자 기회를 저울질할 때, 타인을 믿고 일을 진행해야 할 때, 어려운 요청을 해야 할 때, 안전지대에서 벗어날지 말지를 결정할 때 등이다. 설령 각각의 베팅이 확실한 결과를 보장하지 않더라도, 여러 베팅에서 얻는 기댓값이 긍정적일수록 결국에는 발전하고 성장하리라 확신해도 좋다.

변수를 인정하면 평정심이 따라온다

나는 스포츠에 관심이 별로 없는 편이다. 그런데 클리블랜드 인디언스Cleveland Indians의 투수 트레버 바워Trevor Bauer의 인터뷰는 무척 흥미롭게 읽었다. 바워가 휴스턴 애스트로스Houston Astros와의 경기에서 매우 좋은 투구를 보이며 6 대 0으로 앞선 직후였다. 기자가 성공 비결을 묻자 그는 이렇게 답했다.

"무작위 분산(random variation, 무작위·우연의 결과인 불규칙한 작용) 때문이죠. 계속 이어지지는 않을 겁니다. 언젠가는 끝나겠죠."[18]

의외의 답변에 놀랐지만 히죽 웃음이 나왔다. 거의 모든 사람이 성공 요인을 설명해달라는 질문을 받으면 으레 "연습시간을 늘린 보람이 있었습니다", "나에 대한 믿음을 버리지 않았기 때문이에요"와 같이 답한다. 그렇다. 무작위 분산 덕분에 성공했다고 말하는 사람을 보는 경우는 흔치 않다.

과연 바워의 말대로 연승 행진은 끝났다. 그러자 이번에는 또 다른 기자가 그를 다그치며 상대 타자들에게 허용하는 홈런 수가 근래에 증가 추세라고 지적했다. 바워는 이렇게 대답했다.

"기록은 언젠가 제자리를 찾아갈 겁니다. … 지금은 뜬공 대비 홈런 비율이 터무니없이 높지만 계속 이렇게 가지는 않을 테니까요. 현재 타자에게 홈런을 허용하는 피홈런 개수는 대부분 이런 이유로 늘어나고 있거든요."[19]

투수의 뜬공 대비 홈런 비율은 단기간에도 크게 요동친다. 이는 야구 통계 수치가 대체로 무작위 분산을 포착하는 것이지 선수의 실력을 포착하는 것이 아님을 의미한다. 그러므로 바워는 현재 뜬공 대비 홈런 비율이 유독 높다고 해서 너무 염려하는 건 말이 되지 않는다고 지적한 것이다. 이번에도 그가 옳았다. 바로 다음 시즌에 바워는 뜬공 대비 홈런 비율이 가장 낮은 수준을 기록했다.[20]

자신이 이길 것이라고 한 치의 의심도 없이 확신하면 의욕은 치솟겠지만 이 같은 기대는 비현실적이다. 인간이 하는 일에는 우연성이 개입하기 마련이다. 베팅 결과는 들쭉날쭉 일정하지 않으며, 결과가 좋은 베팅도 있겠지만 저조할 때가 더욱 많을 것이다.

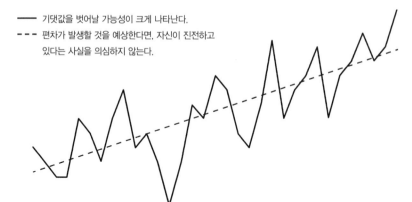

편차를 예상할 때의 심리적 안정

— 기댓값을 벗어날 가능성이 크게 나타난다.
- - - 편차가 발생할 것을 예상한다면, 자신이 진전하고
　　있다는 사실을 의심하지 않는다.

하지만 긍정적인 기댓값을 지닌 것에 계속 베팅한다면 장기적으로는 결국 기댓값에 가까워진다. 편차가 나타날 것을 미리 계산에 포함하면 평정심을 유지하는 효과도 얻는다. 그러면 베팅 결과가 좋을 때는 한껏 들뜨고, 좋지 않으면 마음이 무너져 일희일비하는 대신 추세선에 감정을 붙들어 맬 수 있다.

여기서 목표는 모든 것을 행운으로 돌리는 게 아니다. 얻은 결과에서 운이 맡은 역할과 의사결정이 맡은 역할을 분리하고, 후자에 근거해 자신을 평가함으로써 감정 기복을 다스리는 것이 핵심이다. 다음은 바워가 한 경기를 끝내고 자신의 투구를 평가한 것이다.

• 기댓값에 편차가 크게 나타날 때 정서에 끼치는 악영향은 그래프에서 제시한 것보다 실제로는 훨씬 강력하다. 인간은 손실 회피 편향 때문에 비슷한 크기의 이득이 주는 쾌락보다 손실의 고통을 훨씬 크게 느낀다. 그러므로 편차가 발생할 것을 미리 생각해두지 않으면, 들쭉날쭉한 그래프의 저점이 실제보다 훨씬 나쁘게 느껴질 것이다.

훌륭한 투구는 아니었지만, 공을 던진 논리를 방어해보자면 이렇다. 제이슨 카스트로Jason Castro를 볼넷으로 걸어 나가게 했다. 좋은 생각이 아니었다. 그러고 나서 브라이언 도저Brian Dozier를 바깥쪽 직구로 잡으려고 했다. 투구가 살아났고, 잘 던졌다. 하지만 그가 이걸 쳐냈다.[21]

바워가 어떤 식으로 자신을 칭찬하고, 책망하고, 다시 칭찬하는지 주목하자. 모든 분석은 공을 던진 이후의 결과와 무관하게 오로지 자기 선택과 투구 내용에 근거할 뿐이다.

위험을 감수하는 용기의 원천

1994년 베이조스는 뉴욕의 투자은행에서 고액 연봉을 받으며 편하게 일하고 있었다. 그는 슬슬 일을 그만두고 인터넷이라는 흥미로운 신기술을 이용하는 회사를 차릴 계획을 세웠다.

베이조스는 창업했을 때 직면할 위험이 정확히 얼마나 되는지 알고 싶었다. 그가 추산한 바로는 인터넷 스타트업 가운데 약 10%가 성공적인 기업으로 성장했다. 베이조스는 자신의 기술과 사업 아이디어가 평균 이상이라고 생각했지만, 그렇다고 기본적인 성공 확률조차 무시할 사유는 아니라고 여겼다. 모든 것을 고려한 후 그는 성공 확률을 약 30%로 추정했다.

베이조스는 위험 수준을 평가하고 무슨 마음이었을까? 어떻게 실패 가능성을 견뎌냈을까? 그는 80세 노인이 돼 지난 인생의 선택을 돌아보는 모습을 상상했다. 1994년에 월스트리트를 떠나 고액 보너스를 놓친다면 수십 년 뒤에도 크게 아쉬울 것 같지 않았다. 그러나 신흥 인터넷 시장에 도전할 기회를 놓친다면 후회할 게 틀림없었다.

"실패해도 좋다. 80세에 인생을 돌아보면 이 일에 도전했다는 것만으로도 무척 자랑스러울 것이다."[22]

후회할 일을 만들지 말자고 상상한 덕분에 베이조스는 고심을 끝내고 결단을 내렸다. 그가 직장을 그만두고 창업한 회사가 바로 아마존이다.

자기확신 모델의 동기부여에서는 실패 가능성을 직시하면 도전할 의욕이 꺾이거나 두려움이 커져 포기하게 된다고 전제한다. 이 모델에 따르면 실패는 생각할 수도 없다고 믿는 사람이야말로 성공에 최선을 다하는 사람이다. 하지만 현실에서는 정반대인 경우가 많다. 실패 가능성을 예측하고 미리 받아들이면 오히려 마음이 홀가분해진다. 겁을 먹는 게 아니라 도리어 대담해진다. 큰일을 성취하려면 그만한 위험도 감수하는 용기가 생긴다.

다들 정신 나간 짓이라고 생각하는 회사를 창업하는 것을 보며 한 기자가 두려움을 모른다고 머스크를 칭찬하자 그는 자기도 사실은 두려움이 크다고 인정했다. 다만 실패 가능성을 받아들이고 두려움을 다스리는 법을 배웠을 뿐이다. "운명론은 어느 정도 도움이 되기도 합니다"라고 머스크는 설명했다.

"실패 가능성을 그냥 받아들이면 두려움이 줄어듭니다. 스페이스X를 창업할 때 성공 확률이 10% 미만이라 생각했고, '십중팔구 모든 것을 잃게 되겠지'라고 받아들였습니다."[23]

실패 확률이 높다는 것을 인지한 채 어려운 프로젝트를 진행하는 사람들은 날마다 그 위험성을 곱씹으며 살지 않는다. 그들은 아침에 일어나면 다음과 같은 구체적인 일을 생각하며 의욕을 끌어올린다.

다음 주에 실행할 사업설명회, 다음 달에 예정된 첫 번째 신제품 출시 계획, 시급하게 해결할 과제, 지금까지 진전된 상황, 자신에게 의지하는 사람들.

감수할 위험이 어떤 것인지 결정할 때 또는 인생의 중대한 결정을 숙고할 때 머스크나 베이조스가 남들과 차이를 만들어냈던 점은 '설령 실패하더라도 자신이 베팅한 가치에 만족하는 능력'이었다. 수년 전에 읽었지만, 아직도 기억하는 블로그 글이 하나 있다. 비록 위험해도 가치 있다고 여기는 것에 베팅할 때 의지를 다지게 해준다. 나처럼 당신에게도 이 글이 효과가 있길 바란다.

"나쁜 결과가 나오더라도 그저 알겠다는 듯이 고개를 끄덕이고 이렇게 말할 줄 알아야 한다. 카드는 애초에 거기 있었고, 이 카드가 나올 확률이 얼마인지도 알고 있었어. 똑같은 기회가 주어진다면 난 또다시 동일한 곳에 베팅할 거야."[24]

이전 장에서 불안, 실망, 후회, 두려움 같은 감정에 대응하는 전략을 어떻게 선택하는지 살펴봤다. 자기기만을 수반하는 전략이 있는가 하면 그렇지 않은 전략도 있었다. 그렇다면 왜 전자를 선택해야 하는가?

야심을 품고, 위험을 무릅쓰고, 상황이 어려울 때 인내하려고 의욕을 높이는 전략에도 동일한 논리가 적용된다. 전투병의 동기부여 방법은 사실이 아닌 것을 믿도록 요구한다. '자신에 대한 믿음을 버리지 않는 한 성공 확률은 중요하지 않다. 실패는 선택지에 없으며, 운은 성공과 무관하다'고 전제한다. 단기적으로는 전투병 방식의 사기 진작이 효과적일 수 있다. 그러나 이런 의욕은 쉽게 무너지므로 성공에 대한 믿음을 유지하는 데 위협이 되는 새로운 정보를 외면하거나 자기합리화를 해야 한다.

정찰병이 의욕을 높이는 방법은 다르다. 그들은 성공이 보장된다는 약속이 아니라 가치 있는 베팅을 했다는 생각에 의욕을 느끼고, 성공 여부와 상관없이 자신의 베팅에 만족한다. 설령 베팅 한 번의 성공 확률이 낮더라도 가치 있는 것에 계속 베팅하는 한 장기적으로는 성공 확률이 올라갈 것을 안다. 때로는 기댓값 이하로 크게 떨어지겠지만 장기적으로는 평균에 회귀하리라는 사실을 알기에 낙담하지 않는다. 비록 실패할 가능성이 존재하나 감내할 수 있다는 뜻이다.

정찰병은 현실을 직시하는 판단력을 희생하지 않고도 의욕을 끌어낸다. 정찰병이 품은 동력은 진실에 뿌리내리므로 그만큼 탄탄하며 현실로부터 숨을 필요가 없다.

Chapter 9

과신하지 않는 사람의
압도적인 영향력

○○

이전 장에서 살폈듯이 베이조스는 아마존을 설립하기 전에 사업 아이디어가 성공할 가능성을 대략 30%로 추정했다. 하지만 십중팔구 잠재적 투자자들 앞에서는 그 사실을 인정하지 않았을 것이다. 그렇지 않은가? "솔직히 말해 이 사업은 실패할 가능성이 큽니다"라고 설명하는 창업자에게 누가 투자하겠는가?

그러나 실제 베이조스는 사업이 안고 있는 불확실성을 잠재적 투자자들에게 전혀 숨기지 않았다. 사업설명회 때마다 이를 여과 없이 밝혔다.

"여러분이 투자금을 전부 잃을 가능성이 70%는 된다고 생각합니다. 이 돈을 잃어도 괜찮을 만큼 여유가 있는 분들만 투자하십시오."[1]

회사가 성장할 때도 베이조스는 회사의 미래와 관련된 불확실성을 계속해서 솔직히 이야기했다. 1999년 CNBC 방송에서 인터뷰할 때도 "아마존 닷컴이 성공적인 기업이 된다는 보장은 전혀 없습니다. 우리가 하려는 사업은 여러 요소가 복잡하게 얽혀 있습니다"[2]라고 말했다. 2018년은 아마존이 세계에서 시가총액이 가장 높은 기업에 등극하기 직전이었는데, 그해 가을에 열린 총회에서 베이조스는 직원들에게 이렇게 말했다.

"언젠가 아마존은 망할 것이라고 예상합니다. … 대기업 역사를 봐도 기업 수명은 100년이 아니라 30년 정도입니다."[3]

자기확신을 강하게 드러낼수록 더 영향력을 미치는 사람이 된다는 통념이 있다. 자신감은 자석이다. 사람들은 자신감이 넘치는 사람의 말에 귀 기울이고, 추종하고, 그가 무슨 일을 하든 신뢰한다. 영향력이나 설득력이 강한 사람이 되는 방법에 관한 조언을 찾다 보면, 자기 자신을 믿으라는 말을 수없이 마주할 것이다.

- 주체하지 못할 만큼 자신감이 넘치는 사람은 언제든 남을 설득할 수 있다.[4]
- 성공한 비즈니스 리더는 모두 자기확신이 강하다.[5]
- "어쩌면 그럴 것이다" 같은 의견을 좋아하는 사람은 아무도 없다. 사람들은 확실한 것을 바란다.[6]

이 조언이 옳다면 정찰병에게는 그리 좋은 조짐이 아니다. 정찰병처럼 상황을 정직하게 분석하자면 쉽게 확신하지 못할 일도 있기 때문이다. 다행히 베이조스의 사례가 보여주듯 이런 통념은 정확하지 않다. 이번 장에서는 자신감과 영향력에 관한 몇몇 오해를 깨부수고, 성공적인 정찰병들이 자신감과 영향력의 문제를 어떻게 헤쳐나가는지 살펴보자.

인지적 자신감 vs. 사회적 자신감

자신감은 우리가 각기 다른 의미로 사용하면서도 그 의미를 제대로 알지 못하는 단어다. 하나는 '인지적 자신감' 또는 확실성이다. 어떤 것이 사실인지 얼마나 확신하느냐를 가리킨다. 6장에서 살폈던 종류의 자신감이다. "그가 거짓말하는 거라고 99% 확신해"라든지 "이게 통할 거라고 내가 보장하지"라든지 아니면 "공화당이 이길 가능성은 없어"라고 말한다면, 인지적 자신감을 강하게 드러내는 것이다.

그리고 '사회적 자신감' 또는 자기확신이 있다. 당신이 속한 집단에서 편안함을 느끼는가? 집단에서 당신이 맡은 역할과 모습에 안정감을 느끼고, 구성원으로서 자격이 충분하다고 생각하는가? 구성원들이 당신의 이야기를 경청할 것이라 여기고 당당히 발언하는가?

우리는 인지적 자신감과 사회적 자신감을 뒤섞어 하나의 묶음 상품처럼 다루곤 한다. 두 종류의 자신감을 모두 지닌 사람을 떠올리기는 어렵지 않다. 성공을 절대적으로 확신한다며 고무적인 말로 팀원의 사기를 올리는 리더를 생각하면 된다. 두 종류의 자신감이 모두 부족한 사람을 떠올리기도 쉽다. 긴장해서 이렇게 더듬는 사람을 그려보자.

"저기, 우리가 여기서 무엇을 해야 하는지 정말 모르겠어요."

그러나 인지적 자신감과 사회적 자신감은 하나의 묶음 상품이 아니다. 벤저민 프랭클린Benjamin Franklin을 보자. 그는 사회적 자신감이 넘쳤다. 매력적인 데다 재치가 풍부해 많은 친구를 사귀었고 평생 여러 기업을 창업할 만큼 패기만만했다. 프랑스에서는 유명인사였던 그를 흠모해 "셰르 파파(사랑하는 아빠)"라 부르는 여자들에게 둘러싸여 지낼 때가 많았다.[7]

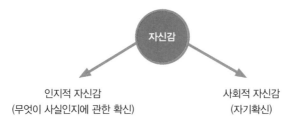

인지적 자신감
(무엇이 사실인지에 관한 확신)

사회적 자신감
(자기확신)

다만 프랭클린은 사회적 자신감이 넘쳤음에도 인지적 자신감은 일부러 부족한 듯이 행동했다. '확실히'라든지 '의심의 여지 없이' 같은 단호한 표현을 쓸 때 주장이 외면당할 가능성이 크다는 사실을 젊은 시절 깨달은 이후 줄곧 실천해온 습관이었다. 프랭클린은 단호한 표현을 삼가는 훈련을 하면서 '제 생각에는', '제가 잘못 알고 있는 게 아니라면', '지금 제게는 이렇게 보이는데' 같은 말로 운을 뗐다.[8]

처음에는 이 습관을 들이기가 무척 어려웠다. 남들이 틀렸음을 입증하는 것, 그러니까 요즘 말로 논쟁에서 사람들을 '박살내는' 것이 젊은 프랭클린이 즐기던 취미였기 때문이다. 하지만 완곡히 표현할 때 훨씬 공감받는다는 사실을 실감하고 나서는 습관을 바꾸기가 쉬워졌다.

세월이 흘러 프랭클린은 미국 역사에서 가장 영향력이 큰 인물로 손꼽히게 됐다. 그는 독립선언문 초안을 공동으로 작성했다. 미국 식민지들이 영국에 대항해 봉기하는 것을 지원하도록 프랑스를 설득했다. 독립전쟁을 종결하고 평화조약을 체결하는 역할을 성공적으로 수행했으며 미국 헌법의 초안을 작성하고 비준하는 과정에도 일조했다. 프랭클린은 연륜이 담긴 그의 자서전에서 삶을 되돌아보며 겸양하는 화법이 얼마나 효과적이었는지 기록한다.

"(진실성 다음으로) 특히 이 습관 덕분에, 일찍이 새로운 조직이나 개혁 방안을 제안할 때 나의 동료인 시민들에게 큰 영향력을 미칠 수 있었다고 생각한다."[9]

4장에서 설명했듯이, 링컨은 남들이 더 잘 안다고 생각하는 사안에서는 기꺼이 "당신이 옳아요. 제가 틀렸군요"라고 말하며 타인의 판단을 따를 줄 아는 인물이었다. 누군가는 그런 태도가 자신감이 부족한 사람으로 보이게 만들었으리라 생각하겠지만 이는 사실과 다르다.

링컨과 동시대를 살았던 한 사람은 이렇게 평했다. "그의 영향력에 견주거나 그를 압도할 수 있는 사람은 당대에 아무도 없었다."[10] 링컨은 놀라울 정도로 자기확신이 강했기 때문이다. 자신감이 넘치고 느긋했으며 연설할 때는 몇 시간이고 대중의 주의를 집중시킬 수 있었다.

사회적 자신감이 나를 설명한다

프랭클린과 링컨의 일화에서 알 수 있듯, 타인에게 강렬한 인상을 심어주는 데는 확실성을 표현하는 언어보다는 자기확신의 태도가 훨씬 더 중요하다. 이것은 연구 결과와도 일치한다.

다음과 같은 실험이 있었다. 대학생들을 소규모 그룹으로 나눠 함께 작업하게 하고 상호작용하는 모습을 녹화했다.[11] 연구진은 녹화 영상을 검토하며 여러 측면에서 인지적 자신감(예를 들어, 자신이 생각하는 답이 옳다고 주장한 횟수)과 사회적 자신감(예를 들어, 토론 참여 횟수, 차분하고 여유로운 태도 유무)을 관찰하고 각 학생의 행동을 부호화했다.

행동 단서	당당한 자세
관찰자가 인식한 유능함	0.59**
발언시간 비율	0.54**
정답을 아는 듯한 확신에 찬 목소리	0.51**
문제와 유관한 정보 제공	0.37**
차분하고 느긋한 태도	0.34**
누군가 대답한 이후에 대답함	0.24*
가장 먼저 대답함	0.21*
자신의 답변을 얼마나 확신하는지에 대한 발언	0.21*
과제 난이도에 대한 발언	0.18
자신의 유능함에 대한 발언	0.09

사회적 자신감 (첫 번째 그룹)
인지적 자신감 (두 번째 그룹)

출처: C. Anderson et al.(2012), 10쪽에서 인용.
* 결과는 $p < 0.05$일 때 유의미함, ** 결과는 $p < 0.01$일 때 유의미함

그리고 나서 연구진은 영상을 다른 사람들에게 보여주고 이렇게 물었다. "당신이 보기에 이 학생은 얼마나 유능해 보이는가?" 평가 결과 학생들이 받은 점수는 주로 그들이 보여준 사회적 자신감의 정도에 따라 결정됐다. 사람들은 학생이 대화에 많이 참여하고, 자신감 넘치는 목소리로 말하고, 느긋한 태도를 보일수록 더 유능해 보인다고 평가했다.

이와 비교해 학생들의 언어 행동에서 나타나는 인지적 자신감은 별로 중요하지 않았다. 자신의 답변을 얼마나 확신하는지, 과제가 얼마나 쉬웠는지, 또는 과제에서 자신이 얼마나 유능했는지에 관한 발언은 거의 또는 전혀 중요하지 않았다.

이번에는 여배우들에게 두 종류의 자신감을 강도별로 표현하도록 교육한 후 똑같은 질문을 조사했다. 사회적 자신감을 강하게 또는 약하게, 인지적 자신감을 강하게 또는 약하게 드러내도록 하고 각각의 요소가 유능함의 정도를 평가하는 데 얼마나 큰 차이를 일으키는지 알아보는 실험이었다.[12]

결과는 비슷했다. 참가자들은 여배우가 유능한 사람인지 판단할 때 눈맞춤, 차분한 어조, 단호해 보이는 손동작처럼 사회적 자신감을 드러내는 행동 단서로 평가했다. 여배우가 답변을 확신에 차서 말했는지("저는 …라고 100% 확신해요") 아니면 자신감 없이 말했는지("어쩌면 …거예요")와 같은 인지적 행동 단서는 판단에 거의 아무런 차이도 만들어내지 못했다.

사람들은 어떤 이의 유능함을 판단할 때 태도와 목소리처럼 피상적인 것에 크게 좌우된다는 사실을 못마땅하게 여긴다. 하지만 유능함을 드러내기 위해 사실을 왜곡하고 자기를 속일 필요가 없다는 점은 긍정적인 측면이다. 사람들 앞에서 큰 목소리로 말하는 연습을 하고, 스피치 강사를 고용하고, 옷을 더 잘 입고, 자세를 교정함으로써 사회적 자신감을 높일 수 있다. 대상을 정확하게 파악하는 능력을 훼손하지 않고도 가능한 일이다.

아마존의 설립 과정은 사회적 자신감이 인지적 자신감보다 우선함을 보여주는 적절한 사례다. 1996년 봄, 아마존에 절호의 기회가 찾아왔다. 실리콘밸리의 벤처캐피털 회사 중에서도 손꼽히는 클라이너퍼킨스코필드앤드바이어스Kleiner Perkins Caufield & Byers, 현 Kleiner Perkins의 파트너 존 도어John Doerr가 회사를 방문한 것이다. 도어는 아마존에 감탄했고 기꺼이 투자할 마음으로 회의를 마쳤다. 그뿐 아니라 유명한 벤처투자자가 관심을 보였다는 사실 때문에 입찰 경쟁이 일어나면서 아마존의 기업가치가 1,000만 달러에서 6,000만 달러까지 치솟았다.

도어는 정확히 무엇에 이끌려 아마존에 투자했을까? 그의 설명을 직접 들어보자.

"문을 열고 들어가는데 이 친구가 호탕하게 웃으며 활기차게 계단을 껑충껑충 뛰어내려 오더군요. 그 순간 나는 제프와 사업하고 싶은 마음이 들었습니다."[13]

불확실성 속에서도 신뢰가 가는 사람

만약 의사가 모호하게 이야기한다면 환자들은 어떻게 반응할까? 몇몇 연구에서 이 의문을 조사했는데 결과는 서로 크게 달랐다. 어떤 연구에서는 환자들이 의사의 불확실한 표현을 무능의 징후로 여겨 부정적인 반응을 보였다. 또 다른 연구에서는 환자들이 의사의 불확실한 표현에 개의치 않았고, 심지어 긍정적으로 여기기도 했다.

이렇듯 상반된 결과는 각 연구진이 무엇을 실험했는지 면밀히 들여다보기 전에는 이해하기 어려울 것이다. 환자들이 부정적으로 반응한다는 사실을 발견한 연구에서 불확실성은 대체로 이런 진술을 가리킨다.

- 솔직히 어떻게 설명해야 할지 모르겠군요.
- 이런 것은 이전에 본 적이 없습니다.
- 두통을 일으키는 원인이 무엇인지 잘 모르겠군요.[14]

한편 환자들이 의사들의 불확실한 표현에 긍정적 반응을 보인 연구에서 불확실성은 다음과 같은 진술을 가리킨다(의사들이 유방암을 일으키는 위험요인에 관해 이야기하는 상황이다).

- 모유수유와의 관련성은 근거가 부족한 편입니다. 하지만 결정요인이 하나 있는데, 이게 조금 더 근거가 강하고요. 처음 임신했을 때의 연령입니다. 모든 일이 그렇듯, 얻는 게 있으면 잃는 게 있죠. 결정요인이라고 해도 아주 약한 결정요인이에요.
- 환자분은 직계가족 2명과 고모가 해당하니까 확실히 고위험군에 속합니다. 위험이 얼마나 더 큰지는 결정하기 쉽지 않습니다. 대개는 5분의 1에서 10분의 1 사이일 겁니다.[15]

둘 다 불확실한 답변이긴 해도 성격이 명백히 서로 다르다. 첫 번째 그룹의 환자들이 의사를 믿지 못하는 것도 무리는 아니다. 의사가 "원인이 무엇인지 모르겠군요"라고 말하면, 환자는 경험이 더 많고 실력 있는 의사라면 병을 제대로 진단하지 않을까 생각하기 마련이다. 하지만 두 번째 그룹에서는 의사가 불확실한 진단을 내리는데도 여전히 전문가다운 권위가 느껴진다. 의사는 모유수유 여부보다 처음 임신했을 때의 연령이 더 큰 위험요인임을 지적하는 등 유용한 맥락을 제시한다. 또 단순히 모른다고 하는 대신 "5분의 1에서 10분의 1 사이" 같은 추정치를 알려준다.

불확실성을 인정하면 못난 사람으로 비칠 수 있다고 주장하는 사람들은 예외 없이 성격이 다른 2가지 불확실성을 혼용한다. 먼저 '자기 안의' 불확실성은 자신의 무지나 경험 미숙에 기인하지만, '세상 속의' 불확실성은 현실이 복잡하고 예측하기 어렵다는 사실에 기인한다. 전자는 개인의 전문성

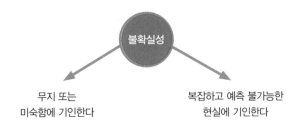

을 의심할 만한 징후로 여겨지며, 이는 정당한 판단이다. 후자는 그렇지 않다. 특히 불확실성을 전달할 때 다음과 같은 3가지 규칙을 따른다면 신뢰를 높일 수 있다.

1. 불확실한 이유를 설명하라

때로 상대는 우리가 이야기하는 주제와 관련해 세상 속에 불확실성이 얼마나 크게 존재하는지 알지 못하고, 그렇기에 현실에서 가능한 수준 이상으로 확실한 답을 기대하기도 한다. 그렇다면 우리가 할 일은 상대의 기대치를 적정한 수준으로 끌어내리는 것이다.

베이조스가 1999년에 CNBC 기자와 인터뷰하면서 아마존의 성공은 보장된 게 아니라고 지적했던 것을 기억하자. 아울러 베이조스는 향후 인터넷 혁명으로 몇몇 거대 기업이 탄생할 것은 분명하지만, 어느 기업이 그 자리에 오를지 예측하기는 무척 어렵다고 덧붙였다. 그는 과거 사례를 들어 불확실성에 관한 이치를 설명했다.

"과거로 돌아가서, 1980년대에 퍼스널컴퓨터 혁명으로 태어난 회사들을 살펴보면 최상위 5대 기업이 누가 될지 예측할 수 없을 겁니다."[16]

확신을 하는 것이 오히려 비현실적임을 보여준다면, 매사 100% 확신한다고 단언하는 사람이 하는 말보다 훨씬 설득력 있게 들릴 것이다. 일반적으로 변호사와 의뢰인이 처음 만나면, 의뢰인은 항상 얼마나 보상받을 수 있는지 변호사에게 묻는다. 변호사는 낙관적인 추정치를 확실히 말해주고 싶은 유혹을 느끼겠지만, 현실적으로 아직은 그것을 판단할 정보가 충분치 않다. 78명의 변호사들이 사건을 잘 해결하는 방법을 엮은 책《How Leading Lawyers Think》에서 한 검사는 그런 상황에서 이렇게 말한다.

"나는 이렇게 말하죠. '당신에게 그런 얘기를 단언하는 변호사가 있다면 그 사람은 거짓말을 하거나 자기가 무엇을 하는지도 모르는 겁니다. 그런 사람한테서는 얼른 도망치는 게 좋아요.'"[17]

2. 정보에 기초한 추정치를 전달하라

매슈 리치Matthew Leitch는 영국 출신 컨설턴트로 프라이스워터하우스쿠퍼스PricewaterhouseCoopers에서 리스크관리 업무를 맡곤 했다. 그는 자신의 웹사이트 〈불확실성 속에서 일하기Working in Uncertainty〉에서 불확실성을 전달하면서도 의뢰인에게 존중받는 방법을 설명했다.

리치는 정보에 기초한 추정치를 제시하고, 그 추정치가 어디서 나왔는지 설명하라고 제안한다. 예를 들어 의뢰인에게 이렇게 말하는 것이다. "판단을 내릴 때 참조할 구체적인 통계 자료가 없어 선임 마케팅 매니저 세 분의 자료를 토대로 평균 추정치를 구했습니다." 또는 이와 같이 말한다. "우리 기업과 비슷한 120개 기업을 대상으로 조사한 결과를 보면 23%가 이런 종류의 사고를 겪었습니다."[18]

현실은 복잡해 확실한 정답을 아는 것이 불가능하지만, 적어도 자신의 분석에 대해서는 확신할 수 있다. 한 벤처투자자는 참석했던 사업설명회 중

마이크 베이커Mike Baker라는 젊은 기업가의 사업설명회가 가장 훌륭했다고 손꼽으며 이렇게 설명했다.

마이크는 온라인 광고 산업을 꼼꼼히 진단하고, 자신의 경험과 수많은 데이터에 기초해 산업이 어디로 나아갈지 전망했습니다. … 그는 관련 상황을 명확히 설명했어요. "제가 옳다면 이 산업은 믿기지 않을 만큼 가치 있는 분야가 될 겁니다. 물론 틀릴 수도 있어요. 그래서 위험이 따릅니다. 하지만 제 전망이 맞는다면 저는 이 계획을 실행할 능력이 있습니다. 이 기술을 잘 알며 또 기회를 붙잡기 위해 저와 파트너가 되려고 하는 사람들도 한두 명이 아닙니다."[19]

자신이 해당 주제에 대한 지식이 많고, 준비가 돼 있음을 보여주려고 얼마나 그 일을 확신하는지 과장할 필요는 없다. 앞서 언급했듯이, 벤처투자자 도어가 아마존에 투자하기로 마음먹은 이유는 베이조스가 '활기차게 계단을 껑충껑충 뛰어내려 오는' 모습을 봤기 때문이다. 물론 그 뒤로 이어지는 이야기도 있다. 도어는 기술에 해박한 베이조스에게도 깊은 인상을 받았다. 아마존의 일일 거래량을 묻자 베이조스는 자판을 몇 번 누르고 나서 막힘없이 답변했고 도어는 그 모습에 완전히 반했다.[20]

3. 계획이 있어야 한다

사람들이 불확실한 대답을 싫어하는 이유 중 하나는 앞으로 어떻게 행동해야 할지 몰라 당혹스럽기 때문이다. 불확실한 대답을 제시할 때는 계획이나 조언을 이어 사람들을 안심시키는 것이 좋다.

의사라면 불확실한 상황에서도 가장 효과적인 치료법을 선택하도록 환자를 돕거나 건강 상태를 예의 주시할 것이라고 말함으로써 환자를 안심시키는 것을 의미한다.

컨설턴트라면 계획을 세울 때 몇몇 중요한 요인을 정확히 규정하는 테스트를 설계하거나 종종 재평가 과정을 실시할 수 있도록 다단계 계획을 의뢰인에게 제시하는 것을 의미한다.

기업가라면 자신이 앞으로 하려는 사업에 투자하는 것이 좋은 베팅임을 보여줄 계획을 마련해야 한다는 뜻이다. 비록 성공하리라는 보장은 없더라도 도전하는 사업에 대해 스스로 확신에 차서, 다른 사람들이 자신 있게 투자해도 좋은 사업임을 설득할 수 있어야 한다. 1999년 CNBC 방송 인터뷰에서 베이조스는 아마존에 투자하는 것이 위험하다는 사실을 인정하면서도 그게 왜 괜찮은 베팅인지 이유를 설명했다.

미래를 예측하는 일은 지극히 어렵습니다. 그러나 제가 믿기로는 고객 경험, 다양한 선택지, 편의성, 저렴한 가격, 구매 결정에 필요한 정보를 더 많이 제공하는 일에 집요하게 매달린다면, 여기에 훌륭한 고객 서비스까지 제공할 수 있다면 ··· 성공할 가능성이 크다고 생각합니다. 그것이 우리가 하려는 일입니다.[21]

설득을 위해 성공을 과장할 필요는 없다

우울과 불안 증상을 겪는 사람들을 돕기 위한 앱을 개발하는 회사를 차린 친구가 있다. 그 친구는 자기확신의 정도를 현실에 일치하려고 애쓰며 확률적으로 사고하는 편이다. 새로 세운 회사가 성공 확률이 낮다는 사실을 그 역시 모르지 않았다. 친구의 현실적인 전망 때문에 직원과 투자자의 의욕을 높이는 일이 어렵진 않은지 물었더니, 그는 이렇게 답했다.

"아니, 사람들의 사기를 진작하는 방법은 많아. 거짓말을 하거나 성공 가능성을 부풀리는 방법으로 기운을 북돋울 필요는 없어."

그러면 무엇을 할 수 있는가? 야심 찬 포부를 제시할 수 있다. 당신이 실현하고 싶은 세계를 생생히 그려 보일 수도 있다. 이 일에 관심을 두는 이유가 무엇인지 진정성 있게 전달할 수도 있다. 친구는 회사를 소개할 때 정신건강 문제로 어려움을 겪는 사람들이 자사의 앱 덕분에 도움을 얻었다는 생생한 후기를 공유하는 것을 좋아한다. 이 방법은 모두 비현실적인 주장을 펼치지 않고도 사람들의 의욕을 높이는 효과가 있다.

유튜브에는 1997년 베이조스의 인터뷰 영상이 있다. 아마존을 설립하고 약 1년밖에 되지 않은 초창기 때의 희귀한 영상이다. (인터뷰를 시작한 기자가 던진 첫 질문이 이거였다. "그러면 자기소개부터 해볼까요?") 영상에서 인터넷 상거래의 미래에 대한 비전을 열정적으로 이야기하는 베이조스를 보면 투자자들이 왜 그의 열정에 전염되는지 이유를 알 수 있다.

정말이지 믿기지 않습니다. … 이것은 시작에 불과해요. 막 태어난 거예요. 전자상거래가 첫걸음을 뗐습니다. 우리는 아주 다양한 지역으로 진출할 것이고, 20세기 후반에는 다른 기업도 많이 뛰어들 겁니다. 이 시기에 살아 있다는 것이 굉장하지 않나요? … 지금으로부터 1,000년 뒤에 사람들은 과거를 되돌아보며 이렇게 말할 것 같습니다. '우와, 지난 20세기는 지구상에서 살아가는 것이 엄청나게 행운이었던 시기군요.'[22]

이것이 비전을 전달하는 연설이다. 확신과 열정이 넘친다. 베이조스는 자신이 창업한 회사가 확실히 돈이 되는 투자라거나 성공 가능성이 못해도 절반 이상이라며 과장할 필요가 없었다. 베이조스의 사업설명회에 참석한 후 투자자 톰 알버그Tom Alberg는 5만 달러를 투자하기 전에 한 친구와 의논하면서 이렇게 말했다.

"아주 위험한 사업이야. 하지만 제프는 진짜야. 확실히 영리한 친구지. 그 사업에 엄청난 열정을 품고 있어."[23]

이번 장에서는 과신하지 않고도 영향력을 미치는 3가지 주요 원칙을 다뤘다.

첫째, 자신만만하고 유능해 보이려고 100% 확신한다는 것을 피력할 필요는 없다. 사람들은 인지적 자신감을 얼마나 내세우는지 그 언어에는 큰 관심을 보이지 않는다. 대신 태도, 몸짓, 어조를 비롯해 사회적 자신감을 보이는 행동 단서에 주목한다. 사회적 자신감은 자기확신의 정도를 현실에 일치시키는 판단력을 희생하지 않고도 기를 수 있는 자질이다.

둘째, 의견을 불확실하게 표현하는 것이 꼭 나쁜 것만은 아니다. 그것은 불확실성이 우리 안에 있느냐 아니면 세상 속에 있느냐에 따라 다르다. 그 분야에 통찰력을 갖췄음을 보여주고 자신의 분석과 계획을 막힘 없이 설명한다면, 훨씬 더 전문가다운 인상을 줄 수 있다.

셋째, 성공을 과장되게 약속하지 않고도 의욕을 높일 수 있다. 성공이 보장된다고 주장하지 않아도 자신이 실현하려는 세계에 대한 청사진을 보여주고, 추구하는 사명이 중요한 이유라든지 앞으로 생산할 제품이 사람들에게 얼마나 도움이 되는지 보여줄 수 있다. 남들은 물론 자기 자신에게 거짓말하지 않고도 사람들의 의욕을 북돋울 방법은 많다.

'추구하는 목표가 무엇이든 거짓을 진실인 양 믿지 않고도 목표를 성취할 길이 있다는 것.'

이것이 7장부터 9장까지 세 장에 걸쳐 다룬 핵심 주제다. 행복해지려면, 동기를 부여하려면, 사람들에게 영향력을 미치려면 스스로를 속여야 한다고 주장하는 사람이 있거든 이제부터는 그를 의심의 눈초리로 바라보자. 목표에 도달하는 길은 많으며, 개중에는 자기기만을 통하는 길도 있지만 그렇지 않은 길도 있다. 후자의 길을 찾으려면 더 많이 자신을 점검하고 연습해야 하나, 장기적으로는 그럴 만한 가치가 충분히 있다.

이렇게 한번 생각해보자. 불량학생이 당신을 때리겠다고 계속 위협하며 점심값을 빼앗는다고 치자. 여기서 흔히 생각하는 선택지는 돈을 주거나 얻어맞거나 둘 중 하나일 것이다. 두 선택지만 들여다보면 돈을 주는 쪽이 정답일지도 모른다. 그래봤자 고작 몇 달러 아닌가. 확실히 눈이 시퍼렇게 멍이 드는 쪽보다는 나아 보인다.

그러나 그 틀에서 벗어나 장기적 관점에서 바라보면 과연 매번 돈을 넘기는 게 최선일까? 이보다는 맞서 싸우는 법을 배울 수도 있다. 아니면 불량학생이 현행범으로 잡히도록 계책을 쓸 수도 있다. 반을 바꾸거나 다른 학교로 전학하는 방법도 있다. 당장 눈앞에 보이는 선택지 중에 그나마 덜 나쁜 선택지를 고르기보다는 아예 판을 뒤집으면 더 나은 선택지를 찾을 수도 있다.

정찰병 관점과 전투병 관점에서 어느 하나를 선택해야 한다면 우리도 비슷한 상황에 처해 있다. 그 과정에서 현실을 정확하게 파악하는 능력을 희생하든지 아니면 자존심이나 의욕, 심리적 안정감 등에 타격을 입어야 한다. 이 조건을 그냥 받아들일 수도 있다. "좋아. 문제를 정확하게 보는 판단력을 희생하고, 대가를 치르지 뭐. 그럴 만한 가치가 있으니까." 또는 "아니, 그런 조건은 받아들일 수 없어"라고 말하고 대안을 찾을 수도 있다. 가능한 한 정확하게 현실을 파악하면서도 심리적으로 안정감을 유지하고 또 남들에게 좋은 인상을 심어주는 방법을 찾을 수 있기 때문이다.

PART 4

생각을 바꾸는
생각

" Chapter 10

틀리는 것도
방법이 있다

○○

정치과학자 필립 테틀록Philip Tetlock은 사람들이 지구상에서 일어나는 사건을 예측하는 능력을 평가하는 데 20여 년을 보냈다. 결과는 실망스러웠다. 이른바 전문가들도 무작위로 선택하는 쪽보다 더 나은 적중률을 보여주지 못했다. 테틀록의 유명한 말을 인용하자면, 평균적으로 전문가들의 "정확성은 다트를 던지는 침팬지 수준보다 나을 게 없었다."[1]

그러나 예외적인 사람들이 존재한다. 비록 소수지만 '이집트의 무슬림형제단이 선거에서 이길까?' 또는 '2013년에 적어도 1명의 사상자가 발생하는 폭력 사건이 남중국해에서 발생할까?' 같은 질문에서 뛰어난 예측력을 보인 사람들이 있다. 테틀록은 그들을 '슈퍼 예측가'라고 불렀다.

미국 국가정보국 산하의 정보고등연구기획국IARPA의 후원으로 열린 예측대회에서 슈퍼 예측가들은 최대 70%의 격차를 보이며 명문대 교수로 구성된 팀을 가볍게 꺾었다.[2] 사실 IARPA는 이들을 데리고 4년에 걸쳐 대회를 열 계획이었지만, 슈퍼 예측가들이 다른 참가자들과 너무 큰 격차로 좋은 성적을 거둬 2년 만에 다른 팀을 모두 탈락시켰다.

슈퍼 예측가들이 경쟁자를 압도한 것은 무엇 때문일까? 남보다 더 똑똑하기 때문은 아니었다. 지식이나 경험이 풍부하기 때문도 아니었다. 그들은 대부분 아마추어였다. CIA 전문 분석가들은 예측 주제와 관련해 기밀정보에 접근할 수 있는 데다 오랜 세월 쌓은 연륜에도 불구하고 아마추어에게 압도당했다. 오로지 구글 검색만 이용한 슈퍼 예측가들이 30% 차이로 CIA 분석팀을 꺾은 것이다. 슈퍼 예측가들이 정답을 내놓는 데 뛰어났던 이유는 역설적이게도 그들이 틀리는 일에 매우 능숙했기 때문이다.

조금씩 생각의 명도를 바꾼다

슈퍼 예측가들은 항상 생각을 바꿨다. 관점이 극적으로 바뀌거나 180도 반전하는 경우는 없지만 날마다 새 정보를 학습하면서 생각을 조금씩 수정한다. 가장 높은 점수를 받은 슈퍼 예측가인 소프트웨어 엔지니어 팀 민토Tim Minto는 보통 하나의 예측을 할 때 최소 10여 회, 많을 때는 40~50회 생각을 바꿨다. 다음 페이지에 보이는 그래프는 '2014년 4월 1일 기준으로 유엔난민기구에서 발표한 시리아 난민의 수가 260만 명까지 갈 것이다'라는 명제에 민토의 확신이 변화하는 정도를 나타낸다. 모든 점은 민토가 3개월에 걸쳐 자신의 예측을 수정한 횟수를 나타낸다. 그는 배를 모는 선장처럼 항로를 조금씩 수정하며 항해했다.

맥락에 따라 생각을 조금씩 바꾼다는 것은 이미 익숙한 개념이다. 이력

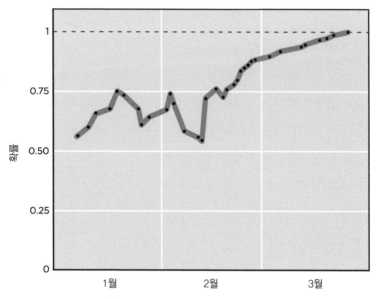

슈퍼 예측가의 생각이 바뀌는 과정

출처: Tetlock and Gardner(2015), 167쪽에서 인용.

서를 접수하면서 최종적으로 채용될 확률을 이를테면 약 5%로 추정한다고 치자. 회사에서 면접시간을 조정하는 전화가 걸려온 다음에는 추정치가 약 10%로 올라갈 것이다. 면접을 잘 봤다고 느끼면 확신이 30%까지 올라갈 것이다. 그러나 면접을 마치고 2주가 되도록 아무 연락을 받지 못한다면 확신은 20%까지 떨어질 것이다.

정치나 도덕, 기타 민감한 주제에 관한 의견에서는 확신의 정도가 이처럼 바뀌는 일이 드물다. 제리 테일러Jerry Taylor는 오랜 세월 미국의 기후변화 회의론자 중에서도 선봉에 선 사람이었다. 그는 자유주의를 표방하는 싱크탱크인 카토연구소Cato Institute에서 일했고, 토크쇼에 출연해 꽤 많은 돈을 벌며 기후변화에 대한 두려움이 과장됐다고 대중을 설득했다.

기후변화 회의론자인 테일러의 생각에 처음으로 균열이 생긴 것은 유명한 기후변화 옹호론자인 조 롬Joe Romm과의 화상토론에 참여한 이후였다.[3] 롬과 논쟁할 때 테일러는 자신이 즐겨 쓰는 논거 하나를 재차 강조했다. 기후변화의 암울한 미래를 예측한 사람들이 제시한 예상보다 지구온난화가 훨씬 더디게 진행됐다는 것이다. 이에 따르면 1988년 의회에서 나왔던 예측과 비교할 때 지구 기온은 상승하지 않았다.

롬은 녹화 후 무대 뒤에서 사실을 왜곡했다고 테일러를 비난하며 의회에 제시된 자료를 직접 확인해보라고 도발했다. 테일러는 자신의 주장이 옳을 것이라 예상하면서 도발에 기꺼이 응했다. 그런데 놀랍게도 롬의 말이 맞았다. 테일러가 인지하는 기후변화보다 1988년에 과학자들이 예측했던 그림이 현실과 더 가까웠다. 테일러는 뭔가를 놓친 게 틀림없다고 생각했다. 자료를 제공한 사람은 명망 있는 과학자로 기후변화 회의론자였다.

테일러는 당장 그를 찾아가 따졌다. "어떻게 된 거죠?" 실망스럽게도 과학자는 좋은 답변을 내놓지 못했고, 20분 동안 헛기침과 한숨으로 일관했다. 결국 테일러는 자신이 믿었던 사람이 진실을 알면서도 의도적으로 기후변화 논쟁을 왜곡했음을 깨달았다. 충격이었다.

이후부터 테일러는 기후변화 회의론자가 어떤 글을 인용할 때마다 그 사람이 참고한 자료를 철저히 확인했다. 그러나 질적으로 실망스러운 경우가 한두 번이 아니었다. 테일러는 환경 운동가보다 회의론자의 주장이 더 설득력 있다고 생각하면서도 회의론에 대한 확신이 점점 줄어들었다.

특히 중요한 신념과 관련해 자주 생각을 바꾸는 것은 지적으로나 정서적으로나 무척 부담스러운 일로 여겨진다. 하지만 반대의 경우를 떠올려보면 오히려 스트레스가 줄어드는 측면이 있다. 세상을 흑백논리로 본다면 신념에 반하는 증거를 접할 때 어떤 일이 일어나겠는가? 논쟁에서 지는 순간 너무 많은 것을 잃는다. 이때 우리는 상대측이 내놓은 반증을 무시할 방도를 찾아야만 한다. 그렇지 않으면 믿는 것이 전부 무너질 수 있기 때문이다.

세상을 흑백이 아니라 다양한 명도의 회색으로 바라볼 경우 생각이 바뀌는 것은 명도가 점진적으로 변하는 것을 의미한다. 그러면 자기 신념에 반하는 증거를 접하더라도 세상을 흑백으로만 볼 때와는 달리 충격이 크지 않을 것이다. 가령 우리가 이민 유입이 경제에 좋다고 80% 확신한다고 치자. 이때 이민 유입으로 임금이 낮아진다는 사실을 보여주는 연구 결과가 등장하면 확신 수준을 70%까지 조정할 수 있다.

나중에 연구의 결함이 밝혀지거나 이민 유입이 여러모로 경제를 부양한다는 사실을 보여주는 증거가 추가로 나온다면 확신 정도를 기존처럼 80%로 올리거나 그 이상으로 조정할 수 있다. 그게 아니라 이민 유입의 부작용에 관한 증거를 추가로 발견한다면 70% 이하로 확신을 조정할 수도 있다. 어느 쪽이든 각각의 조정 작업이 초래하는 위험은 비교적 크지 않다.

실수를 복기해 지적 무기고를 업그레이드하라

세상이 자신의 예상에서 벗어날 때 대다수 사람이 보이는 반응은 '여전히 내 판단이 옳다고 믿어도 되겠지?'라고 자문하는 것이다. 그리고 사람들은 대체로 이렇게 답한다. "그럼, 그래도 돼."

테틀록은 1980년대에 수많은 예측을 조사한 이래로 실패한 예측에 대한 수백 가지 변명을 들었다. 그 변명을 분석해 신념을 방어하는 7가지 전략으로 구분했다. 이 가운데 하나가 "내가 거의 맞혔다"는 변명이다.[4] 부시가 2000년 미국 대선에서 승리한 뒤 경쟁자인 앨 고어Al Gore의 승리를 확신했던 수많은 사람들이 그때 상황이 조금만 달랐어도 자신의 예측이 맞았을 것이라고 주장했다. '고어가 토론을 조금만 더 잘했더라면, 선거가 며칠 뒤에 열렸더라면, 제3당 후보가 조금만 융통성이 있었더라면.'*

슈퍼 예측가들이 자신의 실수를 대하는 모습은 전혀 다르다. 그들은 예측이 많이 빗나가면(어떤 일이 일어날 확률이 매우 높다고 예측했는데 실제로는 일어나지 않았거나, 어떤 일이 일어날 확률이 매우 낮다고 예측했는데 그 일이 발생했다면) 지난번 예측하기까지의 과정을 되돌아보고 재평가한다. '앞으로 예측력을 높이려면 여기서 어떤 교훈을 배울 수 있을까?' 예를 들어보자.

일본에서 야스쿠니 신사는 논란이 많은 곳이다. 한편으로는 일본의 전쟁 영웅이 묻힌 곳이고, 다른 한편으로는 1,000명이 넘는 일본의 전범이 묻힌 곳이다. 일본 정치인이 야스쿠니 신사를 참배하는 것은 중국과 한국처럼 과거 일본군에게 고통당했던 다른 국가의 뺨을 때리는 격이라 외교적 결례로 지적받는다. 2013년 IARPA의 예측 질문 중 하나가 '일본의 총리 아베 신조Abe Shinzo가 올해 야스쿠니 신사를 참배할까?'였다.

아베가 신사 참배를 계획한다는 소문이 있었지만, 슈퍼 예측가인 빌 플랙Bill Flack은 믿지 않았다. 아베가 자기 발등을 찍는 것은 외교적으로 실익이

•

물론 6장에서 살폈듯이 확신의 정도를 현실에 일치하도록 조정하는 예측가들도 때로는 그릇된 예측을 자신 있게 내놓을 때가 있다. 그러나 일반 예측가들은 스스로를 과신하는 경향이 있어서 자신의 생각보다 훨씬 더 자주 빗나간다.

전혀 없기에 말이 되지 않았다. 하지만 소문은 사실로 밝혀졌다. 플랙은 자신이 왜 잘못 예측했는지 이유를 자문하면서 깨달았다.

"질문은 '아베가 야스쿠니 신사를 참배할까?'였지만 나는 이 질문을 '내가 일본 총리라면 야스쿠니 신사를 참배할까?'로 바꿔 생각했다."[5]

슈퍼 예측가들이 틀린 문제를 복기하는 과정을 다른 사람보다 훨씬 즐기는 이유도 실수를 분석하는 시간을 자신의 예측력을 연마할 기회로 보기 때문이다. '세계 지도자들이 나와 똑같이 행동하리라고 전제하지 말 것' 같은 깨달음을 얻는 건 게임으로 치면 파워업 아이템을 얻는 셈이다. 이런 아이템으로 지적 무기고를 업그레이드하면서 더 영민하게 판단할 수 있게 된다. 슈퍼 예측가들은 대회 시작부터 다른 사람보다 예측 정확도가 높았고, 몇 개월이 지나면서 정확도는 더욱 올라갔다. 매년 슈퍼 예측가들의 평균 정확도는 대략 25% 증가했지만 다른 참가자들은 전혀 향상되지 않았다.[6]

깨달음을 삶 전체에 적용하라

과학 전문 기자인 브룩셔를 기억하는가? 4장에서 살펴본 브룩셔는 남성 과학자들은 자신을 '브룩셔 양'이라고 부를 확률이 높은 데 반해, 여성 과학자들은 '브룩셔 박사님'이라 부를 확률이 높다는 게시글을 올렸다. 하지만 전체 메일을 분석하고 나서 자신이 틀렸음을 깨달았다. 그냥 무시하고 지나갔어도 무방한 일일 테지만, 자기가 한 주장이 정말로 맞는지 확인한 것은 칭찬할 만했다. 그런데 이 노력이 과연 그녀에게 유용했는가?

예측가가 자신의 실수를 깨달으면 더 나은 예측가가 되는 데 도움이 된다. 투자자가 자신이 틀렸음을 깨달으면 더 나은 투자자가 되는 데 도움이 된다. 하지만 브룩셔의 경우에는 실수가 특정한 영역과 관련이 없어 보이는 데다, 실수를 깨닫더라도 어느 영역에서 판단력이 향상될지 모호하다. 그래서 언뜻 보면 "브룩셔가 자신의 실수를 알아차리는 것이 과연 유익했는가?"라는 질문에 대한 대답은 "아니요"로 보인다.

그러나 이는 실수를 알아차릴 때 얻는 크나큰 이점, 즉 인생 전반에서의 판단력을 향상할 기회를 간과하는 것이다. 자신이 틀린 것을 알아차렸을 때 브룩셔는 이유를 자문했고, 유력한 범인 2가지를 찾아냈다.[7]

하나는 '확증 편향'이었다. '이메일을 보낼 때 남성은 여성만큼 나를 존중하지 않으리라는 선입견이 있었다. 이 선입견을 확증하는 사례는 대부분 쉽게 떠올린 데 비해 선입견이 틀렸음을 보여준 증거는 모조리 망각했다'는 사실을 브룩셔는 깨달았다. 다른 하나는 '최신 편향'이었다. "나는 최근에 관찰한 것을 더 중요하게 여겼고, 과거에 관찰했던 것을 망각했다."

브룩셔가 깨달은 선입견과 2가지 편향은 단지 이메일에 보이는 젠더 편향과만 연관 있는 것이 아니다. 이런 깨달음은 정치적 예측이나 투자처럼 한 영역에 국한되지 않고 인생 전반에 적용된다. 세상이 돌아가는 방식이라든지 뇌가 움직이는 방식, 판단력에 영향을 미치는 편향 등은 모두 삶에 적용되는 배움이다. 다음과 같은 원칙이 이에 해당한다.

- 선별한 증거에 속기 쉽다.
- 어떤 사람이 어리석은 말을 하는 듯싶으면 내가 잘못 이해한 것인지도 모른다.
- 확신할 때도 내가 틀릴 가능성을 염두에 둬야 한다.

이미 다 아는 뻔한 원칙이라 생각할 수 있다. 그러나 어디서 읽은 기억으로 '그래, 나도 알아'라며 머리로 아는 것과 실제로 사고방식을 바꾸고 자기 것으로 내재화하는 것은 다르다. 브룩셔는 자신의 게시글이 사람들의 관심을 끌기 전에도 이미 확증 편향과 최신 편향에 관해 알았다. 과학 전문 기자로서 여러 편향에 관해 읽었고 모든 인간과 마찬가지로 자기 역시 편향에 취약하다는 사실을 모르지 않았다. 하지만 실제로 자신이 틀렸다는 사실을 알아차리고, 원인이 무엇인지 자문하고, 편향이 미치는 영향을 살피면서 이 지식을 직접 도출할 때 비로소 자기 것이 된다.

사소하거나 우연한 경험에서도 실수를 깨닫고 인생 전반에 적용되는 원칙을 배우기도 한다. 청소년 시절 나는 1960년대 후반에 미국에서 방영된 드라마 〈배트맨〉을 몇 편 시청한 적이 있다. 성인 남자들이 몸에 꽉 끼는 쫄쫄이 의상을 입고서 "홀리 라비올리, 배트맨!" 같은 말을 외치며 뛰어다니는 과장되고 우스꽝스러운 드라마였다. 1960년대 사람들은 너무 단순해서 자신이 보는 드라마가 얼마나 유치한지 알아차리지 못하는 거라고 그때 나는 생각했다. 그런데 나중에 오판했음을 알고 적잖이 놀랐다.

알고 보니 이 드라마는 유치한 캠프camp 스타일의 드라마로, 애초에 시청자들은 우스꽝스럽고 유치한 데서 재미를 느낀 것이다. "아하, 다른 사람들을 바보로 여긴 건 너무 성급한 판단이었어." 이 깨달음은 인생 전반에 적용되는 교훈으로 그때 이후 잊지 않고 있다.

이번 장에서는 정찰병이 대다수 사람과 다르게 오류에 접근하는 2가지 방식을 살폈다. 첫째, 이들은 시간이 흐르는 동안 점진적으로 자기 생각을 수정할 줄 알고 신념에 반하는 증거를 쉽게 수용할 수 있다. 둘째, 이들은 실수를 발견하면 올바른 답을 찾는 기술을 연마할 기회로 여긴다. 자신이 틀렸다는 사실을 깨닫는 경험은 그저 괴로운 일이 아니라 소중한 기회다.

잘못을 대하는 관점 중에 또 하나 살펴볼 것이 있다. 이 관점에서는 '틀렸다'는 게 과연 무엇을 의미하는지부터 근본적으로 생각이 다르다.

내 잘못이야 vs. 정보의 업데이트

내 친구 앤드루는 그가 틀린 사실을 절대 인정하지 않는다고 한 동료가 비난하자 깜짝 놀랐다. 이에 앤드루는 자신이 틀린 것을 흔쾌히 인정했던 최근의 사례 2가지를 곧바로 언급했다.

그 동료의 이름을 마크라 부르겠다. 이번에는 마크가 놀라서 답했다. "그래요, 맞아요. 그런데 왜 나는 정반대로 인상이 남은 걸까요?" 마크는 잠시 침묵하며 생각에 잠겼다. 그러고는 이렇게 말했다. "있잖아요. 그건 당신이 틀렸는데도 전혀 부끄러워한 적이 없기 때문이에요. 마치 아무 일도 아닌 듯 반응하니까 잘못을 인정했다는 사실이 기억에 거의 안 남은 거죠."

사실이다. 나 역시 앤드루가 자신이 틀렸다고 인정하는 모습을 여러 번 봤는데 늘 이런 식이었다. "아, 네. 당신이 맞아요. 아까 제가 한 말은 잊어요. 이제 그 말은 저도 안 믿어요." 참으로 무덤덤하고, 유쾌하고, 솔직하다.

마크는 생각을 바꾸는 게 '부끄러운' 일이라고 전제했다. "내가 틀렸어"라는 말은 "내가 망쳤다"는 말이고, 뉘우침과 부끄러움을 담은 말이다. 아닌 게 아니라 우리는 틀린 판단을 내렸을 때 일반적으로 이렇게 반응한다. 자기 생각을 수정하는 일에 동의하는 내 지지자들조차 다음과 같이 조언하는 편이다.

"틀렸다고 '인정해도' 괜찮아."

마음은 고맙지만, 이런 조언이 상황을 개선하리라 생각지는 않는다. 인정하라는 말은 비록 일을 망쳤지만, 인간은 실수하기 마련이므로 용서받을 자격이 있다는 말과 다름없다. 이런 조언에는 '잘못 판단한 것은 곧 일을 망친 것'이라는 전제가 깔린다.

정찰병은 이 기본 전제를 거부한다. 새로운 정보를 알게 돼 새로운 결론에 도달한 것은 과거에 다르게 생각했던 당신이 틀렸다는 뜻이 아니다. 뉘우칠 일이 있다면 어떤 식으로든 부주의했을 경우뿐이다. 과정이 나쁘다는 사실을 당연히 알아차려야 했음에도 그러지 못하고 잘못 판단했는가? 또는 의도적으로 증거를 외면하거나 완강하게 저항했는가?

이 질문에 "그렇다"고 답해야 하는 경우가 때때로 있다. 나는 어느 유명 인사를 옹호한 적이 있다. 비평가들이 맥락 없이 그의 이미지를 나쁘게 만든다고 생각했다. 사람들이 비난하는 인터뷰를 한참 뒤에 시청하고 나서야 깨달았다. "아니, 잠깐만…. 비평가들이 정확히 인용했던 거잖아." 나는 이전에 한 말을 취소해야 했다.

그러나 대개는 판단이 틀렸다는 것이 곧 잘못을 저질렀다는 의미는 아니다. 판단이 틀렸다고 사과할 필요는 없다. 이때 적절한 태도는 자신을 방어하는 것도 아니고 겸허히 자신을 채찍질하는 것도 아니다. 그저 무덤덤하게 사실을 받아들이면 된다.

이런 태도는 정찰병이 자신의 판단이 틀렸을 때 사용하는 표현에도 반영된다. 정찰병은 흔히 '잘못을 인정한다'고 하지 않고 새로운 정보를 '업데이트한다'고 이야기한다. 이것은 '베이지안 업데이트Bayesian updating' 기법에 해당한다. 확률론에서 나온 전문 용어로, 새로운 정보를 알게 된 후에 확률을 수정하는 방식과 관련이 있다. 사람들이 일상에서 업데이트라는 단어를 사용하는 방식은 아주 정확하지는 않지만, 새로운 증거와 논증에 대응해 자기 생각을 수정할 때도 쓰인다. 이 표현이 어떻게 쓰이는지 보여주는 몇 가지 사례를 블로거들의 글에서 살펴보자.

- "유치원: 내가 틀렸다"라는 제목의 글에서, 정신과 의사 스콧 알렉산더Scott Alexander는 객관적인 사실을 파악한 후 헤드 스타트Head Start 같은 유치원 프로그램이 장기적으로 미치는 효과를 훨씬 낙관적으로 바라보게 됐다. "헤드 스타트가 얼마나 쓸모없는 프로그램인지에 관해 내가 글을 썼는지는 기억이 나지 않지만, 그렇게 생각했던 것은 분명하다. 그런데 사실은 이와 다름을 알게 됐고, 내가 알고 있던 정보를 대폭 업데이트했다."[8]
- 연구가 벅 슐레저리스Buck Shlegeris는 혹평을 들은 경험을 기술하며 이렇게 말한다. "처음에는 그들의 비판을 수긍하는 방향으로 꽤 많이 업데이트했지만, 그 문제로 사람들과 대화를 나누고 성찰하는 데 10시간을 더 보내고 난 후에는 오히려 본래의 견해대로 다시 70%가량 업데이트했다."[9]
- 소프트 엔지니어이자 프로덕트 매니저인 데본 주겔Devon Zuegel은 그녀의 블로그 글을 절대 변치 않을 의견으로 보지 말고 '업데이트 도중에 포착한 사고의 흐름' 정도로 볼 것을 독자들에게 권면한다.[10]

꼭 이렇게 표현하라는 말이 아니다. 하지만 생각 바꾸기를 '자신이 틀렸음을 부끄럽게 시인하는' 행위가 아닌 그저 새로운 정보를 '업데이트'하는 관점으로 사고한다면, 생각을 바꾸는 과정에서 저항감이 대폭 감소한다. 업데이트는 주기적으로 일어나며, 조용하고 차분하게 진행된다. 심리적으로 긴장된 상태에서 행하는 고해성사와는 정반대의 행위다. 업데이트는 이전의 생각이나 판단이 실패였음을 전제하지 않고 그것을 더 좋게 또는 더 최신의 것으로 만드는 과정이다.

에밋 시어Emmett Shear는 세계 최대 규모의 라이브 스트리밍 플랫폼인 트위치Twitch의 최고경영자이자 공동설립자다. 그는 자신이 틀렸음을 인정하는 데 많은 어려움을 겪었다. 자존심이 몹시 상하는 기분이 들어 괴로웠다. 그러나 시간이 지나면서 이 문제를 처리하는 데 훨씬 능숙해졌다. 온순하고 겸손하게 변했기 때문이 아니라 틀렸다는 게 근본적으로 실패를 의미하지 않는다는 사실을 깨달았기 때문이다.

"나이가 들면서 틀린 판단을 내리더라도 마음이 훨씬 가벼워졌습니다. 틀린 것도 아니었어요. 그냥 새로운 정보를 업데이트한 것입니다. 새로운 사실을 알게 된 거죠. 그게 무슨 문제가 되겠어요?"

생각이 바뀌지 않는다면 뭔가 잘못된 것이다

데이비드 코먼 하이디David Coman-Hidy는 미국에서 유명한 동물권 비영리 단체인 휴메인리그Humane League의 수장이다.[11] 휴메인리그가 남다른 이유는 자신들이 조금이라도 틀릴 수 있다는 전제를 잊지 않기 때문이다. 새 직원이 단체에 들어올 때마다 코먼 하이디는 휴메인리그가 특정한 유형의 활동으로 규정되는 단체가 아니라고 설명한다. 그들은 특정한 투쟁이나 프로젝트 또는 전략에 얽매이지 않으며, 사명은 오직 밝혀진 사실에 따라 행동하는 것으로, 동물 복지에 가장 효과적이라고 밝혀진 방법이 무엇이든 그것을 실천에 옮긴다. 코먼 하이디는 이렇게 말했다.

"현재 하는 일을 5년이 지나서도 똑같이 하고 있다면, 우리는 실패한 것입니다. 지금 하는 것보다 더 나은 방법이 분명 존재할 겁니다. 우리 목표는 이걸 찾는 거죠."

더 나은 방법이란 때로 이전의 전략이나 대의를 바꾸는 것을 의미한다. 초창기에 휴메인리그는 동물실험에 연루된 과학자들 집 앞에서 피켓 시위를 벌이는 데 집중했다. 그러나 이 전략은 대중에게 소외돼 효과적이지 않으며, 최상의 시나리오를 가정한다 해도 구할 수 있는 동물의 수가 그리 많지 않다는 사실을 알게 됐다. 그래서 실험실 동물에서 공장식 축산 문제로 활동의 초점을 바꿨고, 미국 내 달걀 공급량의 95%를 생산하는 유니레버Unilever를 설득해 수평아리 살육 중단에 동의하게 만들었다(양계 업체들은 일반적으로 수평아리를 전부 그라인더에 넣어 죽이는데 수컷은 알을 낳지 못하기 때문이다). 이로써 수십억 마리의 닭이 고통스러운 죽음에서 벗어났다.

휴메인리그는 철저하게 실질적인 증거를 따르기에 설령 엄청난 노력을 이미 투입했더라도 효과가 없는 사업은 중도에 접기도 한다. 2014년에 그들은 '고기 없는 월요일'이라는 프로그램을 시범적으로 운영했다. 이 프로그램에 가입한 학교들은 일주일에 하루는 고기 식단을 없앴다. 초기 결과를 토대로 휴메인리그는 4개월 동안 전국의 학교가 이 프로그램에 가입하도록 대부분의 자원을 쏟아부었다. 하지만 후속 조사에 따르면 프로그램의 지속성이 떨어지는 것으로 밝혀졌다. 요리사 고용, 교육 프로그램 운영 등 엄청난 지원이 계속되지 않는 한 유지하기 힘들었다. 휴메인리그는 가성비 측면에서 좋은 전략이 아니라는 사실을 인정해야 했다.

"여러분, 잘했어요. 하지만 지금 하는 사업을 중단합니다. 이제는 전에 하던 일로 돌아갑시다."

우리가 틀릴 수 있다는 사실을 안다고 해서 이 지식이 마법을 부려 더는 실수하지 않게 되는 것은 아니다. 하지만 늦지 않게 기대치를 수정할 수 있고, 틀렸을 때 이를 받아들이기가 훨씬 쉬워진다. 코먼 하이디는 말했다.

"인간은 늘 자신이 옳다고 생각하려 들고, 자기가 하는 일이 항상 최선이며 무엇보다 우선해야 하는 중요한 일이라고 여긴다 … 내가 깨달은 바로는 그런 편향이 우리에게 있다는 사실을 자주 언급하면, 내 의견보다 더 나은 의견을 필연적으로 만날 때 받아들이기가 훨씬 쉬워질 것이다. 이 같은 경고를 듣는 동안 자신이 최선이 아닐지도 모른다는 두려움에 대처할 면역력이 생기기 때문이다."

내가 틀렸을지 모른다는 두려움에 대처하는 면역력을 키우고, 실수에 대응하는 새로운 자세를 기르는 데 이번 장이 도움이 됐기를 바란다. 자신이 틀렸음을 발견하는 것은 실패가 아니라 새로운 정보를 업데이트하는 것과 다름없다. 우리의 세계관은 살아 있는 문서며 당연히 갱신돼야 한다.

다음 장에서는 생각을 바꾸는 방법과 관련해 또 다른 중요한 열쇠를 살핀다. 틀렸을 때 어떻게 대응하면 좋을지 배웠으니, 이제는 혼란에 빠졌을 때 어떻게 대응하면 좋을지 배울 때다.

Chapter 11

혼란스러움을
호기심으로 변환하라

비탈 위의 너구리

○○

자, 앞에 있는 사진을 살펴보자. 사진 속 풍경이 전부 이해가 되는가? 왜 이렇게 묻는지 이해가 되지 않는다면 다시 한번 사진을 꼼꼼하게 들여다보기 바란다.*

아마도 당신은 이전의 수많은 사람들과 또 내가 사진을 처음 보면서 겪었던 일과 비슷한 경험을 하고 있을 것이다. '그래, 비탈에 너구리 두 마리가 있고, 그 위로 하늘이 보이는군.' 처음에는 이렇게 생각했을 것이다. 그런데 사진 오른쪽이 조금 이상하다. '저것은… 바위인가? 누군가 바위를 던졌는데 아직 땅에 떨어지지 않았나?' 이렇게 생각한 사람도 있을 것이다. 그

---

* 왼쪽 너구리의 얼굴에 검은 띠가 없다는 사실은 여기서 말하는 단서와 관련이 없다. 검은 띠가 없는 것은 너구리에게서 이따금 나타나는 특징이다.

러나 어딘가 딱 들어맞지 않는다. 조금 더 둘러보니 이번엔 훨씬 미묘한 단서가 눈에 들어온다. '바위 측면에 가느다란 흰 선은 뭐지?' 별안간 모든 것이 맞아떨어진다.

'저건 하늘이 아니야. 하늘이 수면에 비친 거야!'

바위는 땅으로 떨어지고 있는 게 아니라 수면 위로 모습을 드러낸 것이다. 우리는 비탈의 너구리들을 올려다보는 게 아니라 내려다보고 있다.

세상이 예상을 벗어날 때 반응하는 방식에 따라 생각을 바꾸는 역량도 결정된다. 너구리 사진에서처럼 간혹 호기심이 발동하면 관찰을 통해 기존의 현실 인식을 재고하기도 한다.

하지만 자신의 세계관과 충돌하는 일을 만날 때 사람들은 손쉬운 근거로 현상을 설명하고 대수롭지 않게 넘겨버리기 일쑤다. '아무도 나를 좋아하지 않는다'고 믿는 사람은 동료들이 초대할 때 '내가 불쌍해서 초대한 거야'라고 해석하며 대단치 않은 일로 치부할 것이다. '나는 훌륭한 교사야'라고 믿는 사람은 교사평가 점수가 낮게 나오면 '내가 학점을 짜게 주는 선생이라서 학생들이 화가 난 것뿐이야'라고 해석하며 대수롭지 않게 넘길 것이다.

자기 편한 대로 현실을 해석하는 것은 어느 정도는 불가피한 일이다. 현실을 인식하는 방식에 끊임없이 의문을 제기하면서 세상을 살아갈 수는 없는 노릇이다. 그러나 우리는, 특히 동기화된 추론에 빠지면 상충하는 사실을 억지로 끼워 맞추며 현실을 재고할 시점을 지나친다. 당연히 한 걸음 물러서서 '잠깐만, 지금 벌어지는 일을 내가 오해하는 건 아닐까?'라고 점검해야 할 지점을 한참 벗어나고 만다.

2차 세계대전 중에 발생한 한 사건을 보면 동기화된 추론이 초래한 비극이 잘 나타난다. 캘리포니아 주지사 얼 워런Earl Warren은 일본계 미국인들이 미국의 전쟁 노력을 방해하려는 공작을 꾸민다고 확신했다. 일본계 미국인들의 방해 공작을 입증할 증거가 여태껏 없다는 사실을 지적당하자, 워런은 도리어 이것을 의심을 굳힐 근거로 해석했다.

"증거 부족이야말로 상황을 전반적으로 살폈을 때 가장 불길한 징후로 봐야 한다고 생각합니다. 일을 터뜨리기 전에 우리를 일부러 안심시키는 전략에 속는 거라고 믿습니다."[1]

이번 장에서는 자기 이론에 들어맞지 않는 일을 겪을 때 이를 단박에 무시하고 싶은 욕구에 저항하는 법, 혼란을 그대로 수용하면서 너구리 사진의 공중 바위 사례에서처럼 각각의 미묘한 단서를 우리가 풀어낼 수수께끼같이 다루는 법을 배운다. 세상이 예상한 대로 돌아가지 않을 때 누군가에게 일어났던 몇 가지 사례를 살피고, 호기심이 어떤 차이를 만들어내는지 먼저 알아보자.

이론을 완성시킨 공작 꼬리의 수수께끼

"공작 꼬리에 달린 깃털을 볼 때마다 토할 것 같다!"[2]

다윈은 1860년 한 친구에게 보내는 편지에 이렇게 적었다. 《종의 기원》이 출판된 지 한 해가 지나고 세계적으로 뜨겁게 달아오른 진화론 논쟁에 다윈이 한창 몰두할 때였다. 그는 공작 꼬리만 봐도 토하고 싶다고 농담조로 이야기했다. 공작 깃털은 비록 아름답긴 하지만 다윈이 전문가로서 명성을 걸고 수십 년 동안 발전시켜온 이론을 위협하는 증거처럼 보였다.

다윈이 말하는 자연선택 진화에 따르면 동물의 생존에 유리한 형질은 살아남아 후대에 전달되지만, 생존에 불리한 형질은 점차 사라진다. 공작 꼬리는 색깔이 지나치게 화려하고 크기는 거대해 길이가 1.5m에 달한다. 이런 꼬리는 새의 몸무게만 늘려서 포식자로부터 도망갈 때 방해가 될 뿐이다. 그러면 꼬리는 왜 진화한 것인가?

다윈은 자신이 남보다 머리가 좋고 분석적이라고 여기지 않았다. 기억력은 저조한 편이었고 복잡한 수학적 논증을 따라가지 못했다. 그렇지만 이런 단점을 보완할 매우 큰 장점이 있다고 생각했다. 바로 현실이 어떻게 돌아가는지 알아내려 하는 강력한 호기심이었다. 기억나는 어린 시절부터 줄곧 다윈은 주변 세계를 명확히 이해하고 싶은 충동에 이끌려 살았다. 그는 동기화된 추론에 빠지지 않으려 자신이 '황금률'이라 부른 규칙을 따랐다.

… 공표된 사실이나 새로운 관측 사실 또는 새로운 사상을 접할 때마다 그것이 내가 아는 일반적인 결과에 반할 때, 나는 어김없이 곧바로 기록한다. 경험상 이런 것들은 선호하는 사실에 비해 기억에서 훨씬 쉽게 잊히곤 하기 때문이다.[3]

그런 다윈이었기에 공작 꼬리를 생각할 때마다 불안하면서도 궁금함을 참을 수 없었다. 어떻게 해야 이 문제를 자연선택 이론과 조화할 수 있을까? 다윈은 몇 년이 지나지 않아 흥미로운 실마리를 찾아냈다. 진화를 결정하는 동력은 자연선택만이 아니었다. 성선택 역시 못지않게 중요했다. 거대하고 화려한 꼬리 같은 일부 형질은 암컷에게 매력적이었다. 따라서 특정 종에서는 이 형질이 오래 살아남게 됐다는 것이다. 설령 생존 가능성에는 해가 되더라도 번식 가능성에는 유리했기 때문이다. 때로는 후자가 전자의 욕구를 압도한다.

그의 심기를 그토록 괴롭혔던 깃털이 역설적이게도 이론을 더욱 강화했다. 이 일뿐 아니다. 다윈은 이전에도 그랬다. 《종의 기원》을 집필하면서 자신의 이론을 반박하는 관측 사실을 가능한 한 모두 찾아내 이에 관해 깊이 성찰하고 대응해서 이론을 수정했다. 이 작업을 다 마쳤을 즈음 결과적으로 자연선택 이론은 더욱 탄탄해져 증거를 충분히 갖췄고, 초기에는 학계에서 맹렬한 반발이 있었지만 채 10년이 안 돼 학계 대다수가 다윈의 주장이 옳다고 확신했다.

예기치 못한 외계인의 공격에 맞서

〈스타트렉: 오리지널 시리즈〉의 첫 번째 시즌 16화에서 우주선 엔터프라이즈호의 셔틀정이 위험한 미지의 행성에 불시착했다. 지휘를 맡은 스팍이 계획을 세운다. 엔터프라이즈호 선원들이 몇 차례 경고 사격을 가하며 우월한 무기를 과시한다면, 외계인들이 화력에서 상대가 되지 않음을 깨닫고 후퇴하리라는 것이었다.

하지만 일은 계획대로 흘러가지 않았다. 외계인들은 엔터프라이즈호 선원들의 공격에 격분해 셔틀정을 공격했고 선원 2명을 살해했다. 우주선 전담 의사 매코이는 스팍의 실패한 계획을 질책했다.

매코이: 이런, 스팍. 외계인들이 계속 겁에 질려 있지는 않았군.

스팍: 매우 비논리적인 반응이야. 우리 무기의 우수성을 확인했으면 당연히 도망쳤어야 해.

매코이: 그들이 우리 역량을 인정했어야 한다는 뜻이야?

스팍: 물론이지!

매코이: 미스터 스팍, 그건 이성적인 사고가 필요해. 분노에 사로잡혀 감정적으로 대응하리라는 생각은 안 들었나?

스팍: 닥터, 외계인들이 예측 불가능한 행동을 보인 것은 내 책임이 아니야.

매코이: 전적으로 예측 가능했어. 감정을 지닌 사람이라면 누구나. 미스터 스팍, 자네도 인정하는 게 좋을 거야. 자네의 잘난 논리가 파멸을 불러왔어![4]

스팍처럼 논리적으로 사고하면 어떤 일이 일어나는지 보이는가?

'사람들이 죽는다.'

농담이다. 사실 스팍은 논리적이지도 않았다. 그는 자신의 기준에 비춰 마땅히 이렇게 생각해야 한다고 정해놓고 여기에 얽매여 사람들이 '실제로' 어떻게 생각하는지 주의를 기울이지 않았다. 짐작건대 스팍은 이 사건이 있기 오래전부터 벌칸이 아닌 자들과도 교류해왔고, 이들이 자기 생각과 다른 규칙에 따라 행동한다는 사실을 눈치챌 기회도 많았다. 어째서 이런 경험을 하고도 사람들의 행동을 예측하는 능력을 개선하지 못했을까? 어떤 사람이 예상을 벗어날 때면 그저 어깨를 으쓱하면서 "참 비논리적이군"이라고 말할 뿐 자신이 무엇을 놓쳤는지 이해하려 들지 않았기 때문이다.

10장에서 테틀록은 신념을 방어하는 7가지 전략을 분류했는데, 스팍이 대응하는 방식 역시 이 가운데 하나에 해당하는 전형적인 사례다. 이전 장에서 "내가 거의 맞혔다"는 변명을 살펴봤다. 스팍의 대응 방식은 테틀록이 말한 바에 따르면 "정치는 제멋대로 움직이는 구름 같다"는 전략에 해당한다. 예측 전문가가 확신에 차서 예측한 내용이 빗나갔을 때 그저 어깨를 으쓱하며 "원래 이런 건 예측이 불가능해"라고 변명하는 것을 말한다.[5] 이 말이 최신 정보를 업데이트한 결과로 불가지론을 확인한 거라면 변명이 아닐 것이다. 하지만 이 예측가가 다음번에 또 국제 정세를 예측한다면 변함없이 자신감 넘치는 모습으로 정치를 예측할 게 빤하다.

사람들의 행동을 정확하게 예측하고 싶다면, 그들이 예상에서 벗어날 때마다 대수롭지 않게 무시하는 것은 잘못된 대응이다. 스팍은 적이 반격을 결정했을 때 당혹감을 그대로 받아들이고 "내가 뭘 놓쳤지? 무슨 이유로 그들이 이렇게 행동하는 거지?"라고 물었어야 한다.

압도적으로 열세에 몰린 상황에서도 실제로 공격을 선택하는 사례는 많다. 학자들과 군사 전략가들은 그 이유를 오래전부터 철저히 분석했다. 정치과학자 브루스 부에노 드 메스키타Bruce Bueno de Mesquita는 1816년부터 1974년까지 국가 간 물리적 충돌 사례를 목록으로 만들고, 약한 국가가 더 강한 국가를 공격한 사례가 22%나 된다는 사실을 발견했다.[6] 약소국이 큰 도박을 감행했거나 동맹국의 지원을 받아 위험을 무릅쓴 사례도 있었다.

심지어 미치광이 전략도 있었다. 자신을 보호할 생각이 전혀 없으며 무슨 짓이든 할 수 있다고 믿게 만들어 이런 미치광이와 싸우는 건 너무 위험하다고 상대가 판단하기를 바라는 전략이다. 이와 같은 요인을 이해하는 일은 위험하게 허를 찔리지 않고 미래의 공격에 대비하는 데 중요한 차이를 만든다.

'미친 짓'이 흘린 단서

스팍의 사례를 언급한 것은 여기서 또 그를 비난하기 위함이 아니다(적어도 그 이유 때문만은 아니다). 다른 사람의 행동을 가리켜 어리석다, 비합리적이다, 미쳤다고 판단하고 싶을 때가 많지만, 이는 우리가 '어떤 사실을 놓쳤다'는 징후이기도 하다.

뛰어난 협상가들이 입을 모아 강조하는 게 있다. 재고할 가치도 없는 미치광이라고 상대를 단정 짓지 말라는 것이다. 그들의 행동이 우리를 혼란스럽게 할 때는 혼란을 그대로 수용하고 하나의 단서로 삼아야 한다. 단서를 따라가다 보면 대화를 풀어나가는 데 필요한 정보를 얻을 때가 많다.

하버드대학교 경영대학원 협상 전문가 맥스 베이저먼Max Bazerman과 디팩 맬호트라Deepak Malhotra는 저서 《협상 천재》에서 불만을 품은 전직 직원에게 고소당한 기업 임원의 사례를 기술한다. 직원은 자신이 해고를 당하기 전에 벌었던 13만 달러를 회사가 지급하지 않았다고 주장했다. 회사 측은 정산 후에 그 직원이 착오를 일으켰다고 판단했다. 지급할 돈이 한 푼도 없음을 보여주는 분석 결과를 보냈지만, 그는 소송을 포기하지 않았다.

맬호트라의 의뢰인이었던 임원은 전직 직원이 재판에서 이길 승산이 전혀 없으므로 그 사람의 행동이 지극히 비논리적이라고 생각했다. 맬호트라는 이렇게 말했다. "그가 회사 측 회계사를 신뢰하지 않을 가능성은 없나요?" 맬호트라는 임원을 설득해 회사 측과 무관하고 객관적인 제3의 회계사를 고용했고, 다시 정산한 뒤 결과를 전직 직원에게 곧장 보내도록 했다. 아니나 다를까 그는 소송을 철회했다.[7]

크리스 보스Chris Voss는 FBI의 국제 납치극 협상 전문가였다. 그는 협상 분야의 베스트셀러인 《우리는 어떻게 마음을 움직이는가》에서 혼란스러움을 그대로 수용하는 것의 중요성을 강조했다. "이해가 되지 않는 일('미친' 짓)을 보거나 들을 때가 바로 중요한 분기점"이라고 그는 말한다.

"처음에는 이해가 되지 않더라도 그 길로 더 힘차게 나아가라. 다른 길을 선택한다면 이는 실패가 보장된 길이다. 그 길에서는 어쨌든 협상은 쓸모없었다고 말하게 될 테니까."[8]

"이것 참 어색하네요"

누군가와 대화를 하는데 잘 풀리지 않는 모습을 그려보자. 이런 상황에 놓이면 어색하기 짝이 없다. 서로 하는 말을 이해하지 못하고 농담도 알아듣지 못한다. 껄끄러운 분위기에서 기나긴 정적이 흐르다가 둘 중 어느 한 사람이 화제를 바꾼다. 하지만 도무지 대화가 이어지지 않는다. 결국에는 상대가 "이것 참 어색하네요"라고 말한다.

당신은 이런 발언이 상황을 나아지게 한다고 생각하는가 아니면 악화한다고 생각하는가?

내게는 그 답이 자명하다. 어떤 사람이 "이것 참 어색하네요"라고 말한다면, 그 말로 상황은 더욱 어색해지고 나빠진다. 그래서 지인과 대화를 하다 상대방이 어색함을 지적했을 때 그 행동이 믿기지 않았다. 나는 속으로 생각했다. '이런 말을 왜 하는 걸까? 도리어 상황만 더 안 좋아진다는 걸 모르는 거야?'

페이스북 친구들에게 질문을 던져보기로 했다. 상황을 묘사하고 이렇게 물었다. 내가 누구인지 들킬 만한 정보는 제거하고 최대한 중립적으로 질문을 기술해 어느 쪽 견해를 지지하는지 사람들이 추측하지 못하게 했다.

"어떤 사람과 대화를 나누는데 상대가 분위기가 어색하다는 사실을 지적하면 당신은 기분이 나아지는가 아니면 더 어색해지는가?"

나는 사람들이 대부분 내 의견과 같으리라 확신했다. 하지만 내가 틀렸다. 놀랍게도 32명이 어색하다는 사실을 지적하는 것이 상황을 더 낫게 만든다고 말했고, 상황을 악화한다고 답한 이는 겨우 16명이었다. 투표 결과에 대한 내 첫 번째 반응은 현실 부정이었다. '더 낫다고 답한 사람들은 진심이 아닐 거야'라고 생각했다. '상황을 생생하게 그려보지 않은 사람들일 거야.' 하지만 이 설명은 만족스럽지 않았다.

너구리 사진을 보면서 "바위가 공중을 날아간다"고 말하는 사람처럼 상황에 잘 들어맞지 않는 말로 억지를 부리는 것 같았다. 이렇게 많은 사람이 특정한 방식으로 느낀다고 주장하는데, 그 말이 모두 진심이 아닐 수 있을까? 결국 나는 상황이 더 나아진다고 답한 32명 가운데 한 사람과 대화를 나눴다. 내가 그의 답변에 놀란 것과 마찬가지로 그는 오히려 내 답변에 놀랐다. 나는 이렇게 설명했다.

"이런 거죠. 어떤 사람이 어색하다는 걸 지적하면, 나는 그 즉시 분위기를 원만하게 만들 방도를 찾아야만 하는 압박을 느껴요. 그런데 이미 분위기를 풀려고 애쓰고 있었거든요. 그 말을 꺼내는 건 문제 해결을 재촉하는 느낌이고 오히려 압박감을 더하는 거예요."

그는 믿기지 않는다는 어조로 물었다.

"아니, 대화를 부드럽게 풀어나가는 일이 어째서 당신 책임이라고 생각하세요?"

나 역시 똑같이 놀라며 되물었다.

"아니, 책임을 느끼는 게 당연하지 않나요?"

나는 대인관계에서 사람들이 겪는 내적 경험이 서로 얼마나 다른지 과소평가했다는 사실을 깨달았다. 이를 계기로 누군가의 행동이 무례하고, 경솔하고, 비논리적으로 느껴질 때 전과는 다른 방식으로 대응하게 됐다. 전에는 짜증을 내며 그런 사람이라고 단정 짓고 말았다면 지금은 상황을 다르게 해석할 가능성을 열어두고 어째서 상대는 다르게 인식하는지 호기심을 느낀다.

런던동종요법병원의 미스터리

1850년대의 런던은 살기 끔찍한 곳이었다. 몇 년마다 콜레라가 창궐해 하루아침에 수백, 수천 명이 목숨을 잃었다. 건강하던 사람들이 가벼운 복통을 알아차리고는 고작 며칠 사이 심지어 몇 시간도 안 돼 주검으로 발견됐다.

정부는 과학자들로 위원회를 구성해 런던 내의 병원들을 조사하고, 의사가 이 질병을 어떻게 치료하는지 추적하며, 어떤 치료법이 더 효과적인지 모색했다. 결과는 그리 고무적이지 않았다. 병실에서 치료받은 콜레라 환자들의 사망률이 46%인데, 전혀 치료받지 못한 콜레라 환자들의 사망률보다 나을 게 없었다. 아편, 백악, 피마자유를 이용하는 표준 치료법들 모두 별반 차이가 없어 보였다.

그러나 의도적으로 조사에서 제외한 병원이 하나 있었다. 런던동종요법

병원London Homeopathic Hospital은 당시 새롭게 유행하던 동종요법(인체에 질병 증상과 비슷한 증상을 유발해 치료하는 방법)의 매력에 끌린 부자들이 기금을 마련해서 개원한 몇 년 되지 않은 작은 병원이었다. 동종요법은 19세기 주류 의사들의 분노를 샀는데, 이는 오늘날에도 마찬가지다.

동종요법의 핵심 이론은 약효가 있는 물질을 희석하고 희석해 겉으로 봤을 때 순수한 물의 형태로 만들어도 그 약물이 원래 지니는 영험은 사라지지 않을 뿐 아니라 약효가 더 강해진다는 것이다. 과학적 감각을 완전히 무시하는 주장이었다.

위원회로서는 충격적이고 골치 아픈 일이지만 런던동종요법병원에서 보고한 콜레라 사망률은 겨우 18%에 불과했다. 주류 병원 사망률의 절반도 안 되는 수치였다. 위원회는 런던동종요법병원의 데이터를 조사 대상에서 제외하기로 했다.[9] 어쨌든 동종요법은 헛소리가 아닌가! 그 데이터를 포함하면 조사 결과를 혼란에 빠뜨릴 뿐이었다. 또한 과학과 이성을 모독하는 행위가 될 터였다.

너무나 유감스러운 결정이었다. 당시 위원회가 이 놀라운 데이터를 숨기지 않고 조사했더라면 의학 역사는 일찌감치 더 나은 방향으로 발전했을 것이다. 동종요법병원이 치료에 성공한 것은 사실이며, 환자들의 병이 나은 건 동종요법 자체와는 아무런 관련이 없었기 때문이다.

알고 보니 동종요법 주창자들은 콜레라를 치료할 2가지 열쇠를 우연히 발견했다. 첫째로 위생의 중요성이다. 그들은 의사에게 환자의 담요를 재사용하기 전 소독하게 했다. 둘째로 콜레라 환자에게 유청을 마시라고 권했는데 이것이 환자의 체액과 전해질을 보충하는 데 도움이 됐다. 현재 경구용 재수화 용액으로 불리는 치료법의 초기 형태다. 이는 1960년대가 돼서야 콜레라 표준 치료법으로 정착한다.

2가지 권고사항 모두 동종요법 원리와는 관련이 없다. 환자의 상태를 호전시킬 방법을 생각하다가 대충 감으로 한 시도가 운 좋게 맞아떨어졌을 뿐이다. 위원회가 동종요법병원의 놀라운 성과를 궁금하게 여겼더라면, 직관에 따른 조치가 수십 년 먼저 콜레라 치료법으로 정착돼 수백만 명의 목숨을 구했을 것이다.

콜레라 사례야말로 놀랍고 혼란스러운 수수께끼를 관찰했을 때 일어나는 결과를 보여준다. 이 경우 우리는 어떤 교훈을 얻을지 미리 알 수 없다. 사람들은 오직 2가지 가능성만 존재한다고 전제하기 일쑤다. '내가 옳아' 아니면 '저 친구가 옳아'처럼 말이다. 후자가 말이 되지 않는 듯싶으면 기본적으로 전자를 선택한다. 그러나 알려지지 않은 미지의 것, 즉 숨겨진 '선택지 C'가 존재할 때가 많다. 그 길을 알게 되면 예상치도 못한 방식으로 우리가 바라보는 세상이 풍요해질 것이다.

지금까지 살펴본 사례는 모두 하나의 수수께끼를 관찰할 때 그 결과가 어떻게 세계관을 바꿀 수 있는지 보여준다. 그러나 대개는 여러 수수께끼를 관찰한 결과가 차곡차곡 쌓일 때 비로소 시각이 바뀐다. 이른바 '패러다임 전환'이다. 비즈니스 분야에서 남용되는 패러다임 전환이라는 말은 접근법의 크나큰 변화를 (요즘에는 작은 변화에 불과한 것을 크나큰 변화로 포장할 때 더 많이 쓰이는 경향이 있지만) 지칭한다. 이 용어는 본래 철학자 토머스 쿤Thomas Kuhn이 《과학혁명의 구조》에서 과학이 발전하는 특정한 방식을 지칭할 때 사용됐다.

패러다임 전환은 핵심 신념, 곧 모든 사람이 사실로 받아들이는 패러다임에서부터 시작된다. 기존 패러다임에 맞지 않는 듯싶은 변칙적인 현상이 출현하고 사람들이 주목한다. 처음에 과학자들은 대수롭지 않은 예외나 실수로 여긴다. 아니면 기존 패러다임을 조금씩 수정하며 새로운 관찰 결과를 수용한다. 그러나 변칙 현상이 누적될수록 과학자들은 더욱 혼란에 빠지고 결국 누군가는 이 모든 것이 이해되는 새로운 패러다임을 개발한다.

인생에서 경험하는 패러다임 전환도 과학에서 일어나는 패러다임 전환과 다르지 않다. 당장은 어떻게 설명해야 하는지 몰라도, 또 기존 패러다임에 크게 잘못이 없어 보여도 어쨌든 변칙 현상을 인정해야 한다. 어쩌면 이런 현상은 아무것도 아닐 수 있다. 그저 현실이 그만큼 복잡하다는 사실을 보여주는 것일지도 모른다. 하지만 어쩌면 우리의 관점을 완전히 바꿀 대전환이 시작되는 것일지도 모른다.

패러다임 전환이 일어날 때

도나가 화장품 회사인 로단앤드필즈Rodan + Fields의 채용담당자를 만난 것은 20대 초반 레스토랑에서 일할 때였다. 그 사람은 도나에게 독립 사업자로 화장품을 외판할 생각이 있는지 물었다. 때마침 도나에게 꼭 필요했던 메시지였다. 레스토랑 일이 마음에 들지 않았지만 달리 무엇을 해야 할지 몰라 별 의욕도 없이 지내던 터였다. 게다가 도나가 사는 작은 동네에는 미래를 꿈꿀 채용 기회란 것이 존재하지 않았다. 개인 사업자가 돼 자기 자신을 위해 일한다고 생각하니 근사했다. 도나는 계약을 체결했고, 그들이 강권한 대로 로단앤드필즈에 1,000달러를 지불한 후 영업 비법을 비롯한 창업 지원 상품까지 구매했다.

당시에는 로단앤드필즈가 사실은 암웨이Amway와 허벌라이프Herbalife 같은 다단계 마케팅 회사임을 도나는 알지 못했다. 다단계 회사에서 성공하는 길은 더 많은 판매자를 끌어들여 자기 밑에 두고 그들이 벌어들이는 수익 일부를 챙기는 것이다. 다단계 특성상 한 사람이 성공하면 그 밑에는 실패한 수많은 이들이 있다. 다단계 세계의 계산법은 잔인하다. 연방거래위원회에서 조사한 바에 따르면, 다단계 회사와 계약한 사람들의 99%가 일을 시작할 때보다 더 가난해졌다(게다가 일에 투자한 많은 시간도 쓸모가 없다).

이 사실을 알지 못했던 도나는 새 일자리에 전력을 다했다. 수백 명의 지인을 찾아가 로션과 크림을 팔려고 애썼다. 페이스북에도 광고를 올렸다. 성공적인 영업 비밀을 가르쳐준다고 약속하는 교육 영상을 로단앤드필즈에서 더 많이 사들였다. 하지만 매출 실적은 상위 판매원(그녀를 고용한 여성)이 자기 몫을 챙기고 나면, 회사에서 구매한 제품 비용을 메꾸기에도 부족했다.

도나는 혼란스러웠다. 홍보 자료에 따르면 어렵지도 않고 자유롭게 할 수 있는 일이었는데 전혀 그런 기분이 들지 않았다. '이 일을 하면 자립에 성공한 기분이 들어야 하는 것 아닌가?' 그녀는 당황했다.[10] 이해가 되지 않아 혼란스러운 일은 또 있었다. 교육 영상을 시청하는데 유용한 정보가 하나도 없었다. 그리고 동료 여성 판매원들이 이야기하는 현실과 자신이 경험하는 현실 사이에는 불쾌하게도 괴리가 너무 컸다. 갓난아이를 키우는 로단앤드필즈의 몇몇 여성 판매원들은 육아와 일을 성공적으로 병행한다고 열변을 토했다. 하지만 신생아를 돌본 적이 있었던 도나는 그들이 어떻게 육아와 사업을 동시에 하는지 이해가 안 됐다.

도나의 상위 판매원은 시스템이 정상적으로 돌아간다며 안심시켰다. 실패한다면 부단히 노력하지 않은 탓이라는 말도 들었다. 변칙 현상은 쌓여갔지만 도나는 어떻게든 시스템이 정상적으로 돌아간다는 패러다임에 끼워 맞춰보려고 노력했다. 어쨌거나 로단앤드필즈는 수많은 저명인사가 광고에 등장해 보증하지 않는가. '이 사업은 합법적일 거야, 그렇지?' 도나는 우울했지만 자신을 탓했다. "일단 요령을 더 터득하거나 직급이 높아지면 어째서 그런지 알 수 없는 것들을 확실히 이해할 수 있으리라 생각했다"고 그녀는 말했다.

그러다가 패러다임 전환이 일어났다.

넷플릭스Netflix를 검색하던 도나의 눈에 〈사이언톨로지와 그 여파Scientology and the Aftermath〉라는 제목의 방송이 눈에 띄었다. 리아 레미니Leah Remini라는 여배우가 직접 출연하고 제작한 다큐멘터리 시리즈였다. 이 시리즈에서 레미니는 사이언톨로지 교인으로 지내면서 당한 성희롱과 성폭력을 증언했고, 과거 사이언톨로지 교인이었던 이들을 인터뷰하며 (자신이 겪은 것과 유사한) 그들의 경험을 경청했다.

도나는 시리즈의 소개글을 읽으면서 단순히 '오, 이거 재밌겠는데? 정신 나간 종교잖아'라고 생각했다. 하지만 영상을 시청하며 뜻밖의 사실을 자각했다. 사이언톨로지 지도자들이 이야기하는 방식과 피라미드 구조의 조직, 이는 마치 화면 밖에서 지난 1년간 벌어진 자기 자신의 인생극장을 보는 기분이었다.

도나는 로단앤드필즈에서 혼란스러웠던 여러 현상을 되돌아봤다. 그들이 약속한 손쉽고 재미난 일자리와 어떻게든 수익을 내려 발버둥 쳐야 했던 현실의 괴리. 회사의 지원 부족. 신생아를 키우면서도 사업 수익을 낸다는 도무지 믿기지 않는 주장들. 그런데 새로운 패러다임, 즉 '이 조직이 나를 착취하고 있다'는 관점에서 보자 모든 변칙 현상이 이해됐다.

일단 의심이 생기고 나니 다단계 회사에 관한 진실은 물론, 자신처럼 다단계 회사에서 부지런히 일했지만 결국 부채만 떠안은 사람들의 수많은 증언을 인터넷에서 발견하기까지는 그리 오래 걸리지 않았다. 무슨 일이 벌어진 것인지 깨달은 도나는 울음을 터뜨렸다. 자신은 겨우 2,000달러와 인생에서 1년이라는 시간을 잃었을 뿐이지만, 도나가 접한 사연을 보면 피해가 훨씬 심각할 수도 있었다.

엉성한 관찰자의 눈에는 도나가 생각을 바꾼 것이 갑작스러운 일처럼 보일 터였다. 어느 날 열성적인 신도가 됐다가 또 어느 날 모든 게 거짓임을 깨달은 것처럼 보일 수 있다. 하지만 갑작스러운 생각의 변화가 일어나기까지는 수개월에 걸쳐 기초 작업이 진행됐다. 어쨌든 시스템이 정상적으로 돌아간다는 패러다임을 붙들고 있었을 때도 도나는 동시에 변칙 현상에 주목했다. 이는 기존의 패러다임 속에서는 설명하기 어려운 현상으로 그녀의 표현을 빌리자면 '어째서 그런지 알 수 없는 것들'이었다.

다단계 회사에서 빠져나오느냐 아니면 오랜 세월 헤어나지 못하느냐를 결정짓는 중요한 요인은 바로 여기, 변칙 현상에 있다. 우리가 경험하는 여러 현상이 예상과 다르게 진행될 때 이 사실을 알아차리는가? 변칙 현상에 대한 해명이 억지스러울 때 이를 알아차리는가? 혼란스러움을 느낄 때 감정을 즉시 떨쳐내려 하지 않고 직시하는가?

다단계에 빠진 많은 이들은 적극적으로 의심을 억누르는데, 여기에는 다른 이유도 있겠지만 부정적으로 사고하면 실패할 것이라는 관리자의 경고를 들으며 일하기 때문이다. 매달 손해를 보면서도 '이상하다. 종일 일하는

데도 마이너스네'라고 생각하면 안 된다. 그게 아니라 '아무래도 노력이 부족한 것 같아'라고 여겨야 한다. 문제의 징후가 쌓여도 그들은 매번 이런 식으로 어렵지 않게 해답을 찾곤 한다.

의사결정 전문가 게리 클라인Gary Klein은《인튜이션》에서 이런 식의 문제 해결을 나쁜 의사결정의 3가지 원인 중 하나로 꼽는다. 그는 이것을 '최소화 오류de minimus error'라고 부른다. 관찰 결과와 이론 간의 불일치를 최소화하려는 시도다.[11] 의사가 자기 진단에 부합하지 않는 각각의 증거를 단순히 우연한 일로 해명하거나 무시할 때 그는 자신이 틀렸다는 사실을 결코 깨닫지 못한다. 전투 중 적의 새로운 움직임을 잘못 해석해 그들이 퇴각한다는 패러다임에 맞출 수도 있는데, 이렇게 되면 적군이 대오를 재정비한 것에 불과하다는 사실을 한참 후에야 깨닫는다.

의사결정을 내리는 사람이 한 걸음 물러서서 모든 변칙적인 현상을 한꺼번에 관찰할 수 있다면 패러다임이 틀린 것을 분명히 알아봤을 것이다. 하지만 변칙적인 현상을 만날 때마다 이런저런 이유로 합리화하며 문제를 해결하면 혼란이 쌓이고 쌓여 결국 정체를 포착할 기회를 얻지 못한다.

상충하는 사실을 조금이라도 발견하면 즉시 기존 패러다임을 버리고 정반대 관점으로 넘어가야 한다는 말이 아니다. 뛰어난 의사결정자들은 상충하는 사실을 기존의 이론 속에서 이해하려고 시도하면서도 '이번에 포착한 사실은 내 이론에 조금(또는 많이) 들어맞지 않는다'고 머릿속에 기록한다. 기존의 이론이 자주 들어맞지 않는 경우가 생기면, 무슨 일이 벌어지는지 확실히 이해하지 못했음을 인정하고 다른 방식으로 설명하는 방안을 고려해야 한다. 클라인과 협업한 마빈 코헨Marvin Cohen 교수는 용수철 비유를 들어 설명한다.

"의사결정자가 상충하는 사실을 발견한 후 그때마다 쉽게 해명하고 넘어가는 것은 마치 용수철을 늘리는 것과 같다. 용수철은 한 번 늘어났다가 다시 원상태로 돌아간다."[12]

명쾌하게 이해하지 못한 변칙 현상을 합리화하는 건 쉽다. 그러는 대신 기존 패러다임의 결함과 모순을 인지한 채로, 언젠가는 그 패러다임의 오류를 인정하고 폐기해야 할 가능성을 열어두면서, 기존 패러다임 아래 움직이는 일은 까다로운 기술이다. 변칙 현상을 모두 해결할 수 있는 하나의 패러다임에 끼워 맞추고 싶은 유혹을 느끼겠지만, 조급하게 굴지 말고 혼란스러움을 (며칠, 몇 주, 아니 몇 년이고) 기꺼이 껴안아야 한다.

변칙 현상을 수집하라

1990년대 후반이나 2000년대 초반에 미국에서 기독교인으로 자란 사람들은《노 데이팅》이라는 책이 책장에 꽂혀 있었을 가능성이 크다. 목사의 아들인 조슈아 해리스Joshua Harris가 21세에 썼던 책으로 미래의 배우자를 배려해 결혼 전 데이트를 삼가고 순결을 지킬 것을 권장했다.

이 책이 100만 부 넘게 팔리면서 해리스는 단번에 유명해졌다. 하지만 2010년대에 들어서자 청소년 시절에 책의 교훈을 마음에 새겼다가 인생을 망쳤다고 불평하는 독자들의 목소리가 (이제는 목사가 된) 해리스의 귀에 들려왔다.

한 여성은 "당신의 책은 나를 해치는 무기가 됐다"고 트위터에 글을 올렸다.[13] 또 다른 여성은 "나처럼 성관념이 망가진 남자 말고는 짝을 찾지 못할 것 같은 기분이 든다"고 말했다. 새신랑이 된 독자 한 사람은 이렇게 썼다. "당신 책에서 혼전순결 개념을 배운 후로 성행위가 더러운 짓이 됐다. 지금도 아내와 친밀한 교감을 나눌 때면 죄짓는 기분을 떨쳐낼 수가 없다."

처음에 해리스는 인터넷에 올라오는 비평을 보며 그저 비방을 일삼는 자들의 짓이라고 무시했다. 그러나 동창들도 비슷한 이야기를 꺼내며 해리스의 책이 삶에 부정적 영향을 끼쳤다고 털어놨다. 그렇게 되자 더는 현실을 부정할 수 없었다. 친구를 비방을 일삼는 치로 무시해버릴 수는 없었다. 동창들의 증언은 말하자면 변칙 현상이었고, '내 책에는 틀린 말이 없다'는 패러다임으로는 이 일을 설명하기 어려웠다. 2016년에 해리스는《노 데이팅》과 관련한 자신의 의구심을 대중과 나눴다. 그러나 기자들이 명확한 입장(책의 주장을 공개적으로 부정하는지 여부)을 내놓으라고 압박하자 해리스는 이의를 제기했다.

"제 생각을 발표하기 전에 사람들이 어떤 생각을 하는지 먼저 들어야 합니다. 아직 모든 해답을 찾지 못했습니다."

해리스의 이야기가 어떻게 끝나는지는 잠시 후에 살펴보도록 하자. 지금은 잠깐 혼란스러운 채로 놔둘 것이다. 이는 우리 모두가 익혀야 하는 기술이기도 하다.

혼란스러움을 그대로 수용하는 자세는 세상을 바라보는 기존의 관점을 뒤집어보는 것을 의미한다. 기존의 이론과 상충하는 관찰 결과를 그냥 외면하는 대신 호기심을 갖고 지켜본다. 사람들이 예상을 빗나갈 때 비논리적이라고 무시하는 게 아니라 그 행동이 그들에게는 합리적인 이유를 자문하는 태도다. 수수께끼 같은 현상을 기존의 이론에 억지로 끼워 맞추기보다 이를 단서 삼아 새로운 이론을 풀어 써야 한다.

정찰병은 세상을 헤쳐나가며 접하는 변칙 현상을 퍼즐 조각으로 바라보면서 수집한다. 처음에는 무엇을 해야 할지 감이 오지 않을 것이다. 그러나 조각들을 차곡차곡 모으면 이전보다 훨씬 더 넓고 깊게 세상을 이해할 수 있다. 아이작 아시모프Isaac Asimov는 이런 말을 했다.

　"과학에서 가장 흥분되는 말은, 곧 새로운 발견을 알리는 말은 '유레카'가 아니라 '거, 참 희한한 일이네'다."

" Chapter 12

반대 의견으로부터
교훈을 얻는 법

표현은 조금 다르더라도 다음과 같은 말을 들어본 적이 있는가?

"복도 맞은편에 사는 사람들의 말을 들어보는 것이 중요하다! 반향실*에서 나오라! 필터버블(filter bubble, 이용자의 관심사에 맞춰 필터링된 인터넷 정보 때문에 편향된 정보에 갇히는 현상)에서 벗어나라! 그래야 시야가 넓어지고 생각이 바뀐다."

듣기 좋은 조언이다. 좋은 뜻으로 건네고, 또 좋은 뜻으로 열심히 고개를 끄덕이며 맞장구칠 만한 그런 조언이다. 다만 이와 관련해서 감추고 싶은 흠이 하나 있는데, 바로 이 조언이 별로 효과가 없다는 것이다.

●
소리를 메아리처럼 되울리게 만든 방으로, '반향실 효과'란 비슷한 성향의 사람들끼리만 정보를 공유해 특정 주장이나 신념이 돌고 도는 현상을 말한다. – 옮긴이

반대 의견을 경청하지 못하는 이유

　선의로 이런 조언을 건네는 사람들도 실은 그게 효과가 없다는 사실을 알고 있을 거라고 생각한다. 자신과 세계관이 전혀 다른 사람들과 페이스북에서 크게 의견이 충돌했던 경험이 다들 있을 것이다.

　낙태에 관한 우리의 관점이 부도덕하다거나 우리가 지지하는 정당이 얼마나 무능한지 상대가 열심히 설명할 때 그 말에 깨달음을 얻는 일은 흔치 않다. 수많은 책과 기사에서는 반향실과 필터버블 때문에 사고가 편협해진다고 오늘도 경고한다. 많은 사람이 경고를 마음에 새기면서, 상대편 의견에도 귀 기울이려 노력한다. 하지만 노력의 결과는 대체로 실망스럽다.

　진보 언론인 레이철 프레비티Rachael Previti는 2019년, 일주일 동안 폭스뉴스만 보기로 계획했다. 그런 후에 프레비티가 내린 평가는 이런 부류의 실험에서 봐온 평가와 대체로 일치한다. "맙소사, 보수주의자들은 언제나 이런 식이라고요!'라고 간단히 무시하기보다는 그들이 하는 말 중에 조금이라도 긍정적인 면을 찾아보고 싶었다. 그런데 솔직히 진보를 맹비난하는 일 말고 무슨 말을 하고 싶은지 모르겠다"고 프레비티는 말했다.[1]

　2017년에 미시간주의 한 잡지사에서 2가지 형식으로 '반향실 탈출' 실험을 시도했다.[2] 이 잡지사는 서로 관점이 판이한 남성 참가자 한 사람과 부부 한 쌍을 대상으로 일주일 동안 반대 성향의 매체만 시청하도록 했다. 애릭 크누스Aric Knuth와 짐 레이자Jim Leija는 진보 진영으로 미시간주 동남부의 앤아버에 거주하며 둘 다 미시간대학교에서 근무했다. 두 사람은 미국 공영라디오 방송 NPR의 팬이고, 〈뉴욕타임스〉와 페미니스트 블로그인 〈제제벨Jezebel〉의 애독자다.

보수 진영을 대표하는 톰 허본Tom Herbon은 은퇴한 엔지니어로 도널드 트럼프Donald Trump의 열혈 지지자다. 허본은 인터넷 신문 〈드러지리포트〉를 날마다 읽고, 라디오 채널은 항상 〈더패트리엇The Patriot〉에 고정했다. 이 방송에는 숀 해니티Sean Hannity 같은 보수 인사가 주로 출연한다.

크누스와 레이자는 〈드러지리포트〉를 읽고 〈더패트리엇〉을 청취하는 데 동의했다. 허본은 〈뉴욕타임스〉와 〈제제벨〉을 읽고 집에 있을 때는 라디오 채널을 NPR에 맞추기로 동의했다. 일주일 후에 잡지사는 세 사람의 변화를 확인했다. 그들은 무엇을 배웠을까?

달라진 게 있기는 했다. 세 사람 모두 상대편이 예전에 생각했던 것보다 훨씬 더 편협하고, 부정확하며, 거슬린다는 사실을 깨달았다. 〈더패트리엇〉 방송을 태어나서 처음 들어본 레이자는 충격에 휩싸였다. 그는 허본에 관해 이렇게 말했다. "그 사람과 똑같은 사람들만 나와서, 그 사람이 듣고 싶어 할 말만 하는 방송을 종일 듣는다고 생각하니 정말 안타깝습니다."

한편 허본은 〈제제벨〉과 〈뉴욕타임스〉를 너무 혐오한 나머지 실험 중간에 구독을 그만뒀다(다만 NPR 방송은 일주일 내내 겨우 듣긴 했다). 그는 이렇게 말했다. "내가 사실관계를 다 아는데, 얼마나 부정확한 말들을 해대는지. 더 볼 필요도 없었습니다. 사람들이 진실이 무엇인지 알지 못한 채 이런 방송을 듣는다면 정말 큰 문제입니다."

이 실험이 형식을 제대로 갖추지 못했다고 느낀다면, 2018년에 상대편 의견을 경청하는 행위의 효과를 조사한 대규모 실험도 있다.[3] 연구진은 트위터를 하는 사람들에게 자동화된 '봇' 계정을 팔로우하면 11달러를 제공했다. 이 봇은 그들에게 정치적인 견해가 반대편인 사람들의 트윗을 노출했다. 진보적인 사람에게는 정치인, 언론매체, 비영리 단체, 전문가들이 올린 트윗 중 보수 성향의 내용을 날마다 24개씩 보여줬다. 보수적인 사람들에게는 진보 성향의 트윗을 매일 24개씩 보여줬다. 연구진은 봇이 보낸 트윗을 참가자들이 확실히 읽게 하려고 모든 참가자에게 매주 트윗 내용에 관한 퀴즈를 냈다.

연구진은 한 달 후 참가자들의 정치적 견해를 평가했다. 반향실 밖으로 나들이한 사람들은 기존의 입장이 완화됐을까? 정반대였다. 한 달간 진보 성향 트윗을 접한 보수주의자는 훨씬 더 강경한 보수주의자가 됐다. 보수 성향 트윗을 한 달간 접한 진보적인 사람들은 살짝 더 진보적으로 바뀌었다(하지만 통계적으로 유의미하지 않은 수준이었다).

실험 결과는 상대편 의견을 경청하는 노력이 아무 소용 없음을 입증하는 듯 보인다. 그러나 상황이 그렇게 암울하지는 않다. 이 실험에서 기억할 요점은 반대 의견을 듣고 배우려는 시도가 무익하다는 것이 아니다. 방식을 바꾸면 반향실 탈출 효과를 볼 수 있다.

잘못은 경청할 대상을 선택하는 방식에 있다. 기본적으로 우리가 반대 의견을 듣게 되는 대상은 먼저 시비를 걸어온 사람이거나 상대 진영을 대표하는 공인과 대중 매체다. 이런 대상에게 반대 의견을 듣는 방식은 좋지 않다. 어떤 사람이 당신에게 반대 의견을 제시할 가능성이 클까? 첫째, 무례한 사람들이다("당신이 페이스북에서 공유한 기사는 완전히 쓰레기야. 내가 좀 가르쳐주지"). 둘째, 어떤 사람이나 매체가 특정 이념의 대변자로 인기가 많을까? 자기편은 격려하고 상대편은(즉 우리를) 희화화하고 조롱하는 이다.

의견 충돌로 뭔가를 배울 수 있는 확률을 높이려면, 마음을 '더 쉽게 열리도록' 만드는 사람에게 귀를 기울여야 한다. 설령 그들의 의견에 동의하지 않을지라도 자신이 좋아하거나 존중하는 사람들. 사안에 따라 견해는 달라도 어느 정도 (특정한 명제나 핵심 가치에 관해) 공감대를 형성하는 사람들. 선의로 토론에 참여하고, 미묘한 의미 차이와 불확실성의 영역을 인정하는 합리적인 사람들 말이다.

합리적인 사람들을 찾자

온라인에서 페미니스트 무리와 반페미니스트 무리가 벌이는 논쟁을 설명한다면 어떤 말이 떠오르는가? 답답함? 끔찍함? 아수라장?

지금까지는 이 설명이 대체로 틀리지 않았다. 하지만 레딧의 r/FeMRADebates 포럼은 독보적인 예외사항이었다.[4] 이 포럼은 2014년에 페미니스트들과 남성 인권 운동가들Men's Rights Activists, MRAs이 그들을 양분시키는 질문을 놓고 토론하기 위한 장으로 탄생했다.* 이 포럼이 독특한 이유는 중재자들이 처음부터 행동 규범을 정하는 데 각별히 신경 썼기 때문이다.

이를테면 이런 원칙이 있다. 다른 회원을 모욕하지 않는다. 페미나치(feminazi, 페미니스트와 나치의 합성어), 넥비어드(neckbeard, 목수염과 비만 등 호감을 주지 못하는 외모에 오만해 보이는 괴짜 남성) 같은 경멸의 의미가 담긴 멸칭을 사용하지 않는다. 일반화하지 않는다. 모든 페미니스트를 단일체로 취급하지 말고 특정 개인이나 견해를 향해 이견을 표명한다.

원칙을 제정하고 포럼을 이끈 초기 회원들 덕분에 r/FeMRADebates 포

• 남성 인권 운동은 사회가 남성을 차별한다고 믿으며, 회원들은 주로 페미니즘에 적대적이다.

럼은 아수라장이 되지 않고 보기 드문 청정구역으로 남았다. 보통의 인터넷 토론장에서 다음과 같은 댓글을 얼마나 자주 접하는가?

- 당신 글을 죽 훑어봤는데, 맞아요. 실은 제가 이 부분에서 틀렸어요.[5]
- '이해하지 못한다는' 이유로 더는 비난하고 싶지 않아요. 그 사람들도 자기 나름대로 합리적인 견해를 지녔다고 생각해요.[6]
- 저는 [또 다른 회원]의 견해에 동의한 적은 없지만 … 그래도 제가 페미니스트가 되도록 설득할 사람이 있다면 확실히 그녀일 겁니다.[7]

상대편에게 아무런 기대 없이 포럼을 방문했던 페미니스트와 남성 인권 운동가는 다들 시간이 지나면서 자신의 생각을 수정했다. 라시드라는 회원은 여성 강간 피해자들이 도리어 비난을 받고, 그들이 겪은 피해가 사소하게 취급될 때가 많다는 페미니스트의 주장에 회의적이었다고 한다. 그러나 이 포럼에서 여러 페미니스트들과 대화한 후 자기 생각과 달리 그런 일이 훨씬 빈번하게 일어난다는 결론에 이르렀다.

라시드는 처음 포럼 회원으로 가입했을 때만 해도 자신을 반페미니스트라고 여겼지만, 나중에는 그 생각을 버렸다. 무엇이 그를 바꿔놨을까? 선의로 토론하는 페미니스트들과 대화한 덕분이었다고 그는 말했다. "반페미니스트들은 상대가 얼마나 어리석은지 보여주려고 페미니스트 진영에서 내놓는 최악의 견해만 뽑아서 공유하는데, 전 그런 콘텐츠만 많이 읽었어요." 그 결과 라시드는 형편없는 사례를 페미니스트 일반의 견해로 받아들였다.

포럼의 초기 운영진 중 한 페미니스트는 가부장제 같은 개념에서 페미니스트 이론에 결함이 있음을 발견했다. 또 그녀 역시 남성 인권 운동가의 주장대로 남성이 당하는 성폭행 문제에도 주의를 기울이게 됐다. 자주 논쟁을 벌이던 상대 중 일부 회원에게 마음을 담아 이렇게 전하기도 했다.

"여러분은 내가 수없이 많은 사안에서 기존의 생각을 바꾸는 것을 지켜봤습니다. … 여러분 덕분에 남성 인권 운동가의 주장을 더 많이 받아들이게 됐고, 남성 인권 문제가 얼마나 중요한지 깨달았어요."[8]

지적 공감대는 마음을 움직인다

10장에서 사례로 든 기후변화 회의론자 테일러는 기존의 신념이 흔들렸다. 자기편으로 여겼던 과학자가 그릇된 정보를 전달했다는 것도 충격이 컸고, 지금껏 인용해온 자료의 근거가 약하다는 사실에 심란했다. 기후변화 회의론을 지탱하는 뼈대는 여전히 옳다고 생각했지만, 과거처럼 굳건한 입장은 아니었다.

테일러는 불확실성에 머물며 몇 년 동안 그대로 지내다가 한 친구의 주선으로 기후변화 활동가 밥 리터먼Bob Litterman을 만났다.[9] 보통 활동가라는 말을 들으면 삼베 원단에 홀치기 염색한 옷을 입고 나무에 매달려 시위하는 사람들을 떠올리곤 한다. 그러나 리터먼은 흔히 보는 활동가와는 달랐다. 그는 케포스캐피털Kepos Capital이라는 투자자문 회사를 경영하는 사람이었다. 20년 넘게 골드만삭스Goldman Sachs에서 일한 후 이 회사를 설립한 리터먼은 리스크관리 분야에서 알아주는 전문가였다.

2014년 카토연구소 주최로 열린 모임에서 리터먼은 기후변화에 대한 올바른 조치를 촉구하며 논거를 제시했는데, 이는 테일러가 생전 처음 들어보는 주장이었다. 리터먼은 파국적인 기후변화가 분산불능위험, 즉 아무리 분산 투자를 하더라도 제거되지 않는 위험이라고 말했다. 일반적으로 투자자들은 분산불능위험을 막고자 미리 막대한 금액을 지급한다. 이와 마찬가지로 우리 사회 역시 파국적 기후변화의 가능성을 예방하는 데 막대한 돈을 기꺼이 투자해야 한다는 게 리터먼의 주장이었다.

리터먼, 테일러, 그리고 테일러의 동료까지 세 사람은 1시간 반가량 논쟁을 벌였다. 리터먼이 떠난 뒤 테일러는 동료에게 말했다. "방금 우리 주장이 산산이 조각났어." 토론을 마친 직후 테일러는 카토연구소를 떠나 기후변화 대응 조치를 촉구하는 활동가로 나섰다. 그때까지 기후변화 회의론자로 지내던 한 전문가가 입장을 바꾼 것이다.

방금 예로 든 의견 충돌은 어째서 생산적이었을까? 리터먼이 기후변화 문제에서 반대편에 서 있었음에도 테일러의 말을 빌리자면 '나 같은 사람이 곧바로 신뢰할 만한' 사람이었기 때문이다.

"그는 월스트리트 출신이에요. 온건한 자유주의자고요."[10]

어떤 사람과 지적 공감대를 느끼면 별 저항 없이 말을 수용하게 된다. 지적 공감대는 상대가 쓰는 언어로 주장을 펼치고 설명할 수 있게 한다. 리터먼은 기후변화에 필요한 조치를 촉구하면서 경제학과 불확실성을 근거로 들었는데, 이는 테일러가 전부터 흥미를 느끼던 논리였다. 그런 관점에서 주장하는 기후변화 활동가와 한 번의 대화를 나눈 것이, 테일러 같은 사람에게는 지구에 대한 도덕적 책무를 강조하는 활동가와 수백 번 대화하는 것보다 훨씬 가치 있었다.

목표를 공유하는 사람들에게 듣자

내 친구 켈시 파이퍼Kelsey Piper는 〈복스Vox media〉소속 기자로 기술, 정치, 자선활동을 비롯해 세계의 안녕에 영향을 미치는 여러 분야의 발전 상황을 보도한다. 무신론자인 켈시의 친구 중에 천주교 신자가 있는데, 여기서는 이름을 젠이라고 부르겠다. 종교가 있고 없고는 무척 큰 차이라 특히 동성애, 피임, 혼전 성관계, 안락사 같은 사안에서 의견의 일치를 보기가 매우 어렵다. 한 사람의 도덕적 견해가 다른 사람들이 공감하지 않는 종교적 전제에서 나온다면 대화를 이어나갈 방법을 찾기가 무척 힘들다.

하지만 켈시와 젠은 공유하는 가치가 하나 있다. 바로 가능한 한 효율적으로 세상을 더 좋은 곳으로 만들려는 소망이다. 두 사람은 효율적 이타주의 운동에 참여한다. 이 운동은 철저하게 실증된 자료를 토대로 효과가 좋은 선행 방법을 찾는다. 공동의 목표 덕분에 두 사람 사이에는 동지애와 신뢰감이 있으며, 켈시는 다른 사람들보다 젠의 이야기를 더 열린 마음으로 경청한다.

일례로 켈시는 낙태 문제로 젠과 대화한 후 기존의 견해를 바꿨다. 처음에는 아무런 마음의 갈등 없이 낙태를 찬성하는 쪽이었다. 태아에게 도덕적 지각 능력이 있다면 낙태는 잘못된 행위지만, 태아는 인간이라고 생각하기에는 도덕적 지각 능력이 부족하다는 게 켈시의 입장이었다.

하지만 젠과 이 주제로 많은 이야기를 나누면서 낙태를 반대하는 사람들을 좀 더 이해하게 됐다. 켈시는 태아가 지각을 지니는 것은 여전히 개연성이 낮다고 생각하면서도 이렇게 말했다. "태아 상태에서 일어나는 경험을 완전히 이해하는 날이 오면 결국은 태아가 죽을 때 비극적인 일이 일어났다고 말할 만한 의식을 제가 하게 될 수도 있겠죠?" 그녀는 여전히 합법적 낙태를 지지한다. 하지만 지금은 낙태가 잘못된 선택으로 드러날 가능성을 인정하고 낙태 방지 노력을 기울여야 한다는 주장도 진지하게 고려한다.

젠의 관점을 이해하려는 진정한 노력이 없었다면 켈시에게 생각의 전환은 일어나지 않았을 것이다. 더 좋은 세상을 만들려는 싸움에서 젠이 동지처럼 느껴지지 않았다면 그런 노력을 기울이지 않았을 것이다. 젠은 켈시가 중요하게 여기는 많은 문제를 함께 고민했다. 자신이 중시하는 과제에서 내 편으로 인식되는 사람은 설령 그 사람의 세계관이 나와 하늘과 땅 차이로 벌어져도 서로 간에 배우는 일이 가능하다.

정적으로 구성한 팀의 문제점

1860년 대선에서 이긴 링컨은 공화당 경선에서 주요 경쟁자였던 사이먼 캐머런Simon Cameron, 에드워드 베이츠Edward Bates, 새먼 체이스Salmon Chase, 윌리엄 수어드William Seward에게 다가가 내각 자리를 제안했다. 역사가 도리스 컨스 굿윈Doris Kearns Goodwin은 《권력의 조건》에서 이 이야기를 생생히 그려냈다.[11]

'정적으로 구성한 링컨의 내각'은 다양한 의견에 노출될 것을 권장하는 책과 글에서 늘 등장하는 사례다. 하버드대학교 법학 교수 캐스 선스타인Cass Sunstein은 《우리는 왜 극단에 끌리는가》에서 "링컨은 자신의 견해에 맞설 수 있는 다양한 사람들을 의도적으로 끌어들여, 각자의 논거가 타당한지 시험하고 가장 합리적인 판단을 도출하려 했다"고 기록했다.[12] 오바마는

《권력의 조건》이 대통령직을 수행하는 데 영감을 줬다고 언급하며, '자신에게 반대하는 사람들을 기꺼이 포용할 만큼 자신감이 넘친 인물'이라고 링컨을 칭송했다.[13]

여기까지는 책을 쓰려고 자료를 조사하기 전부터 들었던 설명이다. 그런데 알고 보니 전체 이야기에는 더 복잡한 사연이 얽혀 있었다. 링컨이 내각에 초대한 4명(캐머런, 베이츠, 체이스, 수어드)의 정적 가운데 3명은 임기를 성공적으로 마치지 못하고 일찍 떠났다. 캐머런은 1년이 안 돼 부패 혐의로 직위에서 쫓겨났다.

베이츠는 갈수록 업무에서 배제되다가 결국 사임했다. 그는 행정부에 거의 아무런 영향도 미치지 못했다. 링컨이 의견을 구하는 경우는 드물었고, 베이츠도 의견을 제시할 일이 없었다.[14]

링컨을 자기보다 아래로 여겼던 체이스는 자신이 대통령이어야 한다고 확신했다. 번번이 링컨과 대립하며 요구가 관철되지 않으면 사임하겠다고 으름장을 놨다. 링컨은 체이스의 허세를 견디다 못해 결국 사임을 수락했다. 나중에 친구에게 보낸 편지에서 링컨은 "더는 참을 수가 없었네"라며 심정을 토로했다.[15]

수어드는 조금 달랐다. 그는 링컨의 재임 기간 내내 내각을 지켰으며, 링컨이 신뢰하는 친구이자 조언자가 됐다. 밝혀진 바로는 적어도 한 차례 이상 중대 사안과 관련해 링컨의 생각을 바꿔놓기도 했다. 그가 처음부터 충실한 내각의 일원이었던 건 아니다. 수어드는 사실 수개월 동안 뒤에서 은밀히 링컨의 권위를 훼손하며 정치 권력을 손에 넣으려 했다.

수어드의 변화는 링컨이 정적과도 함께 일할 만한 평정심을 지녔다는 증거며, 태도를 바꾸는 것이 수어드에게는 정치적으로 합리적인 행보였을 것이다. 그러나 링컨의 내각은 반대 의견에 자신을 노출하는 전략의 효과를 적절히 증명하는 사례는 아니다. 자신이 존중하지 않는 사람, 또는 한 팀으로 생각할 만큼 충분한 공감대를 형성하지 못한 이에게 듣는 반대 의견은 그리 유익하지 않다.

생각을 바꾸는 게 생각보다 어려운 이유

반대 의견을 듣고 교훈을 얻지 못하는 가장 큰 이유는 이를 너무 쉽게 생각하기 때문이다. 두 사람이 기본적으로 합리적이며 선의로 논증한다면, 각자의 이유를 이해하고 합의점을 도출하기는 어렵지 않다고 전제한다. 자신이 믿는 바를 설명하고 견해를 뒷받침하는 근거를 제시하며 논리적으로 해명한다면, "당신 말이 옳다"며 상대가 인정하고 생각을 바꾼다는 것이다. 간단하다!

일이 이런 식으로 전개되지 않을 때(한쪽이 완벽한 논증을 제시한 후에도 상대가 생각을 바꾸지 않을 때) 사람들은 실망하고 상대가 틀림없이 비논리적인 사람일 거라 결론짓는다.

기대치를 대폭 낮춰야 한다. 심지어 이상적인 조건, 다시 말해 모든 사람이 관련 정보를 잘 알고, 논리적이고, 선의로 자신의 관점을 설명하고, 상대의 주장을 이해하려 노력한다고 해도 반대 의견에서 교훈을 얻는 일은 쉽지 않다(더욱이 현실에서는 모든 조건이 이렇게 이상적인 경우는 거의 없다). 왜 그럴까? 3가지 이유가 있다.

1. 서로의 관점을 오해한다

블로거인 스콧 알렉산더Scott Alexander는 카이로를 여행하다가 한 카페에서 무슬림 소녀와 유쾌한 대화를 나눴다. 진화를 믿는 정신 나간 사람들에 관해 소녀가 언급할 때 알렉산더는 자신이 그 정신 나간 사람들 중 하나라고 인정했다.

소녀는 충격을 받았다. "하지만 … 원숭이는 인간이 되지 못해요. 도대체 어떻게 원숭이가 인간이 될 수 있다고 믿는 거죠?"라고 소녀가 물었다.[16] 이에 알렉산더는 유인원이 인간이 되는 변화는 수많은 세대를 거쳐 점진적으로 일어난 것이라 말했고, 그 과정을 명쾌하게 설명하는 책을 몇 권 추천했다. 그러나 소녀의 얼굴에는 의문이 가득했다.

진화론에 익숙한 사람 눈에는 소녀가 진화론을 오해했다는 사실이 명백히 보일 것이다. 과거에 당신도 터무니없는 생각이라며 상대의 주장을 무시한 경험이 있을 것이다. 과연 그 주장을 한 번도 오해하지 않았다고 확신하는가? 아무 오류가 없는 사상도 처음 접할 때는 엉터리처럼 들릴 때가 있다. 30초짜리 설명은 어쩔 수 없이 지나치게 단순해지고, 미묘한 의미의 차이라든지 중요한 맥락을 빠뜨리기 마련이다. 잠깐의 대화로는 이해하지 못한 채 놓치는 배경이 있을 수밖에 없으며, 자신에게 익숙지 않은 방식으로 사용된 용어를 따라가기는 힘들다.

2. 나쁜 논증 때문에 좋은 논증까지 거부한다

전에 본 적 없는 좋은 논증을 만나도 우리에게 익숙한 나쁜 논증과 착각할 때가 많다. 예를 들어, 이전 장에서 의사결정 전문가인 인지심리학자 클라인을 언급했다. 그는 소방업무나 간호업무처럼 고도의 위험을 안고 일하는 환경에서 사람들이 어떻게 생각을 바꾸는지 연구한다. 클라인의 연구는 실제로 의사결정이 일어나는 과정을 이해하는 데 큰 도움이 됐다. 또한 의사결정을 다루는 학술 연구의 부족한 점을 알아차리는 데도 유익했다.

하지만 나는 클라인의 연구를 처음 접한 이후 수년 동안 그 이론을 무시했다. 클라인이 말하는 '직관의 힘'이라는 것이 유사 신비주의에서 육감을 칭송하며 과학을 비롯한 다른 어떤 증거보다 그 능력을 우선시하던 사람들을 연상시켰기 때문이다. 클라인이 말하는 직관은 그런 게 아니었다. 직관은 단지 우리 뇌에 내재하는 패턴에 따라 변칙을 알아보는 능력을 지칭했다. "과학이 뭐라고 하든 저는 개의치 않아요. 제 직관에 따르면 귀신은 진짜로 존재해요"라고 말하는 사람이 하도 많다 보니 나도 모르게 클라인을 그들과 한 무리로 취급한 것이다.

3. 하나의 신념이 바뀌면 다른 것도 줄줄이 바꿔야 한다

기후변화가 심각한 문제라고 믿는 앨리스가 여기에 동의하지 않는 케빈과 대화한다고 가정하자. 앨리스는 기후과학 모델이 현재를 정확히 예측했음을 밝히는 논문을 케빈에게 보여줄 수 있겠지만, 그것으로 케빈의 생각이 바뀔 가능성은 적다. 설령 케빈이 정찰병의 관점으로 세상을 바라본다 해도 마찬가지다.

우리의 신념은 거미줄처럼 모두 연결돼 있기 때문이다. '기후변화는 사실이 아니다'라는 신념은 세상이 돌아가는 방식이라든지 신뢰할 만한 정보 제공자가 누구인지에 관해 케빈이 갖고 있는 여러 신념 아래 유지된다. 케빈이 기후변화는 사실이 아니라는 신념을 대폭 업데이트하려면 '주류 매체보다 기후변화 회의론을 지지하는 매체가 더 신뢰할 만하다'든지 '똑똑한

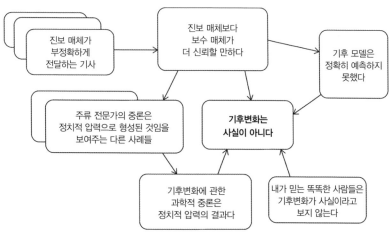

상호의존적인 신념의 예

진보 매체가
부정확하게
전달하는 기사

진보 매체보다
보수 매체가
더 신뢰할 만하다

기후 모델은
정확히 예측하지
못했다

주류 전문가의 중론은
정치적 압력으로 형성된 것임을
보여주는 다른 사례들

기후변화는
사실이 아니다

기후변화에 관한
과학적 중론은
정치적 압력의 결과다

내가 믿는 똑똑한 사람들은
기후변화가 사실이라고
보지 않는다

사람들은 과학계의 중론을 수용하지 않는다' 등의 신념도 업데이트해야 한다. 그 일이 일어나려면 케빈이 현재 신뢰하지 않는 정보 제공자가 제시하는 논문 한 편보다는 훨씬 많은 증거가 필요할 것이다.

이전 장 후반부에서 《노 데이팅》의 저자 해리스를 만났다. 그는 자신의 책 때문에 인생을 망쳤다는 독자들의 불평을 들었다. 자기를 비난하는 사람들의 말에도 일리가 있다고 처음 생각한 것은 2015년이었다. 이때가 언제인가 하면 그의 교회, 곧 메릴랜드 게이더스버그에 있는 커버넌트라이프교회Covenant Life Church의 몇몇 교인들이 교회에 다니는 미성년자들을 성폭행한 사건이 일어났을 때였다. 해리스는 범행에 연루되지 않았지만, 그 사실에 관해 알면서도 경찰에 신고하도록 피해자를 돕지 않았다.

자신이 잘못 인도했다는 깨달음에 당혹스러움이 밀려오자 거미줄처럼 연결된 해리스의 다른 신념도 흔들렸다. "사실은 그때가 처음이었다. 선한 의도로 좋은 결정을 내렸다고 생각했지만, 사람들에게 미친 영향은 애초에 계획했던 바와 매우 다를 수 있음을 깨달았다"고 해리스는 훗날 이야기했다. 깨달음은 이런 자각으로 이어졌다. "어쩌면 내 책에 문제가 있을지도 모른다."[17]

해리스가 책을 비판하는 목소리를 오래전부터 들어왔음에도 생각을 바꾸지 않은 것은, 선의를 품은 행동으로 남에게 해를 끼치는 것은 불가능하다는 전제가 다른 생각의 여지를 차단했기 때문이다. 이에 관해 누군가 해리스에게 물었다면, 자신에게 그런 신념이 있음을 대놓고 밝히지는 않았겠지만 이 신념이 항상 삶의 배후에서 작용했을 것이다. 따라서 이 전제가 바뀌기 전에는 책을 향한 비난이 꾸준히 쏟아져도 '내 책은 해롭지 않다'는 신념을 바꿔놓기에는 역부족이었을 것이다.

10장부터 지금까지 생각을 바꾸는 것에 관해 기존의 통념을 뒤집는 견해를 제시했다. 10장에서 사람들은 대체로 자신이 인식한 현실 지도에 아무런 오류가 없다고 전제한다는 사실을 살폈다. 지도를 수정해야 한다면 이는 지도를 작성하는 도중에 어디선가 자신이 일을 망쳤음을 의미한다. 정찰병은 정반대로 가정한다. 인간은 대체로 부정확한 지도를 들고 있으며 더 많은 정보를 얻으면서 지도를 정교하게 만들어야 한다. 이때 지도를 수정하는 것은 제대로 일한다는 뜻이다.

11장에서는 세상이 우리의 이론을 벗어날 때, 다른 사람이 비논리적으로 행동할 때, 예상했던 결과를 얻지 못하거나 반대 의견에 부딪혀 놀랐을 때 대응하는 방법을 살펴봤다. 자신의 세계관에 들어맞지 않는 일을 겪을 때, 어쩌다 튀어나온 성가신 올을 제거하듯 무시하지 말고 오히려 호기심을 갖고 가까이 들여다보면서 그것들이 풀어내는 이야기를 경청해야 한다.

이번 장에서는 사람들이 반대 의견을 수용하는 일을 얼마나 쉽게 여기는지, 따라서 그렇게 하지 못하는 자신을 보며 새삼스럽게 놀라고 못마땅하게 여긴다는 사실을 살펴봤다. 반대 의견을 경청하고, 자기 생각을 바꿀 각오로 상대의 의견을 진지하게 고려하는 일에는 지적·감정적 노력과 함께 무엇보다 인내심이 필요하다. 이렇게 말할 수 있어야 한다.

"이 사람이 틀린 것 같은데, 어쩌면 내가 오해한 걸지도 모르니 한번 확인해보자."

또는 이와 같이 말해야 할 것이다.

"나는 여전히 그 견해에 동의하지 않지만, 시간이 지나서 그녀가 한 말을 입증해주는 사례를 보게 될지도 모른다."

비합리적인 사람, 견해를 조롱하는 사람, 당신과 어떤 공감대도 없는 사람과 대화하며 그렇지 않아도 어려운 일(반대 의견을 경청하고 수용하는 일)을 더욱 어렵게 만들 필요는 없다. 반대 의견을 경청하고 자기 생각을 바꾸고 싶다면, 그 일을 가능하게 도와줄 최선의 대화 상대를 찾는 것이 좋다. 반대되는 의견이 있다면 적어도 당신이 합리적인 사람이라고 인정하는 이의 생각을 듣는 것이 어떨까? 내 친구이자 기자인 켈시는 이렇게 말했다.

"어떤 사람의 글을 읽고도 관점에 공감하지 못하면, 또 다른 사람을 찾아봅니다."

OO

PART 5

다시 생각하는
당신의 정체성

Chapter 13

신념은 어떻게
정체성이 되는가?

○○

코트니 정Courtney Jung 교수는 임신 5개월째인 어느 날 저녁 칵테일 파티에 참석했다. 술을 마시지 않아 파티가 따분하던 차에 한 여성이 다가와 인사를 건네고 임신을 축하해주니 마음이 편해졌다.[1]

하지만 축하 인사는 곧 전도 활동으로 돌변했다. 그녀는 태어날 아기에게 분유보다 모유를 수유하라고 설득할 목적으로 접근한 것이었다. 정 교수는 "네, 모유를 먹일 것 같아요"라고 대답은 했지만, 사실 이 문제를 깊이 생각해본 적은 없었다. 반응이 미덥잖았는지 모유수유 지지자는 계속해서 모유수유의 의학적·정서적 이점을 늘어놨다. 그녀가 열을 내며 자기주장을 펼치느라 바싹 다가서자, 정 교수는 상대가 너무 다가오는 것이 불편해 뒤로 물러섰다. 한 사람은 다가서고 한 사람은 물러서면서 밤늦도록 대화하는 사이 두 사람은 어느새 방을 가로질렀고, 마침내 정 교수는 (말 그대로) 막다른 구석에 몰리고 말았다.

엄마들의 전쟁

이 사례에 등장하는 모유수유 열심당원의 모습에 놀랐다면, (다소 경멸의 의미가 담긴) '엄마들의 전쟁'이란 말을 들어본 적이 없을지도 모른다. 아기에게 모유를 먹이는 것이 중요하다고 믿는 엄마들과 분유를 젖병에 담아 먹여도 괜찮다고 믿는 엄마들 사이에 벌어지는 전쟁이다.

모유가 유아에게 미치는 장점을 둘러싼 이견 자체는 과학적으로 이해하기 어렵지 않다. 하지만 현실에서 벌어지는 논쟁은 마치 살벌한 종교전쟁을 연상케 한다. 분유수유 진영에서는 여성들이 '모유수유 프로파간다에 세뇌'당하고 있으며[2], '브레스타포(breastapo, 브레스트와 게슈타포의 합성어로, 비모유수유 여성을 비판하는 모유수유 신봉자)'들이 여성에게 '겁을 줘 비판적 사고 능력을 없애려'[3] 한다고 불만의 목소리를 높였다. 모유수유 세미나에 참석했던 한 산모는 이렇게 회상했다. "북한의 사상교육 수업에라도 참석한 기분이었어요."[4]

한편 모유수유 진영의 블로거들은 이 같은 항의를 무시하고, 모유의 이점에 의문을 제기하는 글을 가리켜 '분유 옹호론자들'이 저지른 '모유수유에 대한 선제공격'[5]이라고 규정했다.

그날 파티에서 구석진 곳까지 몰렸다가 벗어난 정 교수는 모유수유를 둘러싸고 사람들이 느끼는 열정과 분노에 관해 생각했다. 그리고 모유수유에 대한 입장이 어떻게 많은 이의 정체성이 됐는지 조사했다. 이 경험은 《Lactivism》을 집필하는 계기가 됐다. 그녀는 이 책에서 "사실 미국에서 모유수유는 아기에게 그저 밥을 주는 문제가 아니다. 당신이 어떤 사람이고 무엇을 믿는지 세상에 알리는 수단이기도 하다"고 말했다.[6]

어떤 신념이 정체성이 될까?

대화할 때 정치나 종교 이야기를 꺼내지 않는 것이 기본 예의로 자리 잡은 지 오래다. 정치적·종교적 견해가 그 사람의 정체성을 대변할 때가 많기 때문이다. 개인의 정체성을 구성하는 신념을 비판하는 사람은 곧 반감을 산다. 이는 가족을 모욕하거나 조국의 국기를 짓밟는 행위와 같다. 자신과 분리할 수 없는 신념이라는 문제에서 누군가 나와 의견이 다르다는 건 곧 그가 내 편이 아니라는 사실을 발견하는 것과 같다.

"오, 그러니까 당신은 저놈들과 한편이군."

그러나 정치와 종교는 정체성을 구성하는 대표적인 2가지 사례에 지나지 않는다. 모유수유나 분유수유에 관한 의사결정, 프로그래밍 언어의 선택, 자본주의를 향한 태도 역시 정체성의 일부가 될 수 있다. 민주당원이나 남침례교 교인 같은 공식 꼬리표가 붙지는 않아도 이 문제들 또한 정치나 종교 못지않게 열띠고, 적대적이며, 치열한 공방을 일으킨다.

어떤 신념에 동의한다고 해서 그 신념을 자기 자신과 동일시한다는 뜻은 아니다. '과학은 세상이 돌아가는 방식을 배우는 최선의 길이다. 따라서 우리는 과학을 존중하고 과학 연구에 적극적으로 투자해야 한다'는 명제에 동의한다는 점에서 수많은 사람이 친과학적이다. 그러나 이런 사람들 가운데 과학을 자신의 정체성으로 삼는 이는 극소수다. 여기 해당하는 사람은 '과학은 당신의 신앙에 관심이 없다'라든가 '과학은 작용해, 멍청아'라는 표어가 새겨진 티셔츠를 입고 다니며 과학을 찬양하고, 그렇게 하지 않는 사람들에게 반감을 느낄 것이다.

무엇이든 정체성의 일부가 될 수 있지만 유독 민감한 사안이 있는 것 같다. 왜 그럴까? 분유가 건강에 미치는 위험에 관한 논쟁은 어째서 공기 오염이 건강에 미치는 유해성에 관한 논쟁보다 훨씬 더 과열될까? '자랑스러운 내향형' 티셔츠를 사려고 하면 종류도 다양한데 '자랑스러운 외향형' 티셔츠는 어째서 코빼기도 안 보이는가?

정체성에 관한 학문은 아직도 탐구할 영역이 많다. 나는 특정 신념이 정체성으로 전환되는 과정을 분석하고 그 과정에서 중요한 2가지 요소를 발견했다. 바로 '공격을 당한다는 기분'과 '자부심'이다.

적에게 공격을 받을 때

어떤 신념은 그 신념을 지녔다는 이유만으로 적대적인 세력에게 둘러싸여 공격받는 기분이 들며, 자신을 방어하는 과정에서 정체성으로 발전한다. 비유하자면 탄소 원자가 지속적인 압력을 받으며 서로 결합해 다이아몬드가 되는 과정과 비슷하다. 소수 종교집단이라든지 자연재해나 사회 붕괴에 대비해야 한다고 믿는 프레퍼족preppers처럼 조롱당하기 일쑤인 하위문화를 생각해보자. 조롱당하고, 핍박받고, 신념을 버리지 않으면 낙인이 찍히는 경험을 할 때 우리는 그 신념을 옹호하고 싶은 마음이 솟구치며 같은 마음으로 신념을 함께 지지하는 사람들에게 연대감을 느낀다.

쟁점이 있으면 지배적인 다수와 공격받는 소수가 존재하는 게 당연히 생각되기도 한다. 그러나 두 진영은 각각 자기편이 공격당하는 쪽이라고 생각한다. 이것이 엄마들의 전쟁에서 벌어지는 일이다. 분유를 먹이는 엄마들은 암묵적으로 또는 노골적으로 나쁜 엄마라 매도당하는 기분이 들어, 모유를 먹이지 않는 이유를 굳이 해명하면서 자신을 방어해야 한다고 느낀다. 2001년도 설문조사에서 모유수유부의 3분의 2가 모유를 먹이지 않는 부모 밑에서 자란 아이들에게 "안타까움을 느낀다"고 밝혔다.[7]

이유는 다르지만 모유수유 엄마들도 적대적인 세력에게 둘러싸였다고 느낀다. 그들은 사회가 자신의 삶을 힘들게 만들었다고 불평한다. 대다수 직장에는 편안히 모유를 짤 공간이 없고, 공공장소에서 가슴을 노출하면 불쾌하게 여기는 시선과 수군대는 소리를 접한다는 것이다. 이런 사회에서 모유수유부는 분유수유부보다 더 심각한 억압을 느낀다고 주장하는 이도 있다. 한 모유수유부는 분유수유부들을 향해 이렇게 썼다.

"현실을 직시하자. 그대들은 '모유가 최고다'라는 말을 들을 때 엄마로서 약간 죄책감을 느끼는 게 고작이지만, 분유를 먹인다고 식당에서 쫓겨난 사람은 아무도 없지 않은가."[8]

무신론자와 기독교인의 사례를 보자. 무신론자들은 미국에서 적지 않은 차별을 겪기에 적에게 에워싸였다고 느낀다. 많은 이들이 무신론자라는 이유로 부도덕하다고 손가락질당한다. 무신론자라는 주홍글씨를 오랜 세월 숨기고 사는 이들은 자신이 무신론자임을 밝히고 커밍아웃하는 순간에 관해 종종 이야기한다. 2019년도 갤럽Gallup 조사에 따르면, 미국인의 40%가 자신이 지지하는 정당의 유능한 정치인이라도 그가 무신론자라면 표를 주지 않을 것이라고 답했다. 유대인 후보와 천주교 후보에게 투표하지 않겠다고 답한 사람들의 비율은 각각 7%와 5%에 불과했다.[9]

무신론자와 달리 복음주의 기독교인은 같은 신앙을 지닌 공동체 속에서 가족과 함께 살아갈 가능성이 크기에 무신론자들처럼 적에게 둘러싸였다고 느끼지는 않는다. 하지만 합법적 낙태라든지 동성 결혼 또는 성적 콘텐츠 증가를 비롯해 지난 50여 년에 걸쳐 미국의 법률과 문화가 달라져 그들도 갈수록 소외감을 느낀다. 기독교계의 한 지도자는 《Prepare: Living Your Faith in an Increasingly Hostile Culture》라는 책에서 "문화전쟁은 끝났어요. 우리가 졌습니다"라고 한탄했다.[10]

가치 있는 일이라는 자부심

사람들이 자랑스럽게 여길 만한 미덕을 대변할 때 신념은 정체성의 일부가 된다. 예를 들어, 많은 여성에게 모유수유를 향한 신념은 그들이 아기와 유대감을 형성하고 어머니로서 언제든 희생할 각오가 돼 있음을 암시한다. 모유수유 지지 콘퍼런스에 걸린 한 포스터에는 모유수유가 곧 '궁극의 모성애, 유대감과 사랑'이라는 글귀가 적혀 있었다.[11]

반대로 많은 여성에게 모유수유 명령을 거부하는 것은 여성에게만 가해지는 가혹한 생물학적 제약에 속박되기를 거부하고, 산모의 자유를 지켜내려는 행위다. 한 기자는 그들 부부가 모유수유를 하지 않기로 선택한 이유를 설명하면서 "이념적 차원에서 모유수유를 삼가는 것은 모유수유가 페미니즘의 발전을 저해하기 때문"이라고 밝혔다.[12]

암호화폐를 생각해보자. 수많은 암호화폐 신도들에게 암호화폐는 그저 부자가 되는 수단이 아니라 세상을 변혁할 수단이라는 점에서 매력적이다. 암호화폐의 가능성을 믿는 것은 곧 체제에 반항하는 일이며, 강력한 중앙집권 제도의 억압에서 인간의 자유를 되찾으려고 싸우는 활동이다. 초기 비트코인의 한 열렬한 지지자는 이렇게 말했다.

"당신은 새로운 금융 시대를 여는 조력자다! 모든 사람이 통제하는 화폐를 구축하는 데 일조함으로써 대중 위에 군림하던 거대 은행들로부터 그들이 거저 얻었던 권력을 박탈하는 것이다!"

자칭 낙관주의자도 자칭 비관론자도 자신이 세상을 바라보는 방식에 자부심을 느낀다. 낙관주의자는 긍정적인 신념을 갖는 것을 미덕의 징표인 양 이야기한다. 한 낙관주의자는 이렇게 선언했다. "냉소주의를 선택하는 일이 아무리 쉬워도 나는 인간에게 선한 본성이 내재한다고 믿는 쪽을 택한다."13

한편 비관론자는 자신이 지식이 많고 교양 있다고 생각한다. 한 투자자는 이렇게 설명했다. "투자의 세계에서 황소(주가 상승을 예상하고 행동하는 투자자 세력)는 무모한 치어리더 같고, 곰(주가 하락을 예상하고 행동하는 투자자 세력)은 헤드라인 이면의 진실을 파헤친 영민한 두뇌의 소유자 같다."14

공격당하는 기분과 자부심이 서로 긴밀히 연결될 때도 많다. 예를 들어, 다자연애자로 알려진 블로거 엘리 헤이나 다다보이Eli Heina Dadabhoy는 다자연애를 하는 사람들이 자신이 선택한 방식을 우월하게 여기거나 잘난체하는 경우가 있다고 인정한다. 다자연애자들에게 끊임없이 쏟아지는 적개심을 생각하면 이 같은 반응은 어쩌면 당연하다는 것이다. 다다보이는 이렇게 말했다.

"내가 매우 잘못됐다고 주변에서 끊임없이 외쳐댈 때 그들에게 오히려 우월감을 드러내 보이는 것은 지극히 정당한 반응일 겁니다. 쏟아지는 부정적 메시지에 강력히 저항하는 유일한 방법이니까요."15

확률전쟁

어떤 문제는 너무 학술적이고 난해해서 감정이 개입할 여지가 없으며 정체성과는 아무 상관이 없을 것 같지만 그렇지 않다. 믿기지 않는가? 그렇다면 빈도주의와 베이즈주의 간의 오랜 논쟁을 생각해보자. 양 진영의 통계학자들은 데이터를 분석하는 방식이 다르다. 이들이 논쟁을 벌이는 배경에는 아주 단순한 철학적 이견이 자리한다.

빈도주의자는 수많은 시도 중에 발생하는 빈도수의 관점에서 한 사건의 확률을 객관적으로 규정한다. 빈도주의자는 동전을 던져 앞면이 나올 확률을 절반이라고 말할 것이다. 한없이 동전을 던진다면 절반은 앞면이 나올 것이기 때문이다.

베이즈주의자는 토머스 베이즈Thomas Bayes의 이름을 따서 붙인 '베이즈 규칙'이라는 정리를 이론적 기반으로 삼는다. 이 정리를 처음 제시한 베이즈는 18세기의 철학자이자 통계학자였다. 베이즈주의자는 어떤 사건이 일어나리라고 얼마나 확신하는가의 관점으로 사건의 확률을 주관적으로 규정한다. 6장에서 무엇을 얼마만큼 확신하는지에 대해, 판돈이 걸려 있다고 전제한 뒤 얼마나 위험을 감수할지 수량화하는 법을 배웠다. 베이즈주의자는 이때 자신의 믿음을 확률이라 부르겠지만 빈도주의자는 여기에 동의하지 않는다.

이 논쟁이 전문 용어가 가득한 학술지 안에서만 벌어진다고 예상하는 이가 많을 것이다. 그러나 베이즈 통계 학술대회는 수십 년 동안 매해 열렸으며, 여기 참석하는 이들은 베이즈주의를 칭송하고 빈도주의를 야유하는 노래를 불렀다. 참석자들은 〈공화국 전투찬가The Battle Hymn of the Republic〉의 음률에 아래와 같은 가사를 붙였다.

내 눈은 토머스 베이즈 목사님의 영광을 보네

그는 일관성 없는 빈도주의자들을 짓밟고…

영광, 영광, 통계학이여!

영광, 영광, 주관성이로다!

그분의 군대가 진군해 온다.[16]

이 노래는 명백히 빈도주의자를 조롱하는 노래다. 그러나 사실에 기초한 유머가 대개 그렇듯 이 조롱도 아예 일리가 없는 말은 아니다. 통계학 관련 블로그들을 죽 훑어본다면 베이즈주의자와 빈도주의자가 서로를 향해 비합리적인 편견을 지녔다며 비난하는 글을 보게 될 것이다.

베이즈주의자는 '근본주의 빈도주의자, 정통 빈도주의자, 반베이즈주의'라는 표현을 써가며 상대 진영을 비판하고, 빈도주의자는 '우쭐거리는 베이즈주의자, 성난 반빈도주의자, 베이즈주의 지지자, 완고한 베이즈주의자'라는 표현을 써가며 상대 진영을 비판한다. 한 통계학자는 베이즈주의와의 단절을 선언하며 '베이즈주의 교회를 떠나 신선한 공기를 마셔보시라'라는 제목으로 글을 작성하기도 했다.[17]

다른 수많은 정체성 전쟁과 마찬가지로 확률전쟁은 1980년대에 베이즈주의자들이 공격을 받는다고 느끼면서 시작됐다. 그들은 문제아로 찍히는 것을 막기 위해 'B'로 시작하는 말을 입에 올리지 않으려고 조심할 때가 많았다. 베이즈 방법론을 선호했던 한 교수가 노골적으로 이견을 드러낸 탓에 대학에서 쫓겨난 일도 있었다. 베이즈주의를 일찌감치 받아들였던 앨런 겔

팬드Alan Gelfand 교수는 "우리는 항상 억압받는 소수였고, 학계에서 인정받으려 노력했다"고 회상했다.[18] 지금은 판이 뒤집혔다. 지난 15년 사이에 베이즈주의가 대중성을 획득하면서 이제 빈도주의자가 소외감을 느끼는 처지가 됐다. 아닌 게 아니라 한 빈도주의 통계학자는 '유배 중인 빈도주의자들'이라는 제목의 글을 블로그에 올리기도 했다.[19]

확률전쟁은 대학의 울타리를 넘어 인터넷에서도 치열하게 벌어졌다. 2012년 웹 만화 〈XKCD〉에는 빈도주의자와 베이즈주의자 간의 차이점을 다루면서 전자를 조롱하는 만화가 올라왔다.[20] 반응은 뜨거웠으며 한 사람은 이런 농담을 던지기도 했다.

"다음번엔 이스라엘 사람들과 팔레스타인 사람들로 만들어봐. 그게 논란을 덜 일으킬 거야."[21]

신념이 정체성으로 변할 때 나타나는 8가지 신호

어떤 신념이 곧 그 사람의 정체성이라는 사실이 자명하게 보일 때가 있다. 가령 인스타그램의 자기소개란 첫째 줄에 '자랑스러운 채식주의자'라고 써놨다든지, 만나는 친구가 죄다 채식주의자거나 채식주의자 집회에 참석한다든지, 채식주의자임을 드러내는 배지와 티셔츠를 착용한다면 모를 수가 없다. 공식 명찰이나 회원증처럼 확실히 자기 신념을 드러낼 때도 있지만, 미묘하게 정체를 숨겨 잘 드러나지 않는 경우도 많다. 이미 사적인 영역에 들어온 신념을 알아차리려면 다음과 같은 징후를 살펴야 한다.

1. "나는 믿어"라고 말한다

어떤 주장을 할 때 "나는 믿어"라는 표현을 쓰면 그 명제가 자신의 정체성에 중요하다고 알리는 것과 같다. "나는 낙관주의를 믿어", "사람들은 선할 때가 더 많다고 나는 믿어", "여성들이 세상을 바꿀 거라고 나는 믿어" 같은 문장을 살펴보자. 개인의 의견을 말하면서 굳이 "나는 믿어"라고 덧붙이는 건 사족이다. 이렇게 표현하는 이유는 그저 세상을 기술하려는 게 아니라 자기 자신을 규정하고 있기 때문이다. "사람들은 바뀔 수 있어"라는 말은 세상이 어떻게 돌아간다고 생각하는지에 관한 진술이다. 하지만 "사람들은 바뀔 수 있다고 나는 믿어"라는 말은 자신이 어떤 사람(아량 있고, 너그럽고, 동정심 있는 사람)인지 나타내는 표현으로 자기에 관한 진술이다.

2. 특정 이념이 비난받으면 짜증을 낸다

⟨IFLS I F*cking Love Science⟩는 대중적인 과학 웹사이트로 친과학적 밈이나 만화, 그리고 '소아마비? 나도 안 걸렸어. 고마워, 과학' 같은 구호를 공유하는 페이스북 페이지다. 이 사이트에서 진행한 한 토론에서 제시카라는 사람은 과학자들이라 해도 자신의 신념을 반박하는 사실에 저항할 때가 많다고 지적했다.

"인간은 인간일 뿐이야."

과학에 관해서 이 정도 얘기는 온건한 수준의 비판이다(그리고 제시카의 말은 부정할 수 없는 사실이다). 그러나 워런이라는 사람은 과학의 위대함을 모욕하는 발언이라고 받아들여 발끈했다. 그는 이렇게 응수했다.

"어, 아니야. 결코, 절대, 절대 아니야. 과학이라는 학문은 그런 식으로 움직이지 않아. 전혀 그렇지 않다고."[22]

비난을 인지한 뒤 거기에 맞서 특정 집단이나 신념 체계를 방어하고 싶은 욕구를 느낀다면 자신의 정체성이 개입됐을 가능성이 크다. 근래에 '무신론자는 일부가 생각하는 것만큼 그리 합리적이지 않다. 그 이유는 무엇인가?'라는 글을 읽었다. 나는 방어하고 싶은 욕구를 느꼈고, 본문을 읽기도 전에 그 주장을 반박할 태세를 갖췄다. 그러나 역설적이지만 나도 이와 똑같은 말을 전에 한 적이 있다. 자칭 무신론자 가운데 어떤 이들은 무신론을 지지하는 것이 곧 자신이 합리적이라는 사실을 입증한다고 착각한다는 게 요지였다. 하지만 유신론자가 무신론자를 폄훼할 의도로 주장을 펼쳤다고 생각해 나도 모르게 화가 난 것이다.

3. 저항적인 언어를 쓴다

과학을 자기 정체성으로 삼는 사람은 '자랑스러운 괴짜'라든지 '과학을 수호하자' 같은 표어가 적힌 티셔츠를 입는다. 아기에게 분유를 먹이는 엄마들은 '당당한 분유수유 옹호론자'[23] 또는 '분유수유부를 지지한다'라는 글을 블로그에 올리거나 자신을 '용감한 분유수유 엄마'라 지칭한다.[24] 한편 모유를 먹이는 엄마들은 이렇게 말한다.

"모유수유보다 자신의 수유 방식이 더 낫고, 충분한 지식이 있으며, 심지어 그런 방식으로 아이를 키우는 데 긍지를 느낀다고 공공연히 떠드는 엄마가 있다면 훗날 크게 후회할 것이다."

'나는 자랑스럽다, 수호하자, 당당하게, 용감하게' 등의 저항적인 언어는 박해받는 소수자와 자신을 동일시하며 침묵을 강요하고, 억압하고, 조롱하는 사회에 맞서 싸운다는 것을 보여주는 징표다.

4. 말투에 정당성을 강조한다

우리가 어떤 말을 할 때 끝에 때때로 다음과 같이 덧붙여 정당성을 강조한다는 사실을 아는가?

"끝, 결론 났어, 더 말할 것 없어, 간단한 거야."

또는 요즘 유행하는 것처럼 단어마다 힘줘 문장을 끊어 말하는가?

"이 정책을 지지하는 건 아니지? 그렇다면. 너도. 문제야."

경제학 칼럼니스트 메건 맥아들Megan McArdle은 정당성을 강조하는 말투가 무엇인지 보여주는 적절한 비유를 제시했다.

"당신(은 물론 당신과 관심사가 같은 친구들)을 훌륭한 사람으로 만들어주는 메시지, 당신이 도덕적 거인이 돼 누구든 무찌를 수 있는 윤리적 논리를 펼치며 위풍당당하게 행진하는 그림이 떠오르는 메시지를 말한다."[25]

5. 결정권자 노릇을 한다

'당신은 자신을 페미니스트라 부를 자격이 없다'는 문장을 인터넷에서 검색해보자. 호칭과 관련해 여러 자격 요건을 일방적으로 부여하는 이들이 많다는 사실을 발견할 것이다. 이를테면 '다양한 형태의 차별을 받지 않는다면 페미니스트라 부를 자격이 없다'[26]거나 '낙태할 권리를 믿지 않는다면 페미니스트라 부를 자격이 없다'[27]는 조건이 있다.

특정한 호칭이 자신의 신념을 설명하는 것 이상이 될 때(호칭이 지위를 나타내는 상징 또는 자부심의 원천으로 느껴질 때) 그 호칭을 또 어떤 사람이 쓰는지 신경 쓰인다. 그래서 호칭의 경계를 정하고 감시하는 일이 중요해진다.

〈IFLS〉가 갈수록 인기를 끌며 회원 수가 수천만 명에 달하자 친과학 성향의 사람들 가운데 일부가 짜증을 냈다. 그들은 모여서 불만을 토로했다.

"〈IFLS〉에서 과학을 대하는 태도는 천박하기 그지없다. 이런저런 밈과 우주 사진으로 도배한 게 전부다! 그런 건 과학을 사랑하는 게 아니다!"

만화가 크리스 윌슨Kris Wilson이 〈IFLS〉 팬들에게 불만을 터트린 사람으로 특히 유명하다.

"정말로 과학을 사랑하는 사람은 거대하고 빛나는 발견뿐 아니라 사소하고 단조로운 사실을 탐구하며 인생을 보낸다. 당신들은 과학을 사랑하는 게 아니다. 그저 지나가는 여자 엉덩이를 쳐다보듯이 과학을 바라보는 것에 불과하다."[28]

6. 상대의 불행을 보면 즐겁다

다음과 같은 문장으로 시작하는 기사를 봤다고 가정해보자.

"이번 주에 열린 [집단 이름] 콘퍼런스가 미흡한 준비와 참가자들 사이의 심한 언쟁으로 파행 속에 막을 내렸다."

기사의 괄호 안에 특정한 이념집단의 이름이 들어가면 슬그머니 입꼬리가 올라가 웃음이 나오고 그들에게 불행이 일어났다는 이유로 즐거운 기분이 드는가?

당신이 반대하는 이념을 추구하는 집단의 위신이 떨어졌다는 소식 때문에 즐거움을 느낀다면 적대적 정체성이 형성됐다는 징후다. 뭔가에 대립함으로써 생기는 이 정체성은 가리키는 고유한 명칭이 없어 그 존재를 놓치기 쉽다. 그러나 적대적 정체성은 언제든 우리의 판단을 왜곡할 수 있다. 히피, 컴퓨터광, 자유주의자, 근본주의자를 비롯해 특정 이념집단에 자주 혐오감이 든다면, 그들이 믿는 가치를 떨어뜨리는 정보는 무엇이든 신뢰하고 싶은 동기가 생긴다.

채식주의자를 보면 짜증이 나는가? 그러면 채식주의 식단이 건강하지 않다는 소식이 들릴 때 무척 반가울 것이다. 오만한 테크브로techbros를 보면 늘 비웃어주고 싶은가? 기술 회사에 대한 부정적인 가짜 뉴스를 봐도 별로 비판하고 싶은 마음이 생기지 않을 것이다.

7. 멸칭을 짓는다

정치와 문화 등의 담론에서 비난의 의도가 섞인 다음과 같은 멸칭을 들어봤을 것이다. 소셜 저스티스 워리어(social justice warrior, 사회정의 사도), 페미나치, 넥비어드, 스노플레이크(snowflake, 쉽게 상처받고 징징대는 사람), 워크 브리게이드(Woke Brigade, 불의에 깨어 목소리를 내는 사람들), 리브타드(libtard, 무식한 진보주의자), 락티비스트(lactivist, 강경한 모유수유 운동가), 브레스타포, DFFs(Defensive Formula Feeders, 방어적인 분유수유부) 등이 있다.

아이가 없는 사람들은 때로 아이가 있는 사람들을 브리더스(breeders, 사육자)라 부르고, 그들의 아이를 가리켜 스폰(spawn, 알)이라 칭하기도 한다. 그리고 어디서나 사용되는 욕설이 있다. 멍청이, 얼간이, 저능아, 정신병자….

어떤 사안에 관해 이야기하면서 이런 욕설을 사용한다면, 그 사안을 단지 이론상의 논쟁이 아니라 사람들 간의 투쟁으로 인식한다는 징후다. 상대를 향해 경멸하는 단어나 욕설을 쓴다고 해서 이쪽의 견해가 틀리고, 저쪽의 견해가 반드시 옳다고 볼 수는 없다. 하지만 멸칭을 쓰는 이는 십중팔구 특정 이념 때문에 판단에 악영향을 받는 상태라고 볼 수 있다.

8. 자신의 견해를 강하게 방어한다

남들 앞에서 공개적으로 어떤 견해를 강하게 주장할수록 자존심, 평판과

끈끈히 결속돼 이후에는 그 견해에서 돌아서기 힘들어진다.

가령 회사에서 느린 성장보다는 빠른 성장 전략을 지지하는 사람, 어떤 프로젝트를 낙관하지 않고 비관하는 사람, 직관에 의존하지 않고 데이터에 충실한 정책을 지지하는 사람으로 남들에게 알려지면, 이 입장은 정체성의 일부로 느껴지기도 한다. 또 친구들 사이에서 크로스핏이나 대체의학, 홈스쿨링 지지자로 알려질 때도 마찬가지다.

자신의 입장을 부당하게 공격하는 비판에 맞서 자기방어를 할 일이 발생하면 문제는 더 복잡해진다. 생각을 바꾸는 것은 이제 적에게 승리를 안겨주는 것처럼 느껴진다. 아기 낳을 생각이 없는 사람으로 알려졌다가 나중에 출산하기로 선택을 바꾼 여성은 이 과정이 무척 힘들었다고 털어놨다.

"사람들이 계속 '생각이 바뀌실 겁니다!'라고 말하는데 내 선택이 틀려먹었다고 말하는 것처럼 들리는 거예요. 정작 아기를 갖고 싶어도 그들이 옳았다고 입증하는 모양새가 되니 얼마나 화가 났는지 몰라요."[29]

신념이 정체성으로 바뀔 때 발생하는 문제점은 그로 인해 서로 대립하게 되는 것이 아니다. 적어도 여기서 중시하는 문제점은 아니다(잘 지내는 것도 물론 중요하지만, 이 문제는 책의 논의를 벗어난다).

신념이 정체성과 결합할 때 생기는 진짜 문제는 판단력을 떨어뜨리는 것이다. 특정 신념을 자신과 동일시하면, 어떻게든 신념을 지키려 방어진을 구축해야 할 것 같고, 신념을 지지하는 증거를 선별하는 데 몰두한다. 또한 자신에 대한 공격이나 속한 집단의 위상을 공격하는 주장에 자기도 모르게 반감을 느낀다. "모유가 아이 건강에 미치는 장점은 무엇인가?"처럼 실증적인 질문에도 감정이 개입되고 판단력이 흐려지면 엉뚱한 대답을 한다. 나는 좋은 엄마, 좋은 페미니스트라며 자기를 방어하고, 친구들이 나를 정죄하지는 않을지, 우리 편이 정당성을 입증했는지 아니면 수모를 당했는지 염려한다.

일단 특정 신념이 정체성으로 자리 잡으면, 관련 정보가 뒤바뀌어도 기존의 신념을 수정하기가 훨씬 더 어렵다. 1980년대에 HIV가 모유를 통해서도 전달될 수 있다는 증거가 속속 드러났다. 미국 질병통제센터는 HIV 감염 산모들에게 모유수유를 삼가라고 권장하는 건강지침을 신속히 발표했다. 그러나 모유수유 지지자들은 경고를 거부했다.[30] "모유는 천연의 완전식품이라 나쁠 게 없다. 모유는 절대 위험할 리 없다." 게다가 그들은 오랜 세월 질병통제센터와 대립점에 섰던 터라 새로 발표한 건강지침에 불순한 저의가 있으리라 의심했다. 질병통제센터가 분유수유 집단의 로비를 받은 게 틀림없다고 여겼다.

증거가 산더미처럼 쌓인 1998년이 돼서야 일부 선도적인 모유수유 지지단체에서 모유를 통한 HIV 감염 가능성을 인정하며 그들을 따르는 산모들에게 사실을 알렸다. 그러나 이미 많은 아이가 질병에 걸린 후였다. 특정 신념을 자신의 정체성으로 삼는 것은 말 그대로 목숨이 오가는 일이다.

정체성을
가볍게 유지하는 노력

○○

정체성이 판단력에 미치는 큰 영향을 처음 알게 됐을 때 나는 적잖이 놀랐다. 그때가 10년 전인데, 기술 회사 투자자 폴 그레이엄 Paul Graham이 〈정체성을 작게 유지하라〉라는 글로 유명해졌을 때다. 그레이엄은 내가 이전 장에서 설명한 문제를 지적하며 이렇게 경고했다.

"자신을 가리키는 별칭이 많을수록 판단력이 흐려진다."[1]

그레이엄의 글에 자극받은 나는 어떤 이념이나 운동, 집단과 나 자신을 동일시하는 일을 삼가기로 했다.

그러나 곧 문제에 부딪혔다.

별칭을 피하는 일은 초보자에게는 무척이나 불편했다. 채식주의 식단만 먹을 때였는데, 어떤 사람이 저녁 파티를 계획하면서 혹시 안 먹는 음식이 있는지 물었다. 그냥 "저는 채식주의자예요"라고 말하면 간단하고 정확하게 의사를 표현할 수 있음에도 "저는 달걀이랑 유제품, 고기 등을 먹지 않아요"라고 말해야 했다.

게다가 가리는 음식이 있다는 것만으로도 가족이나 친구에게 이미 부담을 안기는 상황에서, 누군가가 나를 '채식주의자'라고 지칭하면 곧바로 끼어들어 "사실은 채식주의 식단을 먹는 사람이라고 불러주면 좋겠어"라고 상대의 말을 교정해야 하는데 그러고 싶은 생각은 추호도 없었다.

이보다 더 곤란한 문제도 있었다. '효율적 이타주의'처럼 사회에 좋은 영향을 끼친다고 확신하기에 내가 따르는 몇몇 단체와 운동을 지원하는 문제였다.* 이들의 가치와 운동을 지지하는 사람이라고 정체성을 밝히지 않는다면, 운동을 전파하는 데 힘을 보태기 어려울 것이다.

스스로를 지칭하는 여러 이름을 모두 제거하려 했던 시도는 결국 몇 가지 변화만 유지하는 것으로 마무리됐다. 일례로 나는 공식적으로는 민주당원으로 등록돼 있지만 이제는 나를 가리켜 민주당원으로 지칭하지 않는다. 정체성과 관련된 이름을 없애는 노력에는 한계가 있음을 받아들였다. 우리가 할 일은 각종 명칭과 신분이 사고와 가치관을 점령하지 못하도록 거리를 유지하는 것이다. 나는 이를 가리켜 '정체성을 가볍게 유지하는 노력'이라고 부른다.

---

*
12장에서 언급한 사회 운동으로, 객관적 논거와 증거 자료에 근거해 가장 효율적인 선행 방법을 찾는 운동이다.

정체성을 가볍게 유지한다는 것

정체성을 가볍게 유지하는 것은 그 정체성을 자부심의 원천이나 인생의 의미로 삼지 않고 '객관적인 사실만 인정하는 것'을 의미한다. 정체성은 남들 앞에 자랑스럽게 흔드는 깃발이 아니다. 단지 자기를 나타내는 서술문 그 이상도 이하도 아니다.

예를 들어, 내 친구 벤은 자신을 페미니스트라고 밝히곤 했다. 페미니즘에 반대하는 주장을 들으면 마치 자기 부족이 공격받는 듯한 기분이 들었다. 당장에라도 논쟁에 뛰어들어 페미니즘 비판자를 반박하고 싶을 때가 한두 번이 아니었다.

이에 벤은 정체성을 가볍게 유지하기로 마음먹었다. 앞으로 사람들이 페미니스트냐고 물으면 벤은 아마 그렇다고 대답할 것이다. 이 명칭이 기본적으로 자신의 견해를 적절히 설명해주기 때문이다. 하지만 스스로는 '페미니스트 합의에 포함되는 대다수 사상에 동의하는 사람'으로 자신을 규정하기로 했다.

이런 구분 자체가 사소하게 느껴질지는 몰라도, 내면에서 일어나는 감정은 차이가 무척 크다. 벤은 이렇게 말한다.

"페미니즘의 장점에 관한 논쟁에 참여할 때, 이전보다 가볍게 접근한 덕분에 몇몇 사안에서는 생각을 바꿀 수 있었어."

그보다 더 큰 차이점은 벤의 표현을 빌리자면 "인터넷에서 누가 헛소리를 한다니까!"라고 흥분하는 감정이 누그러진 것이다. 예전에는 인터넷에서 페미니즘에 관해 비생산적인 논쟁이 벌어질 때마다 뛰어들어 싸우고 싶은 욕구가 치솟곤 했다.

정치적 정체성을 가볍게 유지하는 사람도 자신이 지지하는 정당이 선거에서 이길 때 기뻐한다. 그러나 상대 정당이 선거에 지는 수모를 당해서가 아니라 지지하는 정당이 국가를 제대로 이끌어가기를 기대할 수 있어서다. 2012년 오바마 당선 이후 일부 민주당원들이 '우파의 발작'[2]을 보며 기뻐했고, 2016년 트럼프 당선 이후 일부 공화당원들이 '좌파의 눈물'을 즐겼던 것과 달리 이런 사람은 패자를 조롱하고 싶은 유혹에 빠지지 않는다.

정체성을 가볍게 유지하는 것은 정체성을 '임시 정체성'으로 대하는 태도를 말한다. 이를테면 "진보주의가 정당하게 여겨지는 한 나는 진보야" 또는 "나는 페미니스트야. 하지만 어떤 이유로든 이 사상이 해만 끼친다는 생각이 들면 그 즉시 버릴 거야"라고 말하는 것이다. 특정 집단의 신념이나 가치와는 별개로 자기만의 신념과 가치에 대한 감각을 유지하고, (적어도 머릿속에서는) 이 2가지가 분기하는 지점이 있음을 인식하는 것이다.

"나는 생각 없이 따라가는 공화당원이 아닙니다"

배리 골드워터Barry Goldwater는 '미스터 공화당, 공화당의 영웅, 현대 미국 보수주의의 아버지, 미국 보수주의 운동의 영웅'으로 불렸다. 골드워터에게 붙은 명칭은 어떤 면에서는 틀리지 않았다. 골드워터는 열렬한 반공산주의자로서 작은 정부와 주정부의 권리가 중요하다고 믿었다. 그러나 골드워터는 특이하게도 공화당원이라는 정체성을 가볍게 유지했다. 그는 상원의원 선거를 뛰는 첫 집회에서 이렇게 선언했다.

"나는 생각 없이 따라가는 공화당원이 아닙니다."

골드워터는 공화당 지지자들에게 정당의 견해에 동의하지 않을 때는 당에 협조하지 않겠다고 약속했다.[3] 그리고 평생 동안 이 공약을 지켜냈다.

1970년대에 공화당 출신의 리처드 닉슨Richard Nixon 대통령이 불법 도청과 다른 범죄 혐의로 조사받을 때, 골드워터는 닉슨에게 조사에 정직하게 임하라고 공개적으로 요구했다. 이때 백악관 측에서는 혐의를 조사하는 것이 대통령의 평판을 더럽히려는 민주당의 책략이라며 당파적 프레임을 짜려 했다. 골드워터는 조사위원회를 이끌던 민주당 의원의 진실성을 옹호했다("지금까지 그에게서 아무런 당파성도 읽지 못했습니다").[4] 불리한 증거가 쌓이는 와중에 닉슨이 수사 진행을 방해하자, 대표단을 이끌고 백악관을 찾아가 하원과 상원 모두 대통령을 향한 지지를 거뒀으며, 유죄 판결만이 닉슨을 기다린다고 알린 사람도 골드워터였다. 닉슨은 이튿날 사임했다.[5]

1980년대에 공화당 출신의 로널드 레이건Ronald Reagan 대통령이 이란-콘트라 사건에 관해 알지 못했다고 주장했을 때도 골드워터는 회의적인 태도를 보이며 그 말을 믿지 않는다고 말했다. 당시 골드워터를 취재했던 한 기자는 이렇게 기억한다.

"골드워터다운 모습이었습니다. 당적이나 친구보다 진실을 파악하는 걸 훨씬 더 중요하게 여겼죠."[6]

골드워터는 보수주의 핵심 원리를 굳건히 지켰지만, 특정 사안에서는 종종 보수당과 견해를 달리했다. 그는 동성애자 권리가 자신이 믿는 원칙을 위배하지 않는다고 봤다. "동성애자 권리는 우리가 동의하고 말고 할 일이 아닙니다. 그들에게는 헌법이 보장하는 권리가 있습니다."[7] 그런 발언이 동료 보수주의자에게 좋게 들릴 리 없었다. 1980년대에 낙태를 지지하기로 했을 때도 마찬가지였다. 로 대 웨이드Roe v. Wade 사건에서 대법원이 낙태를 인정하는 판결을 내렸을 때 골드워터는 판결을 옹호했다.

1994년 민주당 출신의 빌 클린턴Bill Clinton 대통령이 화이트워터부동산개발회사Whitewater Development Corporation 비리 의혹으로 조사를 받았다. 공화당원들은 대통령과 영부인 힐러리 클린턴Hillary Clinton이 사기뿐 아니라 여러 중범죄에 연루됐다고 주장했다. 당시 골드워터는 지팡이를 짚고 다니는 85세의 백발이 성성한 노인으로, 클린턴 대통령을 별로 좋아하지 않았다. 과거에 그는 기자와 인터뷰하며 클린턴을 비평했는데, 외교 정책에 관해 '쥐뿔도 모른다'면서 이렇게 덧붙인 적도 있다.

"클린턴이 할 수 있는 최선은 (내가 이 문제로 그에게 편지도 썼던 것 같은데 확실하진 않아요) 제발 그 입을 다무는 것입니다."[8]

그러나 골드워터는 사건을 공정하게 해석하고 싶어서 화이트워터 사건의 혐의점을 밤새 살폈다. 이튿날 그는 자신의 집으로 기자들을 불러 공화당은 클린턴에게 불리한 증거를 갖고 있지 않다고 발표했다.

"이 일을 크게 문제 삼을 만한 어떤 증거도 아직 발견하지 못했습니다."[9]

공화당원들은 기자회견이 영 못마땅했다. 공화당 본사와 라디오쇼에 분노한 공화당원들의 전화가 쇄도했고, 한 보수 성향의 토크쇼 진행자는 불만을 터뜨렸다.

"자신이 속한 당이 치열하게 상대를 공격할 때 한가로이 공격을 중단해서는 안 된다는 사실을 골드워터는 모른단 말입니까?"[10]

비난에 대한 골드워터의 반응은 그답게 퉁명스러웠다.

"알려드려요? 난 그런 비난에 신경 쓰지 않습니다."

이념의 튜링 테스트를 통과할 수 있는가?

1950년대에 선구적인 컴퓨터 과학자 앨런 튜링Alan Turing은 인공지능이 인간처럼 생각할 수 있는지 판단하는 테스트를 제안했다. '인공지능은 인간과 동등하게 생각할 수 있을까? 다수의 판정단이 두 상대(인공지능과 인간)와 대화한다면, 어느 쪽이 인공지능이고 어느 쪽이 인간인지 구분할 수 있을까?' 이것이 오늘날 '튜링 테스트'라 불리는 실험이다.

경제학자 캐플런은 비슷한 논리를 응용해 '이념의 튜링 테스트'를 제안했다.[11] 어떤 사상이나 이념을 제대로 이해하는지 판단하는 방법이다.

어떤 이념을 타인에게 설명한다면 그 이념을 '실제로 신봉하는 사람처럼' 설득력 있게 설명할 수 있는가? 상대는 이념의 진짜 신봉자가 설명하는 것과 당신이 설명하는 것의 차이를 구분할 수 있을까? 하스켈을 최고의 프로그래밍 언어라고 생각한다면, 왜 누군가는 그 언어를 싫어하는지 설명할 수 있는가? 낙태 합법화에 찬성한다면, 왜 누군가는 반대하는지 설명할 수 있는가? 기후변화가 심각한 문제라고 확신한다면, 왜 누군가는 회의적인 입장인지 설명할 수 있는가?

이론상으로는 반대 진영의 사람에게 실제로 자기를 평가해달라고 부탁할 수도 있겠지만 여의치 않을 때가 많을 것이다. 시간이 오래 걸릴뿐더러 당신의 설명을 좋은 마음으로 들어줄 수 있고, 게다가 당신이 신뢰할 만한 청자를 어렵게 찾아내야 한다. 따라서 나는 이념의 튜링 테스트를 북극성처럼 내 사고를 평가하는 일종의 길잡이로 삼는다.

'상대 진영의 신념이나 주장을 그들이 봐도 어색하지 않게 내가 설명할 수 있는가?'

이 테스트 기준에서 평가해보면 실상 수행 결과는 대부분 기준 미달이다.* 적절한 사례를 하나 살펴보자. 진보 성향의 한 블로거가 보수주의자 입장에서 그들의 세계관을 묘사한 적이 있다. 그녀는 이렇게 입을 뗀다.

"세상이 두 동강 난 것 같은 암울한 순간에 제가 무슨 말을 할 수 있을까요. 다만 저는 이 말을 전합니다. 보수주의자 여러분. 저는 당신들을 이해합니다. 진보주의자 입에서 이런 말을 듣게 되리라고는 예상치 못했겠지만, 저는 진심으로 당신들을 이해합니다."[12]

처음에는 이렇듯 진지하게 출발했지만, 보수주의자의 입장에 서려 했던 노력은 결국 상대를 희화화하는 것으로 끝나고 말았다. 다양한 주제에 관해 그녀가 느낀 보수주의자들의 견해는 다음과 같았다.

- **자본주의에 관해:** "최상위층이 가능한 한 많이 가져가야 한다. 이것이 자연스러운 질서다. … 게으름 피우지 않고 열심히 살면 된다. 이는 모두가 아는 비밀이다. 어째서 다들 가난하고 게으르게 사는가?"
- **페미니스트에 관해:** "저 여성들은 불만을 토로하고, 요구하고, 자리를 차지한다. … 도대체 자기네들이 뭐라고 생각하는가?"
- **낙태에 관해:** "얼마나 한심한 일인가 … 여성들 스스로 이런 과격한 결정을 내린다니."

---

* 테스트를 통과하지 못한 사람들 중에는 테스트를 공개적으로 지지한 사람도 포함된다. 어떤 이는 이념의 튜링 테스트를 통과하는 일의 중요성을 강조하면서 이렇게 덧붙였다. "물론 사람들은 이 테스트를 받기 싫어할 때가 많아요. 그러다 혹시 자기가 전향할까 봐 두려운 거죠." 이념의 튜링 테스트를 받고 싶지 않은 사람은 정말 이런 이유로 테스트를 거부했을까? 나는 그렇게 생각하지 않는다.

• **동성애자와 트랜스젠더에 관해:** "그들은 존재해서는 안 된다. 존재 자체가 실수다. 실수임이 틀림없다. 아니, 잠깐… 신은 실수하지 않으신다. 당신은 싫겠지만, 여기서 무슨 일이 벌어지는지 이 이상은 알지 못한다. 그래서 마음이 어지럽고, 통제할 수도 없는 상태다."

보수주의 쪽 사람에게 이 글을 보여준 뒤 이념의 튜링 테스트를 통과할지 예측해달라고 굳이 부탁할 필요는 없을 것이다. 진보 성향 블로거가 묘사한 자본주의에 관한 보수주의 견해는 만화에 등장하는 악당이나 내뱉을 말이다. 한자리 차지하고 스스로 자기 결정을 내린다고 여성을 묘사하는 논리도 진보주의자가 보수주의자와 논쟁하는 맥락에서 이 사안을 보는 시선이다. 트랜스젠더와 동성애자에 관해 설명하다가 근본적으로 모순되는 사실("존재 자체가 실수다. 아니, 잠깐… 신은 실수하지 않으신다")을 갑자기 깨닫는 대목을 보면 보수주의자를 공격하고 싶어 안달이 난 게 보인다.

보수주의자 관점에서 이야기해보겠다고 했지만, 그녀는 보수주의를 혐오하는 진보주의자의 목소리로 되돌아갈 수밖에 없었다. 그러고 보니 엄마가 썼다는 편지를 교사에게 건넨 초등학생 이야기가 딱 떠오른다.

"친애하는 선생님께. 빌리는 오늘 아프니까 학교 수업에 빠지는 것을 이해해주세요. 우리 엄마로부터."

이념의 튜링 테스트는 지식 능력을 알아보는 데 활용할 수도 있다. 우리는 상대편의 신념을 얼마나 깊이 이해하는가? 아울러 정서 평가 테스트로도 유용하다. 상대편의 이념을 희화화하지 않을 만큼 자신의 정체성을 가볍게 유지하는가?

이념의 튜링 테스트를 실행하려는 마음을 먹는 것만으로도 의미가 있다.

정체성을 무겁게 붙들고 있는 사람은 자기가 보기에 혐오스럽고 해로운 생각을 이해하려는 시도 자체를 꺼릴 때가 많다. 그렇게 하는 것은 적에게 도움을 주고 그들을 위로하는 행위로 느껴진다. 상대가 얼마나 잘못됐는지 비판하고 혐오하는 것이 아니라 그들의 생각을 조금이라도 바꾸고 싶은 마음이 있다면 상대의 관점을 반드시 이해해야 한다.

'나'를 덜어내야 설득할 수 있다

2014년 3월, 배우 크리스틴 카발라리Kristin Cavallari는 자녀에게 예방접종을 시키지 않기로 남편과 결정했다고 선언했다. 두 사람이 수많은 책과 자료를 조사한 결과 위험을 무릅쓰고 백신을 접종할 가치가 없다는 것이었다. 이에 한 기자는 비웃으며 말했다. "아하, 책이요. 책을 읽었다고 말씀하신 거예요?" 그러고는 시청자들을 향해 말했다.

"마지막으로 한마디 드리자면, 멍청한 텔레비전 스타들의 말을 듣지 마시고 의사의 말을 들으세요. 자녀에게 예방접종을 시키지 않으면 한심하기 짝이 없는 부모입니다. 이상입니다."[13]

하지만 이 기자가 상정한 시청자는 정확히 어떤 사람들인가? 확실한 근거도 제시하지 않은 채 부모의 두려움을 아무 근거 없는 것으로 취급하며 한심한 부모라고 비웃는 사람의 말에 설득당할 사람들은 누구인가?

또 다른 기자는 카발라리의 선언을 보고 예방접종에 관해 안내하는 기사를 작성했다.[14] 처음에는 합리적인 대응 방법처럼 보였지만, 백신 회의론에 대한 경멸("비과학적인 헛소리")과 독자들을 향한 우월감("백신은 안전하다. 그러니까 다시 읽어보자")이 뚝뚝 묻어나는 기사였다.

안내 기사를 쓴 기자 역시 핵심을 완전히 벗어났다. 백신의 안전성을 주장하려고 기자는 보건부의 발표를 인용하며 안전성을 입증한 과학실험을 참조한다. 하지만 백신 회의론자는 주류 의학계가 백신이 안전하다고 주장한다는 사실을 이미 안다. 문제는 카발라리가 이런 기관을 신뢰하지 않는 것이다. 그럼에도 기관의 권위에 의지해 말을 인용하는 것은 그녀가 무엇을 의심하는지 이해하지 못한다는 사실을 증명하는 꼴이다.

요컨대 우리가 지적·도덕적으로 상대보다 우월하다고 느낄 때 누군가의 생각을 바꾸기란 쉽지 않다. 앞서 소개한 경제학 칼럼니스트 메건 맥아들은 이렇게 말했다.

"나는 인터넷에 글을 쓰며 비판의 철칙이라고 할 만한 교훈을 배우기까지 몇 년이 걸렸다. 우리가 쓰는 글이 자기의 자부심을 높일수록 다른 이를 설득할 가능성은 더 적다는 것이다."[15]

이해가 먼저다

지금은 생각이 바뀌었지만, 과거에 애덤 몽그레인Adam Mongrain 기자는 백신 회의론자들을 보면 한심하다는 생각밖에 들지 않았다. "그들이 틀렸다는 사실을 내가 안다는 게 문제가 아니라 지적·도덕적으로 그들보다 우월하다고 확신한 게 문제였습니다. … 심지어 누군가 백신 회의론을 조심스레 꺼내기만 해도 믿을 수 없다는 듯 질겁한 표정을 능숙하게 지어 보였죠"라고 그는 말했다.[16]

몽그레인은 예방접종을 꿋꿋이 거부하는 싱글맘과 사귀면서 태도가 바뀌었고 나중에는 그녀와 결혼도 했다. 그는 아내를 멍청이라고 무시할 수가 없었다. 백신 얘기가 나온 것은 몽그레인이 그녀와 만나면서 지적이고 다정다감한 사람이라고 이미 높이 평가할 때였다. 그는 이런 사람이 어떻게 해서 백신 회의론자가 됐는지 이해하려 애썼다. 관계가 깊어지면서 몽그레인은 여러 사실을 알게 됐다.

첫째, 어떤 이가 백신과 관련해 전문가들의 중론에 회의적이라고 해서 그 사람이 미친 것은 아니다. 기억해야 하는 비극적인 선례가 여럿 있다. 납 페인트, 담배 등도 모두 처음에는 안전하다고 인정받았다. 그렇다면 전문가들이 "우리를 믿으세요. 백신은 확실히 안전합니다"라고 외칠 때 누군가 회의적인 태도를 보인다고 이를 비난할 수 있는가? 몽그레인의 아내도 의사를 불신하게 된 이유가 있었다. 청소년기에 약물 부작용으로 끔찍한 환각을 경험하고는 뇌에 미칠 악영향이 걱정됐다. 그러나 의사는 말도 제대로 듣지 않고 고민을 무시해버렸고, 이 태도에 그녀는 크게 실망했다.

일단 주류 의학과 백신의 효과를 의심하는 마음이 들면, 그 의심을 확증하는 증거를 찾기란 어렵지 않다. 아이들이 주사를 맞고 나서 자폐증에 걸렸다는 기사를 쏟아내는 거대한 대체의학 산업이 존재하기 때문이다. 실은 몽그레인의 처제도 관련 분야에서 일했다. 처제는 자칭 '자연요법 의사'로서 백신의 유해성을 집중적으로 연구했다. 몽그레인의 아내가 백신 문제로 고민할 때면 처제가 아내와 대화를 나누며 백신에 대한 의심을 다시 키우곤 했다.

아내와 처제의 모습은 비단 백신 회의론자만의 특징은 아니었다. 사람들은 으레 자신과 가까운 사람을 신뢰하기 마련이며, 믿는 바를 뒷받침하는 자료를 주로 읽는다. 불행하게도 인간에게 내재한 이런 성향이 때로 해로운 결과를 낳는다.

백신 반대자들의 생각을 이해하게 된 몽그레인은 우월한 입장에서 아내를 가르치는 대신 진솔하게 대화할 기회를 모색했다. 2015년 여름, 드디어 기회가 찾아왔다. 팬뎀릭스Pandemrix라는 백신이 아동에게 기면증을 유발한다는 소식이 들렸다. 의료계와 주류 언론은 이 소식이 백신접종 반대자들에게 의료계를 공격할 좋은 빌미가 될 것을 우려해 사실을 곧바로 인정하지 않았다.

의료계가 문제를 바로잡기까지는 오래 걸리지 않았고, 몽그레인은 이 사건이 아내의 우려가 잘못된 것이 아님을 인정해줄 적절한 사례라고 느꼈다. 그는 이렇게 말했다.

"팬뎀릭스는 때때로 의료계가 오판을 내리고, 언론이 공범이 되기도 한다는 사실을 보여주는 예였습니다. 나는 이를 솔직히 인정하며 아내가 우려하는 문제에 나 역시 동의한다고 얘기했습니다. 하지만 의료당국이 도리를 벗어나지는 않는다는 견해를 밝혔죠."17

우리 편의 약점을 인정할 줄 아는 태도는 그 사람이 특정 신조를 앵무새처럼 되뇌는 열심당원이 아니라, 대화가 가능한 사람임을 보여주는 표지가 될 수 있다. 백신을 주제로 대립각을 세우지 않고, 논쟁에 지더라도 상처받지 않는 선의의 대화가 몇 차례 오간 뒤 몽그레인의 아내는 그해 하반기 딸의 백신접종을 스스로 예약했다.

가벼운 정체성이 변혁을 이끈다

지금까지 정체성을 무겁게 매달고 사는 것이 어떻게 사고를 왜곡하는지 살펴봤다. 흑과 백으로 명료하게 구분하는 도덕적 감각과 선한 편에 서서 악과 싸운다는 생각은 전투병 관점을 유지하는 데 딱 맞는 조건이다.

하지만 정찰병보다는 전투병다운 자세가 사회 운동을 하는 데 이상적인 조건이라면 어떻게 할 것인가? 세상을 바꾸려면 열정이 필요하다. 헌신과 희생을 해야 한다. 전투병은 이분법적 세계관을 지니지만, 큰 산도 옮길 만한 열정으로 가득하다. 반면에 정찰병은 감탄이 나올 정도로 편견 없이 사고하지만, 너무 냉철하고 복잡미묘한 의미의 차이까지 따지느라 행동에 나서기까지 시간이 오래 걸릴 수 있다.

적어도 통설에 따르면 이렇다. 이 통설이 과연 맞는지 살펴보자.

첫째, 사회 운동은 각각의 의미와 가치가 다르다는 사실에 주목하자. 어떤 사회 운동은 다른 운동에 비해 효과가 훨씬 크고, 어떤 사회 운동은 개인의 정체성을 강화하는 수단으로 쓰인다(정의로운 편에서 투쟁한다는 만족감을 주기 때문이다). 효과와 정체성 2가지 차원에서 모두 좋은 점수를 받는 사회 운동도 있다. 경합주에서 민주당 후보의 선거를 돕는 열정적인 민주당원을 그려보자. 선거에 이기려 밤낮으로 노력한 시간은 그들의 정체성을 강화할 뿐 아니라 선거 운동의 효과도 높인다. 중요한 의석을 차지하려는 경합에서 선거캠프의 노력은 결과를 좌우한다.

하지만 사회 운동가들은 대체로 정체성과 운동 효과 중에서 어느 하나를 선택해야만 한다. 정체성을 가볍게 유지할수록 사회 운동의 효율성에 집중할 가능성이 크다. 10장에서 휴메인리그가 활동의 초점을 어떻게 바꾸는지

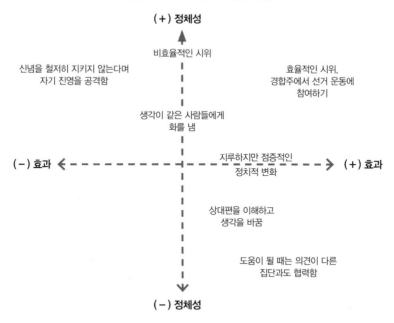

정체성과 효과를 보여주는 다양한 활동

(+) 정체성

비효율적인 시위

신념을 철저히 지키지 않는다며
자기 진영을 공격함

효율적인 시위,
경합주에서 선거 운동에
참여하기

생각이 같은 사람들에게
화를 냄

(−) 효과

지루하지만 점증적인
정치적 변화

(+) 효과

상대편을 이해하고
생각을 바꿈

도움이 될 때는 의견이 다른
집단과도 협력함

(−) 정체성

살폈다. 실험실 동물을 보호하는 차원에서 행하던 피켓 시위 방법론을 버리고, 주요 기업과 협상을 벌이며 공장식 축산으로 고통받는 동물을 보호하기로 전략을 바꿨다. 보호받는 동물의 개체 수 관점에서 보면 이런 전환으로 그들의 영향력은 이전보다 수백만 배 증가했다. 하지만 정체성 관점에서는 사악한 기업과 손잡고 친하게 지내는 것이 그리 매력적이지는 않을 터다.

반면 자기의 정체성을 강화하는 활동은 현실 세계에 거의 영향을 미치지 못한다. 자동차 범퍼에 특정 구호가 적힌 스티커를 붙이거나 인터넷에서 만난 생면부지의 사람에게 그들의 견해가 틀렸다고 욕설을 퍼붓는 사람을 생각해보자. 사회적 효과보다 정체성 강화에 집중하는 사회 운동 중에는 심지어 부정적인 영향을 끼치는 것도 있다. 그런 사람은 정해진 목표를 달성하는 데 악영향을 준다. 가령 95% 의견 합의에 이르고도 나머지 5% 차이 때문에 다른 활동가와 대립하고 논쟁하는 데 많은 힘을 소모하는 활동가도 있다.

지크문트 프로이트Sigmund Freud는 이를 가리켜 '사소한 차이의 나르시시즘'이라 불렀는데, 사소한 차이를 강조하며 이념적으로 이웃한 상대와 자신을 차별화하는 싸움을 자꾸 벌이는 것은 자기애적 정체성을 강화하려는 목적일 때가 많다.

효율적인 활동가는 목표를 향해 열정적으로 노력하면서도, 그 목표를 달성할 수 있는 최선의 전략을 냉철히 평가할 만큼 정체성을 가볍게 유지해야 한다. 이를 적절히 보여주는 사례가 바로 에이즈 확산 흐름을 역전한 소수의 정찰병, 즉 에이즈 치료 활동가들의 이야기다.

시민 과학자의 승리

7장에서 1990년대에 활동한 트리트먼트액션그룹이라는 일군의 에이즈 치료 활동가들을 만났다. 그들은 언제 죽을지 모르는 시한부 인생을 살았다. 다수가 HIV 보균자였으며, 에이즈가 급격히 확산한 후 주변의 친구나 연인이 차례로 죽음을 맞이했다. 기대해 마지않던 AZT 치료 효과가 위약보다 나을 게 없다는 암울한 소식이 1993년에 발표됐을 때, 활동가들은 이를 계기로 기존의 신념을 바꾸고 정보를 업데이트했다. 이전까지 그들은 오랜 세월이 걸릴 수 있는 표준적인 임상시험 과정을 거치는 대신 하루라도 빨리 신약을 출시하도록 정부를 압박해왔다. 그 전략이 실수였음을 절망 속에서 깨달았다. 활동가 데이비드 바David Barr는 이렇게 말했다.

"정말 중요한 깨달음이었습니다. 에이즈 치료 활동가로서 앞으로는 될 수 있는 대로 연구 결과에 따라 정책이 결정되게 하고, 그렇게 결정된 사안을 지지해야 한다는 것이었죠. 희망과 꿈, 두려움에 이끌려 특정 연구와 치료제를 지지해서는 안 되는 일이었습니다."18

그들은 '과학을 이해하자'는 새로운 지상 명령 아래 다시 신발끈을 묶었다. 트리트먼트액션그룹에 과학자는 한 사람도 없었다. 바는 변호사였고, 다른 활동가들은 금융계 종사자나 사진가 또는 극작가로 일했다. 그러나 과학을 공부하려는 열정은 매우 뜨거웠다. 그들은 매주 과학동아리 모임에서 만나 면역학 입문 교재부터 배워나갔다. 서로에게 과제를 내주고 낯선 전문 용어 목록을 만들었다. 아울러 정부 차원의 연구개발 사업도 깊이 공부했다. 연구기금이 어떻게 조성되며 임상시험은 무슨 과정을 거쳐 수행되는지 조사하다가 체계가 엉망이라는 사실을 알고 깜짝 놀랐다. 마크 해링턴Mark Harrington이라는 활동가는 이렇게 말했다.

"마치 오즈의 마법사를 찾아가는 여행처럼 느껴졌습니다. 전체 시스템의 중심부에 도달해 장막을 거두니 거기에 웬 멍청이가 있는 겁니다."19

알면 알수록 현재와 같은 방식으로 운동을 펼쳐서는 에이즈 치료제 개발 싸움에서 승산이 없다는 생각이 들었다. 그동안은 주로 도로를 행진하거나 정치인의 책상에 자기 몸을 쇠사슬로 묶는 등 대중의 이목을 끄는 시위에 초점을 맞췄다. 어느 날 밤에는 어둠을 틈타 보수당 의원 제시 헬름스Jesse Helms의 집에 대형 콘돔을 씌우기도 했다.

하지만 에이즈 치료제 개발과 임상시험 과정을 개선하려면 관료제 내부로 들어가 국립보건원 관료 및 과학자와 협력해야 했다. 이 전략은 동료들에게 별로 호감을 사지 못했다. 많은 활동가가 에이즈 확산 위기에 무관심하거나 더디게 대처한 정부에 여전히 분개했다. 해링턴은 이렇게 회상했다.

"국립보건원을 마치 펜타곤이나 되는 것처럼 여기는 시각이 있었습니다. 그들은 사악하고 해로운 조직이므로 절대 만나면 안 된다는 거죠."[20]

사실 트리트먼트액션그룹 입장에서 이 같은 전략의 전환이 개운하지만은 않았다. 그들은 권력 기관 외부에서 강을 건너 내부로 들어갔고, 그 과정에서 이념적 순수성을 일부 희생했다. 해링턴은 이렇게 말했다.

"우리가 옳다는 신념을 이제는 전처럼 순수하게 열렬히 외칠 수 없음을 알았습니다. 정부 기관에 협력하며 함께 일해야 하고, 또 실제로 일어나는 결과에 더 많은 책임을 지게 됐으니까요."[21]

이념적 순수성을 기꺼이 포기한 이들의 노력은 결국 보상을 받았다. 시민 과학자들은 최신 에이즈 연구에 누구보다 해박한 지식을 갖춘 상태였으며, 머지않아 국립보건원 과학자들도 이들의 제안을 진지하게 받아들였다. 제안 중에는 '대규모 단순 임상시험'이라는 새로운 임상 방법도 있었다. 스펜서 콕스Spencer Cox라는 활동가가 임상 설계를 독학하며 개발한 것이었다. 충분히 많은 수의 환자를 확보하고 연구를 진행하면, 과학적 검증 기준을 지키면서 몇 개월 만에도 치료 효과를 측정할 수 있다는 것이었다.

미국식품의약국은 에이즈 치료 활동가들의 제안을 경청했다. 또한 활동가들이 설계한 임상시험 방법론을 제약사가 수용하게 만들려고 식품의약국 국장을 설득했다. 제약사 측은 콕스의 설계 방법을 수정해 개발 중인 치료제의 효과를 측정하는 데 이용하기로 합의했다.

1996년 1월, 의학 콘퍼런스에서 임상시험 결과가 발표됐다. 극적인 결과였다. 어떤 치료제는 환자의 바이러스 부하를 최대 2년까지 미검출 수준으로 낮췄다. 또 다른 치료제는 사망률을 절반까지 줄였다. 이 치료제를 함께 복용한다면 수많은 에이즈 환자의 죽음을 막을 수 있었다.

관중석에 있던 콕스의 눈에서 눈물이 쏟아졌다. 그는 이렇게 말했다. "우리가 해냈어요. 우리는 살 수 있어요."[22]

이후 2년간 미국에서 에이즈로 인한 사망률이 60%까지 급감했다. 에이즈와의 싸움이 완전히 끝난 것은 아니었지만 마침내 큰 흐름을 뒤바꾼 것이다.

에이즈 치료 활동가들은 정부 소속 과학자들과 협업함으로써 급증하던 에이즈 확산세를 막아냈다. 그러나 단체로서 정체성을 가볍게 유지한다는 게 공개적인 시위보다 다른 단체나 기관과의 협력을 선택해야 한다는 말은 아니다. 초기에 실시했던 공개 시위는 에이즈 문제에 대한 대중의 인식을 깨우고, 이 질병과 싸우는 데 많은 자원을 투입하도록 정부를 압박하는 중요한 역할을 했다. 효율적인 활동가가 되려면 사안에 따라 언제 협력하고 언제 저항하는 것이 가장 효과적인지 감지할 수 있어야 한다.

정체성을 가볍게 유지할 때, 가능한 한 효율적인 전략을 선택할 수 있다. 정체성을 가볍게 유지하는 것은 남들에게 친절하고 교양 있는 사람이 되기 위해서가 아니다. 자기 자신을 위한 일이다. 정체성 때문에 판단력에 제약 받는 대신 객관적 증거가 이끄는 대로 자유롭고 유연하게 사고할 수 있다.

" "

Chapter 15

따끔하게
나의 정체성 갈아입기

1970년 어느 날 밤, 수전 블랙모어Susan Blackmore는 천장에서 자기 몸을 내려다보고 있는 자신을 발견했다. 당시 옥스퍼드대학교 1학년생이었던 블랙모어는 심리학과 생리학을 공부했다. 신입생들이 대개 그렇듯 그녀도 마약에 손을 댔다가 신세계가 열리는 경험을 했다. 환각에 빠진 블랙모어의 의식은 육체를 벗어나 천장에 머물다가 이윽고 세상 밖으로 날아다녔으며, 이것이 인생을 바꿔놨다.

블랙모어는 그 경험이 초자연 현상의 증거로, 우주나 인간의 의식과 관련해 주류 과학자들이 아직 모르는 것이 많다는 사실을 보여준다고 생각했다. 이에 초자연 현상이 실재한다고 믿고 이를 입증할 과학적 증거를 얻으려 학문의 목표를 초심리학으로 전환했다.[1]

블랙모어는 박사학위를 받으려고 노력하며 수년간 숱한 실험을 했다. 텔레파시, 예지력, 투시력 같은 능력이 실재하는지 알아보는 실험을 진행했고, 실험 대상에는 다른 대학원생을 비롯해 쌍둥이와 어린이가 포함됐다. 타로카드 읽는 법도 배웠다. 그러나 거의 모든 실험에서 우연한 결과 외에 이렇다 할 초능력이 재현된 사례는 없었다.

아주 드물게 유의미한 실험 결과가 나와 흥분할 때도 있었다. 하지만 블랙모어는 이렇게 회상한다.

"과학자에게는 당연한 일이지만, 여러 차례 실험을 반복하고 오류를 점검하고 다시 통계를 내고 조건을 다르게 해봤어요. 그때마다 실험에서 오류를 발견하거나 어쩌다 우연히 발생한 현상임이 드러났습니다."

결국 진실을 직시해야 했다. 여태껏 잘못 생각해왔을지도 모른다는 사실, 어쩌면 초자연 현상이 실재하지 않는다는 사실을 마주할 수밖에 없었다.

이때는 이미 초자연 현상에 대한 신념을 빼놓고는 자신의 정체성을 설명할 수 없을 때여서 눈앞에 드러난 진실을 받아들이기가 무척 힘들었다. 블랙모어는 심령술사가 되는 교육을 받았고, 심령주의 교회에 다녔으며, 뉴에이지 사상을 전파하는 옷을 입었고, 타로술을 이용했고, 혼령을 찾아다녔다. 그녀가 초자연 현상을 의심하고 회의론자로 전향하려는 움직임을 보이자 친구들은 깜짝 놀랐다. 같은 신념을 나누던 주변 사람들은 한목소리로 만류하며 믿음을 버리지 말라고 압박했다. 블랙모어는 이렇게 말했다.

"사실 저라는 사람은 과학자였고, 이 사실은 한 번도 변한 적이 없어요. 실험 결과들은 내가 틀렸다는 사실을 똑똑히 말해줬어요."

정체성 갈아입기

블랙모어는 초자연 현상을 믿는 신도라는 정체성 때문에 생각을 바꾸는 데 어려움을 겪었지만, 결국 생각을 바꿨다. 초자연 현상을 믿는 신도라는 첫 번째 정체성 말고 이를 뒤집을 만큼 강력한 두 번째 정체성이 있었기 때문이다. 바로 진리를 탐구하는 과학자라는 정체성이었다. 그녀는 자신의 결론을 철저히 조사하고 결과를 재확인하고 그렇게 해서 얻은 데이터를 믿는 과학적 태도에 자부심을 느꼈다.

이런 자부심은 엄연한 진실을 직시하고, 반대 의견을 경청하고, 비판을 수용하고, 기존의 생각을 수정할 줄 아는 사람들에게서 공통으로 발견되는 자질이다. 정찰병 관점에서 대상을 판단하는 일은 누가 억지로 시켜서 하는 게 아니다. 정찰병은 이렇게 사고하는 능력을 자신의 긍정적인 자질로 인식하고 긍지를 느낀다.

앞서 13장과 14장에서 정체성이 정찰병 관점으로 사고하는 데 걸림돌이 되는 과정을 살펴봤다. 페미니스트나 낙관론자라는 정체성 때문에 진위와 무관하게 어떤 사실을 맹신하고, 특정 견해를 옹호하게 만들며, 자신도 모르는 사이에 사고와 행동을 결정지을 수 있음을 설명했다. 이번 장에서는 바로 이와 똑같은 현상이 정찰병 관점에서 일어날 수 있도록 정체성을 갈아입고 상황을 반전하는 방법을 살펴볼 것이다.

《노 데이팅》의 저자이자 목사인 해리스의 이야기로 돌아가보자. 해리스를 마지막으로 언급했을 때, 그는 자신을 비평하는 사람들의 말이 틀리지 않았을 가능성을 생각했다. 혼전순결을 옹호한 메시지가 너무 극단적이었는지도 모른다. 의도적이진 않았지만, 책이 일부 독자들의 연인관계와 자존감에 실제로 해악을 끼쳤을지도 모른다. 그렇지만 자신이 펼쳤던 주장을 철회해야 한다고 생각하니 견디기 힘들었다. 그는 기자에게 이렇게 말했다.

"다른 이유도 있겠지만, 이 문제를 매듭짓기가 몹시 어려웠던 이유는 제 정체성의 많은 부분이 책과 깊이 결속됐기 때문입니다. 이 책으로 이름이 알려졌거든요. 마음 한편에서는 '헛소리 말아, 내 생애 최대 업적이 최악의 실수였다는 말이야?'라는 외침이 들렸어요."[2]

해리스는 자신의 정체성 때문에 진실을 직시하기 힘들었지만, 결국 진실을 받아들인 것은 또 다른 정체성 덕분이었다. 2015년에 그는 목사직을 내려놓고 신학대학원에 입학했다. 40세의 나이에 처음으로 학교라는 곳을 다니게 됐다. 어려서부터 홈스쿨링으로 자란 데다 21세에 책을 출간한 후 그 유명세로 대학을 나오지 않고 목사가 됐기에 정식으로 학교에 다닌 적이 없었다. 학생이 되고 역할이 달라지자 자신을 바라보는 관점에도 변화가 생겼다. 그는 이제 '해답을 주는 지도자'가 아니라 '질문이 많은 학생'이었다. 새로운 정체성 안에서는 새로운 관점으로 사물을 보기가 훨씬 편했다. 심지어 자신을 안전지대 밖으로 몰아내는 견해라 해도 말이다.[3]

2018년경 해리스는 자기 자신에 대한 성찰 끝에 해답을 얻었다. 그는 《노 데이팅》을 앞으로 출판하지 않기로 했다. 이 결정을 웹사이트에 올리며 다음과 같이 설명했다.

"결혼하기 전까지 데이트하지 말아야 한다는 사상에 더는 동의하지 않습니다. 이제 저는 연인관계에서 상대방의 중요한 특성을 알아가고 관계를 깊이 다지는 데 데이트가 매우 건강한 역할을 할 수 있다고 생각합니다."[4]

정찰병의 자긍심

이번 주에는 알람이 울리면 평소 습관대로 알람을 끄고 잠시 눈을 더 붙이는 것이 아니라 곧바로 일어나기로 다짐한다고 해보자. 월요일 아침 5시 30분에 알람이 울린다. 하지만 몸이 피곤해서 약속을 어기고 싶은 마음이 굴뚝같다. 잠자리에서 일어나도록 동기를 부여하는 다음의 2가지 말을 비교해보자.

1. "자신과의 약속을 깨서는 안 돼."
2. "내가 약속 하나는 철저히 지키는 사람이잖아."

첫 번째 진술은 지켜야 할 의무라는 관점에서 상황을 규정한다. 여기서 "안 돼"라는 표현은 부모를 비롯해 권위를 지닌 인물에게 꾸지람을 듣는 모습이다. 잠자리에서 일어나더라도 야단이 듣기 싫어 억지로 하는 일이라 기분이 찜찜하다. 이와 비교해 두 번째 진술은 정체성의 관점에서 상황을 규정한다. 약속대로 잠자리에서 일어나는 건 자신의 자질을 확인하는 일이자 스스로가 바라는 모습으로 부끄럽지 않게 살아갈 수 있음을 보여주는 증거가 된다.

정찰병 관점에서 사고하는 일에도 같은 원칙이 적용된다. 자신이 정찰병이라는 사실에 긍지를 느낀다면, 의견을 달리하는 사람을 조롱하고 싶은 유혹에 저항하기가 더 쉽다. '나는 그렇게 비열한 짓을 하는 사람이 아니다'라고 정체성을 확인하며 자부심을 느끼기 때문이다. 실수를 할 때도 마찬가지다. '나는 변명 같은 것은 하지 않아'라고 정체성을 확인하며 만족할 수 있다면 실수를 인정하기가 더 쉽다. 전투병 관점에서 얻는 보상도 있겠지만, 정찰병 관점에서 얻는 자긍심이나 만족감도 이에 못지않게 크므로 정찰병의 길을 선택할 수 있다.

과거에 기후변화 회의론자였던 테일러는 상대의 반론이 적절한 경우 그 말에 귀를 기울이고, 자기가 제시한 근거가 틀렸다는 지적을 들었을 때 사실 여부를 재확인했다. 어째서일까? 정체성 때문이다. 자신은 청탁을 받고 남이 원하는 대로 글을 쓰는 부류가 아니라는 사실에 자긍심이 있는 사람이었다.

나와 같은 일을 업으로 하는 대부분의 사람은 상대 진영의 강성 지지자들이나 그들이 내놓는 강력한 논증과 맞서려 하지 않습니다. 그저 같은 진영의 합창대 안에 껴서 대의를 함께 노래하는 최고의 대변인이 되려고만 하죠. 저는 이를 넘어서는 일을 하고 싶습니다. 더 큰 야망을 품고 있기에 다른 진영에서 내놓는 최고의 논증과 다툴 수밖에 없습니다.[5]

앞에서 테일러가 사무실에서 기후변화 활동가와 중요한 대화를 한 후 동료에게 다가가 "방금 우리 주장이 산산이 조각났어"라고 한 말을 기억할 것이다. 이때의 감정은 실망감이나 씁쓸함이 아니었다. 테일러 자신이 그 순간을 설명했듯이 오히려 '활기'가 넘쳤다.

특히 강도 높게 운동한 날 기분이 어땠는지 생각해보라. 온몸이 욱신거린다. 그러나 욱신거리는 근육이 불편할지언정 기분은 상쾌하지 않던가? 어려운 일을 해냈고, 이 일이 장기적으로 좋은 열매를 맺으리라는 생각이 들기 때문이다. 정찰병의 정체성을 지닌다면, 기존의 생각을 바꿔야 한다는 사실을 깨달을 때 똑같은 경험을 하게 될 것이다. 이것이 쉽다는 얘기가 아니다. 내가 잘못했음을 깨닫는 일, 나와 언쟁을 벌인 사람의 말이 옳았음을 인정하는 일은 여전히 따끔하고 아프다. 이 고통을 느낄 때 우리는 자신의 기준에 비춰 부끄러운 짓을 하지 않고, 잘못된 유혹에 넘어가지 않으며, 점점 더 강한 사람이 돼간다는 걸 떠올릴 수 있다. 고통이 오히려 즐거움이 되는 이치는 열심히 운동하는 사람이 온몸이 욱신거릴 때 도리어 기쁨을 느끼는 것과 같다.

3장에서 인간의 뇌가 단기적 보상에 취약하도록 편향됐기 때문에 반사적으로 전투병 관점에서 대상을 판단하기 일쑤라는 사실을 살펴봤다. 이 문제를 해결할 대안 하나가 바로 정체성이다. 원칙적으로는 장기적인 측면에서 보상을 얻는 선택이지만, 정체성 관점으로 그 나름의 정서적 보상을 단기적으로 제공하기 때문이다.

정체성은 공동체를 따라간다

앞서 소개한 과학 전문 기자 브룩셔는 잘못된 일을 바로잡는 것을 늘 중요하게 여겼다. 그러나 인생을 돌아보면 실수를 인정하는 능력, 다시 말해 실수를 먼저 알아차리는 능력은 자신이 속한 공동체에 따라 들쭉날쭉했다.

고등학교에 다닐 때 브룩셔는 연극동아리 회원이었는데, 여기서는 미흡하고 불완전한 모습이 배움의 과정에서 당연히 일어나는 정상적인 모습으로 여겨졌다. 이런 배경에서는 연기에서 어떤 실수가 있었는지 알아차리고 솔직히 인정하는 일이 어렵지 않았다.

박사 과정에 들어가자 사정이 바뀌었다. 경쟁이 치열한 학문의 세계에서는 실수를 하나라도 인정하는 순간 가차 없이 공격을 받았다. 브룩셔는 실수한 것을 숨기려 미봉책을 쓰는 자신을 발견했고, 실수를 감추고 싶은 충동을 이겨내느라 애써야 했다.

10년 후 학계를 떠나 기자가 되자 사정이 또 달라졌다. 브룩셔가 실수를 인정했을 때 편집장은 진심으로 감탄했으며, 인터넷에서 다수의 독자가 보인 반응도 이와 같았다. 실수를 알아차리는 일은 다시 쉬워졌다. 이메일에서 성차별적 편향을 발견했다고 주장한 후 다시 이 주장이 틀렸음을 인정했을 때, 그녀는 칭찬을 들었다. 한 사람은 "놀랍고 대단한 후속 조치였다"고 말했다. "고무적이다"라거나 "우리에게는 이런 모습이 더 많이 필요하다"는 평가도 있었다.

나는 독자들이 이 책을 즉시 쓸모 있게 활용하기를 바란다. 그래서 관점을 바꾸기 위해 개인이 할 수 있는 일에 초점을 맞추고, 우리 주변의 세계는 고정된 값으로 가정했다. 하지만 중장기적으로 관점을 바꾸기 위해 할 수 있는 중요한 과제는 바로 주변 사람들을 바꾸는 일이다. 인간은 사회적 동물이므로 정체성은 부지불식간에 우리가 교류하는 사회 집단에 의해 형성된다.

친구나 동료 모두가 공감하는 특정한 정치적 견해에 당신은 의견이 다르다고 말하는 상황을 가정해보자. 어째서 그렇게 생각하는지 친구나 동료가 궁금해할 거라고 예상하는가, 아니면 그들이 당신에게 반감을 느낄 거라고 예상하는가? 당신이 모임 내에서 누군가와 의견이 대립하는 상황을 가정해보자. 상대의 주장을 반박하기 전에 시간을 두고 논점을 이해하는 일이 부담스럽지 않고 편하게 느껴지는가? 아니면 즉시 반박하지 않고 뜸을 들이면 상대가 마치 승리한 듯 득의양양한 미소를 지으리라 예상하는가?

자신이 속한 공동체의 분위기가 어떻든 개의치 않고 솔직히 사고하려고 노력할 수는 있다. 하지만 함께하는 친구와 동료는 이 노력을 방해하는 역풍이 되기도 하고, 격려하는 순풍이 되기도 한다.

내가 효율적 이타주의 운동에 참여한 이유도 이런 순풍을 기대하기 때문이다. 효율적 이타주의 운동 단체들은 〈우리가 저지른 실수〉라는 공개 게시판을 운영한다. 운동에 참여한 저명인사들은 이 게시판에 '내 생각을 바꾼 3가지 쟁점' 같은 글을 게시한다.[6] 여기서 본 가장 신랄한 비평은 정직하지 못하게 사실을 숨기고 대중에게 효율적 이타주의를 홍보하거나 과장하는 활동가를 비판하는 글이었다.

그리고 회원들은 대부분 건전한 비판을 환영한다. 2013년에 벤 쿤Ben Kuhn이라는 친구가 '효율적 이타주의에 대한 비판'이라는 제목의 글을 게재했다.[7] 이 글이 불씨가 돼 논란이 커졌을 때 추천을 많이 받은 댓글은 모두 (외부인이 아니라) 효율적 이타주의에 몸담은 활동가들이 단 것이었다. 내용을 보면 이렇다.

"좋은 글입니다. 하지만 우리를 너무 살살 다룬 거 아닌가요? 그러면 제가 좀 더 세게 비판하겠습니다…."

비평글을 게시하기 전 벤은 효율적 이타주의 단체 중에서도 유명한 기브웰GiveWell의 인턴 자리에 지원했다가 거절당했다. 벤의 글을 읽은 뒤 기브웰에서는 그에게 연락해 인턴 자리를 제공했다.

어느 공동체나 마찬가지지만 효율적 이타주의 단체도 완벽하지 않다. 나도 벤의 비판에 보태고 싶은 말이 적지 않다. 하지만 내가 경험한 바로 이들 단체는 '우리 팀'을 위해 맹목적으로 격려하고 협조하는 사람보다는 올바른 판단을 내리도록 비판의 말을 아끼지 않는 사람에게 보상하려고 노력한다. 회원으로 소속된 다른 단체에서는 비판적인 의견에 항상 마음 한편으로 암묵적 위협을 느꼈다. '이렇게 믿으면 안 돼. 그렇지 않으면 사람들이 널 싫어할 거야'라는 분위기에 눌려 특정한 결론에 이르지 않도록 생각의 방향을 바꾸곤 했다.

하지만 효율적인 이타주의자들 사이에서는, 문제를 정확히 파악하려고 선의의 노력을 계속하는 한 이들의 중론을 따르지 않는다고 반감을 사는 일은 없기에 생각이 자유롭다.

내게 맞는 사람들 찾기

여러 매체에서는 비탈리크 부테린Vitalik Buterin을 가리켜 '선지자, 대가, 천재, 블록체인 운동의 거물'이라고 불렀다. 19세의 부테린은 비트코인 이후 가장 잘 알려진 이더리움 블록체인과 암호화폐 '이더'를 2013년에 공동개발하면서 일약 스타가 됐다. 암호화폐 세계에서 대단히 중요한 인물이었던 터라 2017년에 그가 자동차 사고로 사망했다는 가짜 뉴스가 퍼지자 이더 가격이 폭락하면서 몇 시간 만에 수십억 달러의 가치가 사라지기도 했다.

부테린의 명성으로 보면 그가 전문가나 종교 지도자처럼 확신에 넘치는 인물일 거라고 예상할지도 모르겠다. 하지만 암호화폐 교도를 이끄는 부테린은 약간 특이한 지도자다.

"저는 암호화폐가 하나의 산업 분야로 성공할 거라 확신한 적이 한 번도 없습니다. 제가 올린 블로그 게시물과 동영상을 보면 아시겠지만, 일관되게 불확실성을 얘기했습니다."[8]

실제로 그랬다. 2017년 12월 암호화폐 광풍이 불고 전체 시가총액이 5,000억 달러에 육박하며 암호화폐 투자자들이 환호성을 외칠 때, 부테린은 '그런데 우리가 노력해서 얻은 결실인가?'라는 회의적인 트윗을 올리고서 암호화폐의 가치가 전반적으로 과대평가됐다고 생각하는 이유를 나열했다. 암호화폐는 변동성이 무척 커 언제든 휴지 조각이 될 수 있으며 따라서 잃어도 상관없는 돈만 투자해야 한다고 거듭 경고했다. 실제로 그는 암호화폐 가격이 정점을 찍기 전에 자신이 보유한 이더의 25%를 현금화했다. 일부 비평가들이 자기가 만든 화폐인데 자신감이 부족하다고 비평하자 그는 무시하며 이렇게 말했다.

"건전한 재무관리 계획을 사과할 생각은 없습니다."[9]

부테린은 자신의 전략적 판단이나 이더리움의 장단점에 대한 옹호든 비판이든 좋은 글에는 솔직하게 의견을 남겼다. 이더리움의 결함을 지적하는 대화를 인터넷에서 우연히 접한 부테린은 "내 생각에 현재와 같은 상황이 그대로 이어진다면, 이더리움에 관한 가장 타당한 비판은 다음과 같다"고 운을 떼고서 7가지 문제점을 꼽았다.[10]

사실을 거침없이 말하는 화법 때문에 때로는 골치 아픈 문제에 직면한다. 비평가들은 그의 말을 마음대로 재해석하거나("부테린은 이더리움의 가치를 믿지 않는다고 인정했다!") 긍정적인 태도를 유지하지 않는다고 비난한다.

부테린은 어째서 거침없는 발언을 계속할까? 비록 모든 사람이 매력을 느끼지는 않아도, 매사에 조심스럽게 접근하는 영민한 정찰병 같은 사람들은 그의 화법에 분명히 매력을 느끼기 때문이다. 부테린이 이더리움에 끌어들이고 싶은 이도 바로 이런 부류의 사람들이다.

"화법은 제 타고난 성향이기도 합니다. 다른 사람은 상관없고, 솔직히 말해 제가 존중하는 트위터 팔로워 1,000명 정도만 남았으면 좋겠습니다. 그리고 다른 이유도 있지만, 사실을 가감 없이 말하는 문화가 무엇보다 이더리움의 성공 가능성을 높인다고 생각하기 때문입니다."

사업을 시작할 때, 독자층을 키울 때, 잠재적 의뢰인과 인맥 형성을 모색할 때도 자신의 화법과 방식을 기반으로 삼아 맞는 사람들을 모아야 한다. 정찰병이 되고 싶다면 사실 모든 사람을 기쁘게 할 수는 없다. 애초에 이 목표는 (어렸을 때 부모님께 익히 들어서 알겠지만) 실현 불가능하다. 그러니까 자기 주변에 두고 싶은 사람, 존중하는 사람, 더 나은 사람이 되고 싶게 만드는 사람에게 호감을 얻는 것을 목표로 삼아야 한다.

경청이 가능한 온라인 커뮤니티

트위터나 페이스북을 비롯해 인터넷 세계란 해롭기 짝이 없다고 항상 비난하는 사람들을 보면, 자신이 직접 온라인에서의 경험을 유익하게 만들 생각은 별로 없어 보인다. 인터넷 세상에는 악성 댓글을 다는 사람, 자기확신에 사로잡힌 전문가, 무차별 공격을 쏟아붓는 토크쇼 진행자, 지적 사기를 저지르는 인플루언서들이 확실히 많다. 하지만 그들에게 관심을 기울일 필요는 없다. 좋은 콘텐츠나 채널을 선택해 읽고, 팔로우하고, 대화에 참여하면 된다.

12장에서 보기 드물게 건전한 온라인 커뮤니티를 소개했다. 바로 레딧의 r/FeMRADebates 포럼이다. 이곳에서는 페미니스트들과 남성 인권 활동가들이 생산적인 논쟁을 펼친다. 체인지에이뷰닷컴 ChangeAView.com도 마찬가지다. 칼 턴불 Kal Turnbull이라는 고등학생이 만든 이 온라인 커뮤니티는 회원 수가 50만 명이 넘는 대형 커뮤니티로 성장했다.

체인지에이뷰에서는 자기 생각을 기꺼이 수정할 수 있다는 전제 아래 토론을 제시한다. 이를테면 '현실적으로 기후변화를 예방하기 위해 할 수 있는 일은 없다고 생각합니다. 내 생각을 바꿔주세요' 또는 '모든 약물은 합법이어야 한다고 생각합니다. 내 생각을 바꿔주세요' 같은 글을 올리는 것이다. 다른 이들이 반박하는 댓글을 달면, 게시물 작성자는 생각을 조금이라도 수정하게 만든 사람에게 '델타' 점수를 준다.*

여기서 생각을 수정했다는 것은 보통 180도 관점의 전환을 의미하기보다는 새로운 정보를 약간 업데이트하는 수준의 변화를 의미한다. 즉 반론을 모두 수용할지는 확실치 않아도 여태껏 들어본 적이 없는 예외적인 사례나 흥미로운 반론을 제시하는 사람에게 점수를 주는 방식이다.

사람들은 델타 점수를 얻고 싶어 한다. 이 점수는 체인지에이뷰에서 어느 정도 인정받는지 드러내는 지표로, 누적된 델타 점수는 각 회원의 아이디 옆에 표시된다. 시간이 흐르면서 회원들은 델타 점수를 획득하는 데 용이한 의사소통 방식을 익힌다. 질문을 명확히 던지는 방법이나 설득하려는 대상을 노골적으로 모욕하지 않는 태도 등이 여기에 해당한다.

명확한 커뮤니티 규칙 덕분이기도 하고, 이런 커뮤니티에 끌리는 사람들의 특성 때문이기도 하지만 체인지에이뷰에서 벌어지는 논쟁의 어조는 대

---

*
델타는 수학자들이 점진적 변화를 나타내려고 사용하는 그리스어 알파벳이다.

부분의 인터넷 사이트와는 차이가 크다. 다른 곳에서는 특이한 사례일지 몰라도 여기서는 다음과 같은 댓글을 발견하기가 어렵지 않다.

- "전혀 예상치 못한 방향으로 이끌어주는 매우 흥미로운 답변입니다. 감사합니다."[11]
- "제가 생각지 못했던 대목입니다. 당신은 델타를 받을 자격이 있습니다."[12]
- "반론할 게 없습니다. 여태껏 본 주장 중 가장 설득력 있습니다. 다만 제 견해를 완전히 바꿔놓지는 못했습니다. 이 논증은 시간을 두고 더 성찰해봐야 할 것 같습니다."[13]

인터넷에서 글을 읽고, 팔로우하고, 대화를 나누는 사람들은 현실 속 공동체에서 만나는 사람들과 마찬가지로 우리의 정체성 형성에 일조한다. 어떤 사람들에게 분노하고, 그들의 주장을 반박하고, 경멸하며 많은 시간을 보낸다면 전투병 관점이 강화될 것이다. 반면에 체인지에이뷰나 레딧의 r/FeMRADebates 같은 곳에서 시간을 많이 보낸다면 정찰병 관점이 강화될 것이다. 인터넷에서 정찰병 관점의 모범을 보여주는 사람들(블로거, 저자, 소셜 미디어에서 우연히 알게 된 사람들)과 인맥을 형성함으로써 느슨히 결속된 자신만의 커뮤니티를 창조할 수도 있다.

단 이와 같이 자신만의 커뮤니티를 만들 때 어떤 일이 벌어질지는 아무도 모른다.

2010년 블로그 게시물 하나가 성차별적인지 아닌지 여부를 놓고 인터넷에서 일주일간 뜨겁게 논쟁이 달아올랐을 때 나는 그 논쟁을 지켜봤다.

20대 중반의 블로거인 루크는 자신의 게시물에 대한 비판적 댓글을 꼼꼼히 살핀 후 글에는 아무 문제도 없다고 말했다. 그렇지만 생각을 바꿀 여지는 열어뒀다. 심지어 그는 '내가 틀렸다면 그 이유는?'이라는 글에서 여태껏 자신의 주장을 반박했던 좋은 논거를 요약하고 링크를 달았으며 그럼에도 여전히 설득당하지 않는 이유가 무엇인지도 적었다.

며칠 뒤(논쟁이 커져서 다수의 블로그에 걸쳐 1,500개의 댓글이 달렸기 때문에 이를 모두 읽기까지는 그만큼 시간이 걸렸다) 루크는 다시 글을 올렸다. 그는 처음 게시했던 글이 유해하다는 사실을 입증하는 논거를 발견했다고 모든 사람에게 알렸다. 루크는 처음 올린 글이 도덕적으로 잘못됐다고 믿는 많은 독자가 이미 자신을 떠났다고 인정한 후 이렇게 덧붙였다.

"그리고 나를 옹호하며 내 글에 아무 문제가 없다고 말했던 더 많은 분들이 이제 나를 멀리하게 될 것이다. 유감스럽지만 나는 확실히 내 글이 도덕적으로 잘못됐다고 생각하기 때문이다."[14]

나는 감탄했다. 루크가 강한 압박에도 불구하고 처음의 생각을 바꾸지 않았다는 사실, 그리고 이후 강력한 논증에 잘못을 수긍하며 생각을 바꿨다는 2가지 사실 때문이었다. 나는 메시지를 보내 그의 태도에 감탄했다고 전했다.

"안녕하세요, 저는 줄리아 갈렙입니다. 깊이 성찰하고 글을 쓰는 모습이 인상 깊었다는 사실을 알려드리고 싶었습니다. 무엇이 진실인지 정말로 중요하게 여기는군요."

"안녕하세요, 고맙습니다. 당신의 글에서도 신중함이 느껴집니다"라고 루크는 답했다. 이로부터 10년 후 우리는 결혼을 약속했다.

북극성처럼 빛나는 역할 모델

특정한 자질이나 장점을 배우려고 할 때는 그 능력을 이미 체득한 '역할 모델'을 적어도 한 사람쯤은 떠올릴 수 있어야 한다. 야심 찬 기업가라면 차고에 가게를 차리고 식사는 라면으로 때우면서 하루 18시간씩 일했던 기업가들을 떠올린다. 그리고 좌절했을 때 그들을 기억하며 의욕을 끌어올려 다시 일에 매진할 힘을 얻는다. 아이들에게 인내심을 발휘해야 할 때마다 과거에 놀라운 인내심을 보여준 부모님과 조부모, 교사를 비롯해 모범이 될 만한 어른을 떠올리면 좋다.

동일한 원리가 정찰병 관점에도 적용된다. 정찰병 관점에 뛰어난 사람들과 대화해보면 알겠지만, 그들 역시 역할 모델이 자신에게 큰 힘을 줬다고 이야기할 것이다. 사실 이것이 책에 나온 여러 사례를 소개할 때 염두에 둔 목표기도 하다. 정찰병 관점이 유익한 이유와 더불어 사람들이 왜 이 사례들에서 흥미와 의미를 느끼고 감동하는지 가치를 전달하려고 노력했다.

사람들은 저마다 각기 다른 것에 감동한다. 따라서 정찰병다운 모습 중에서도 특히 눈길을 끄는 사람에게 주목하게 될 것이다. 어떤 이는 에이즈가 급증하던 시기에 정체성보다는 사회 운동의 파급력에 더 집중했던 시민 과학자들의 이야기에 주목할지도 모른다. 나는 그 이야기를 휴메인리그의 수장인 코먼 하이디에게서 들었다. 그는 사회 운동이 어떤 모습이어야 하는지 팀원들에게 강조하면서 시민 과학자가 된 활동가들의 이야기를 역할 모델로 삼기 바랐다. 그는 이렇게 말했다.

"그 이야기는 대단히 고무적이었습니다. 활동가들은 이런 정신을 품고 일해야 한다고 생각합니다. 우리는 장애물에 부딪힐 것이고, 어떤 상황에서는 오판할 것이고, 실패를 맛볼 것입니다. ··· 하지만 무엇이 가장 도움이 되는 방법인지 언제나 냉정하게 평가해야 합니다."

어떤 이는 불확실한 답을 내놓는 거리끼지 않는 자신감에 마음이 움직일지도 모른다. 줄리언 샌체즈Julian Sanchez는 작가이자 워싱턴 D.C.에 있는 카토연구소의 선임연구원이다. 대학 시절에 유명한 정치철학자 로버트 노직Robert Nozick과 인터뷰를 진행했는데, 2002년에 노직이 사망함으로써 생전 마지막 인터뷰가 됐다. 노직과의 대화는 샌체즈에게 매우 깊은 인상을 남겼다.

샌체즈가 책에서 만났던 철학자들은 대부분 공격적으로 자신의 견해를 펼쳤다. 그들의 목표는 가능한 반론을 모두 제시해 상대의 논증을 격파함으로써 자신의 결론을 상대가 수용하고야 말도록 만드는 것이었다. 노직의 접근법은 달랐다. 샌체즈는 이렇게 말했다.

"그는 하나의 문제를 풀어나가는 과정에서 우리 등을 억지로 떠밀지 않습니다. 의심스럽거나 모호한 점을 감추려 하지 않았고, 흥미로운 이야기를 따라 샛길로 샐 때도 잦았고, 문제점을 지적하면서 그 자신도 문제를 완전히 해결하지 못했다고 인정했습니다."[15]

다음과 같이 말하는 노직이 보이는 듯하다.

"나는 확신에 찬 모습을 보일 필요가 없습니다. 내가 확실한 답을 알지 못하기 때문이고, 이는 누구나 마찬가지기 때문입니다."

첨단기술과 사생활 보호, 정치학에 관한 글을 쓸 때 샌체즈는 노직을 역할 모델로 삼아, 불확실성을 말하는 데 주저하지 않는 태도를 유지하려 애쓴다. "내가 학문을 하고 글을 쓰는 자세는 노직에게 많은 영향을 받았습니다. 지적인 관점에서, 내가 모든 문제에 확실한 답을 내놓을 필요가 없음을 인정하는 게 곧 자신감의 표지일 수 있다는 거죠"라고 그는 설명했다.

또 어떤 이는 무엇보다도 현실을 직시하는 용기에 감동할지도 모른다. 7장에서 76일간 표류했던 캘러핸의 이야기를 소개했다. 그는 조난 기간 내내 평정심을 유지한 덕분에 최악의 사태에 대비했고, 주어진 선택지가 하나같이 암울할 때도 최선의 결정을 택할 수 있었다. 캘러핸이 평정심을 유지하는 데 도움을 준 것도 역할 모델이었다. 바로 난파선 생존자인 두걸 로버트슨Dougal Robertson이다. 로버트슨은 1972년에 배가 전복된 후 5주 동안 바다에서 자기 자신과 가족의 생명을 지켜냈다.

로버트슨의 회고록 《Sea Survival》은 캘러핸이 배가 침몰할 때 단단히 챙겼던 소지품이다. 책을 사는 데 들인 돈은 얼마 되지 않았지만, 구명보트에서 보낸 몇 주 동안 캘러핸에게 이 책은 천금과도 바꾸지 않을 귀한 것이었다. 생존에 관한 실용적인 정보도 정보지만 감정을 다스리는 방법을 알려줬기 때문이다.[16] 언젠가 구조되리라는 희망에 매달리기보다 조난자로서 살아가야 할 새로운 현실을 받아들이는 게 중요함을 로버트슨은 거듭 강조했다. 구명보트를 알아차리기에는 너무 먼 거리에서 지나가는 배를 보며 가슴이 저밀 때마다 캘러핸은 로버트슨의 금언을 상기했다.

"바다에서 생존한다면 반가운 구조 기회가 찾아올 것이다."

나로서는 정찰병다운 사람들이 보여주는 모든 특성이 인상적이었다. 자기의 정체성보다 현실에 미치는 영향력을 더 중시하는 태도, 불확실성을 숨기지 않는 자신감, 현실을 직시하는 용기. 그러나 마음에 가장 깊이 남은 특성을 하나만 골라야 한다면, '지적으로 정정당당한 태도'를 꼽고 싶다. 진실이 이기기를 바라는 마음, 자존심보다 진실을 더 중요하게 여기는 태도 말이다.

지적으로 정정당당한 사례를 들 때 나는 리처드 도킨스Richard Dawkins에게 들은 이야기를 자주 언급한다. 도킨스는 옥스퍼드대학교 동물학과 학생일 때 이 사건을 목격했다.[17] 당시 생물학계에서는 '골지체'라 불리는 세포 구조물에 관해 큰 논란이 있었다. '이 구조물은 실재하는 걸까 아니면 관찰연구법이 만들어낸 허구에 지나지 않는 걸까?'

하루는 미국에서 온 젊은 객원교수가 동물학과 학생들 앞에서 강의하며 골지체가 실존한다는 새롭고 흥미로운 증거를 제시했다. 강연에는 옥스퍼드대학교에서 매우 존경받는 한 동물학자도 참석했는데, 이 노교수는 골지체가 환상에 지나지 않는다는 견해를 앞장서서 펼친 사람이었다. 강연 내내 모든 사람이 노교수를 곁눈질하며 그가 무슨 생각을 할지 궁금해했다. '그는 이 주장을 어떻게 받아들일까? 과연 뭐라고 말할까?'

강연이 끝나자 노교수는 자리에서 일어나 강연장 앞으로 걸어가더니 객원교수와 악수를 하고 이렇게 말했다.

"친애하는 동료 교수께 감사한 마음을 전하고 싶소. 지난 15년간 내가 잘못 생각했소."

강연장에서는 우레와 같은 갈채가 쏟아졌다.

도킨스는 이 일화를 떠올릴 때마다 울컥한다고 말했다. 나 역시 그렇다. 노교수는 내가 본받고 싶은 역할 모델이다. 전투병 관점에 서고 싶은 유혹이 강렬하게 치밀 때도 이분을 떠올리면 정찰병 관점으로 돌아가고자 하는 욕심이 생긴다.

결론

○○

　자기기만을 멈추고 세상을 현실적으로 바라보는 방법에 관한 책을 썼다고 하면 사람들은 흔히 "장밋빛 꿈은 접고 가혹한 현실을 직시하라!"는 말을 떠올리며 내 세계관이 썩 유쾌하지 않으리라고 가정한다. 사실 책의 내용은 의외로 낙관적이다. 지금 현실이 어떻든지 앞으로 모든 일이 잘 풀린다고 믿는 부당한 낙관이 아니라 '정당한 낙관'이다. 우리가 처한 상황을 정직하게 바라볼 때도 얼마든지 기운을 차릴 만한 이유가 있다.

　대다수 사람은 낙관적인 태도나 현실적인 태도 중 어느 하나를 선택해야 한다고 생각한다. 사람들은 어깨를 으쓱해 보이고는 단념하듯 이렇게 말한다. "음, 낙관적인 태도가 더 좋지 않겠어요?" 또는 "음, 현실적인 태도가 더 좋지 않겠어요?" 같은 식이다.

　책의 주제는 둘 중 하나를 선택할 필요가 없다는 것이다. 약간 더 수고를 들이고 노력한다면 어느 하나도 포기할 필요가 없다. 우리는 두려움과 불안정성에 대처할 방법을 찾을 수 있다. 과감하게 위험을 무릅쓰고 난관에 부딪혀도 견뎌낼 방법이 있다. 사람들을 설득하고 격려하고 영향력을 발휘할 수 있다. 효율적인 방법으로 사회 변화를 이끌어낼 수 있다. 그리고 이 모든 일은 진실에 눈을 감지 않고도 가능하다. 진실을 똑바로 이해하고, 이렇게 얻은 지식을 바탕으로 실현할 수 있다.

'진실을 이해하고, 이렇게 얻은 지식을 바탕으로' 목표를 추구한다는 것은 인간의 뇌가 전투병 관점에 더 익숙하다는 사실을 인정하는 과정도 포함한다. 물론 뇌가 그렇게 생겨먹었다고 해서 우리가 관점을 바꾸지 못한다는 의미는 아니다. 다만 하루아침에 정찰병으로 거듭나기를 기대하기보다는 전투병에서 정찰병으로 '점진적으로 나아가는' 것을 목표로 삼아야 한다는 의미다.

책을 마무리하기 전에 정찰병 관점을 향해 점진적으로 나아가기 위한 계획을 구체적으로 세워보자. 몇 가지 전략을 아래에 소개한다. 이 가운데 우선 2~3가지 정도의 정찰병 습관부터 익히는 것을 추천한다.

1. 의사결정을 내릴 때 그 상황에서 어떤 종류의 편향이 판단력에 영향을 끼칠지 자문해보고, 적절한 사고실험을 한다(예, 외부인 테스트, 동조 테스트, 현상 유지 편향 테스트).
2. 무엇을 확신할 때("절대 그럴 리가 없다"), 구체적으로 얼마만큼 확신하는지 계산한다.
3. 걱정거리가 생겼을 때 어떻게든 합리화하면서 이를 떨쳐내고 싶은 마음이 들거든 우려하던 바가 실제로 일어났다고 가정한 뒤 구체적인 대응 계획을 세운다.

4. 반대 진영의 사람이지만 자신이 경청할 수 있는 저자나 매체, 기타 정보 제공자를 찾아보자. 자신이 보기에 합리적이고 어느 정도 공감대를 형성한 사람이라야 생각을 바꿀 확률이 높아진다.

5. 어떤 사람이 비합리적이거나 미쳤거나 무례한 사람으로 보이거든 저 사람은 어째서 스스로의 행동이 합리적이라고 여기는지 궁금증을 품어보자.

6. 기존의 정보를 조금이라도 업데이트할 기회를 찾는다. 옳다고 믿는 신념을 흔들어놓을 만한 예외적인 사례나 위험신호, 과학적 증거를 찾아보자.

7. 과거에 어떤 사람과 의견이 충돌했는데 그때 이후로 생각이 바뀐 경우가 있다면 어떻게 생각을 수정했는지 그 사람에게 알린다.

8. 자신이 믿는 신념을 하나 골라 상대편의 관점에서 이념의 튜링 테스트를 수행한다(내가 제대로 이해하는지 상대 진영에 속한 사람이 판정해줄 수 있다면 더욱 좋다).

어떤 습관을 선택해 집중적으로 실천하든, 목록에 포함해야 하는 것이 하나 더 있다. 자신이 동기화된 추론에 빠지는지 예의 주시하는 것이다. 그런 경우를 포착한다면 알아차린 자신을 칭찬해야 한다. 동기화된 추론은 인간이면 누구나 겪는 일이다. 이 현상이 일어나는 것을 전혀 발견하지 못한다면, 자신에게 여기에 빠지지 않는 특별한 면역력이 생겼기 때문이 아니라 단지 알아차리지 못했을 가능성이 크다. 동기화된 추론을 줄여나가려면 이를 알아차리는 일이 선행돼야 하며, 그런 자신을 발견하더라도 불쾌하게 여길 필요가 전혀 없다.

현실을 합리화하고 낙관적인 태도를 지니는 것은 진화의 관점에서 보면 당연한 일이다. 전투병 관점이 인간의 뇌에 얼마나 깊이 새겨져 있는지, 설령 우리가 영리하고 선한 의도라 해도, 전투병 관점을 극복하는 일은 말할 것도 없고 자신에게 그런 관점이 있음을 포착하는 일마저 어렵다는 사실을 알고 난 후 나는 다른 사람들의 비이성적인 행동을 대할 때 훨씬 관대해졌다. 게다가 나 역시 동기화된 추론에 수없이 빠졌던 점을 생각하면 남을 판단할 자격이 있다고 보지 않는다!

모든 것을 따져봤을 때 인간은 과학적 증거를 공정하게 평가하는 동물이 아니다. 우리는 자기 자신과 동족을 방어하는 데 최적화된 뇌를 지닌 원숭이 무리와 같다. 그런데 어째서 뇌가 능숙히 처리하도록 진화하지 못한 영역에서 부족하다는 이유로 남들에게 화를 내는가? 유전적 유산을 초월하는 이들에게 감탄하는 것이 더 이치에 맞지 않을까?

유전자의 한계를 넘어선 이들도 적지 않다. 기후변화 회의론자였던 테일러는 회의론을 계속 옹호할 수도 있었지만, 진실을 더 중요시했기 때문에 자기 진영에 불리한 증거를 조사했고 결국 생각을 바꿨다. 목사인 해리스는 《노 데이팅》을 계속 선전할 수도 있었지만, 비평하는 이들의 말에 귀 기울였고 깊은 성찰 끝에 책을 폐기하기로 했다. 과학 전문 기자인 브룩셔는 성별 편향에 관한 자신의 주장에 틀린 것이 없는지 굳이 확인하고 글을 수정하는 수고를 들였다.

우리에게는 2가지 길이 있다. 이기적으로 현실을 왜곡하는 인간의 능력에 시선을 고정하고 짜증 내며 살아갈 수도 있고, 진실이 세상에서 승리하도록 만드는 일에 오랜 시간 헌신한 피카르 같은 이들에게 시선을 고정하고 본받으며 살아가려는 동기를 품을 수도 있다.

인간은 완벽한 종이 아니다. 이상적인 기준에 미치지 못했다고 낙담하기 보다는 우리가 얼마나 많이 발전했는지 돌아보며 자부심을 느껴야 한다. 전투병 관점에서 벗어나 정찰병에 조금씩 더 가까워짐으로써 인류는 앞으로 나아간다.

감사의 말

가장 먼저 포트폴리오 출판사 직원들에게 감사의 마음을 전한다. 내가 고쳐 쓰고 또 고쳐 쓰는 긴 시간 동안 놀라운 인내심을 보여줬다. 카우식 비스와나스의 조언은 늘 사려 깊고 정확했으며, 니나 로드리게스-마티의 격려는 힘이 됐다. 슈테파니 프레리히는 무엇보다 내게 기회를 줬다. 그리고 잉크웰매니지먼트의 윌리엄 캘러핸은 그야말로 최고의 저작권 대리인이다. 처음으로 작가의 길을 나선 내게 올바른 길을 안내하며 한없이 지원하고, 융통성을 발휘하고, 요령을 알려주고, 긍정적인 기운을 불어넣었다.

나는 효율적인 이타주의자들과 오랜 시간을 보내며 큰 혜택을 누렸다. 이 공동체는 정찰병 관점이 풍부하고, 많은 이들이 내가 존중하는 정신과 마음을 지녔다. 어떤 생각이든 진지하게 받아들여지고, 의견이 충돌할 때는 '우리가 왜 이 사안을 다르게 바라보는지 함께 알아봅시다' 같은 태도를 취하는 공동체에 속한 건 매우 운이 좋았다.

수많은 사람이 관대하게도 이 책에 시간을 내줬다. 인터뷰에 응하고, 경험을 공유하고, 생각할 거리를 던져주는 방식으로 나의 몇몇 견해에 반대 의견을 제시했다. 모두를 언급할 수는 없지만, 특히 잊을 수 없는 조언과 의견을 전해준 이들에게 감사의 말을 전한다(Will MacAskill, Holden Karnofsky, Katja Grace, Morgan Davis, Ajeya Cotra, Danny Hernandez, Michael Nielson, Devon Zuegel, Patrick Collison, Jonathan Swanson, Lewis Bollard, Darragh Buckley, Julian Sanchez, Simine Vazire, Emmett Shear, Adam d'Angelo, Harjeet Taggar, Malo Bourgon, Spencer Greenberg, Stephen Zerfas, Nate Soares).

처칠, 휘슬러, 조, 몰리, 윈스턴, 노밸리에서 만난 강아지들(강아지를 쓰다듬게 허락해준 주인들)의 도움이 없었으면 책을 완성하지 못했을 것이다. 길고 외로웠던 몇 달간 정신을 온전히 붙잡아준 건 귀여운 강아지들이었다.

집필 내내 나를 응원해준 가족과 친구들에게도 깊이 감사한다. 은둔자처럼 숨어 지낼 때 다정한 메시지를 보내주고, 약속을 취소해도 너그럽게 이해하고, "글 쓰는 일은 잘돼가?"라는 질문도 참아줬다. 동생 제시와 친구 스펜서에게도 감사한다. 풀리지 않는 문제로 대화할 때마다 명쾌한 통찰을 얻어 더 나은 글을 쓸 수 있었다. 어머니와 아버지께도 감사한다. 두 분의 사랑과 격려는 큰 힘이 됐고 그분들에게서 정찰병의 모범을 보며 성장했다.

무엇보다 약혼자 루크에게 감사한다. 그는 든든한 지원자이자 소중한 참모, 영감의 원천이자 롤모델이다. 책의 논지를 잡는 데 도움을 주고, 훌륭한 제안과 위로를 해주고, 사회과학의 안 좋은 방법론에 불평할 때는 조용히 인내하며 들어줬다. 내 인생에서 이보다 더 좋은 파트너는 없을 것이다.

부록 A: <스타트렉> 스팍의 예측

1 **커크:** 다른 아이들에게 가까이 접근할 수 없다고?

스팍: 불가능합니다. 그들도 쥐새끼처럼 이 지역을 잘 알아요.

커크: 그래도 시도는 해봐야지.

하지만 커크가 성공한다.[1]

2 **스팍:** 로뮬란족이 벌칸족의 후예라면 이 일은 공산이 있습니다만….

그의 예측이 옳았다. 로뮬란족은 벌칸족의 후예였다.[2]

3 **스팍:** 여러분, 저를 따라오시면 생존할 확률이 거의 없습니다.

하지만 모두 생존한다.[3]

4 승무원 몇 명과 함께 한 행성에 고립된 스팍이 조난신호를 보낸다. 그러나 누군가 그 신호를 볼 '가능성이 전혀 없기에' 이는 비논리적인 행동이라고 설명한다.

하지만 엔터프라이즈호가 신호를 보고 그들을 구조한다.[4]

5 커크 함장이 업무 과실 혐의로 재판에 회부된다. 스팍은 "나는 함장을 압니다"라고 자신하며 커크가 유죄일 '가능성은 없다'고 증언한다.

그의 말이 옳았다. 커크는 사실 함정에 빠진 것이었다.[5]

6 **커크:** 스팍 부함장, 저 행성에는 남자와 여자, 아이들이 150명 있었네. 생존자가 남아 있을 가능성은 없나?

스팍: 전무합니다. 함장님.

하지만 멀쩡하게 살아 있는 생존자들이 다수 있었다.[6]

7 스팍: 당신이 설명하는 것은 속칭 '행복의 약'으로 불렸죠. 과학자인 당신은 그게 불가능하다는 사실을 당연히 아실 겁니다.
하지만 그 일은 가능했고, 스팍은 이미 포자에 노출됐다.[7]

8 스팍: 함장님과 제가 함께 죽임을 당하지 않을 가능성은 2,228.7 대 1입니다.
커크: 2,228.7 대 1이라고? 상당한 가능성이군. 스팍.
하지만 두 사람은 생존한다.[8]

9 커크: 스팍, 저 경비 2명을 해치울 수 있을까? 여기서 **빠져나갈** 가능성은 얼마나 되지?
스팍: 정확히 말씀드리기는 어렵습니다. 대략 7,824.7 대 1일 겁니다.
하지만 두 사람은 결국 탈출한다.[9]

10 커크: 이제 (탈출에) 성공할 가능성은 얼마나 되지?
스팍: 7,000 대 1이 안 됩니다. 여기까지 온 것만도 놀라운 일입니다.
하지만 두 사람은 결국 탈출한다.[10]

11 스팍: 함장님이 생존할 확률은 그리 크지 않습니다. 폭발이 얼마나 강할지도 알지 못해요.
커크: 계산된 위험이네, 스팍.
그는 생존한다.[11]

12 커크: 우리가 통신기 두 대를 이용해 초음파 폭발을 일으킬 수 있다고 생각하는가?
스팍: 그 방법이 통할 가능성은 희박합니다.
하지만 그 방법이 통한다.[12]

13 매코이: (우리 친구들이 생존할) 가능성이 별로 보이지 않는군요.
스팍: 맞습니다. 아마도 대략 400….
매코이가 말을 끊었지만, 스팍은 여기서 "400 대 1"이라고 말했을 것이다. 하지만 그들의 친구들은 생존한다.[13]

14 체코프: 항성 간 먼지구름일 겁니다.

스팍: 그럴 공산은 거의 없네, 소위.

실제로 그들이 포착한 것은 먼지구름이 아니라, 에너지를 흡수하는 거대한 우주 생물이었다.[14]

15 커크: 스팍, 매코이의 신경분석기 회로를 반전시키면, 와전류를 만들어 마비 광선 프로젝터를 먹통으로 만들 수 있을까?

스팍: 성공 가능성은 회의적입니다, 함장님.

커크: 승산이 전혀 없나?

스팍: 적습니다.

사실, 성공하지 못한다.[15]

16 커크: 스팍, 이 행성 어딘가에 저 오벨리스크를 세우거나 전향 장치를 개발할 만한 문명이 존재할 가능성이 있는가?

스팍: 가능성은 매우 낮습니다, 함장님. 탐지기에 따르면 여기 보이는 한 종류의 생명체밖에 없습니다.

스팍이 옳았다.[16]

17 스팍: 저 함선에 생명체가 있을 가능성은 0.997%입니다, 함장님.

사실, 그 함선에는 위험한 외계 생명체가 있었다.[17]

18 커크: 전송 장치 프로그램을 조정해서 우리 몸을 과거의 패턴으로 전송할 수 있을까?

스팍: 가능합니다. 하지만 성공률은 99.7 대 1입니다.

전송 장치는 정상적으로 작동한다. 그들의 몸은 멀쩡하다.[18]

19 커크: 해리 머드가 거기 있을까, 스팍?

스팍: 마더로드에 그가 있을 가능성은 81%에 ±0.53입니다.

실제로 머드는 거기에 있다.[19]

20 EM: 우리는 모두 여기서 죽을 겁니다.

스팍: 통계적으로 가능한 이야기야.

하지만 그들은 생존한다.[20]

21 EM: (첩자는) 우리 중 하나…?

스팍: 대략 82.5% 가능성 있는 이야기군.

실제로 첩자는 그들 가운데 있다.[21]

22 커크: 스팍, 승산이 얼마나 되나?

스팍: 밀도가 이대로만 유지되면 견뎌낼 수 있을 겁니다.

그들은 성공한다.[22]

23 스팍: 함장님, 함선 세 척을 모두 요격하는 것은 불가능합니다!

하지만 커크는 성공한다.[23]

1라운드: 동물에 관한 사실

1 거짓. 세상에서 가장 큰 포유류는 코끼리가 아니라 푸른 고래다.

2 참.

3 거짓. 세상에서 가장 다리가 많은 동물은 노래기다. 다리가 750개가 있는 노래기도 있다. 지네는 최대 354개다.

4 참. 최초의 포유류는 대략 2억 년 전에 등장했다. 공룡은 대략 6,500만 년 전에 멸종했다.

5 거짓.

6 거짓. 낙타는 혹에 물이 아닌 지방을 저장한다.

7 참.

8 참. 대왕판다는 거의 대나무만 먹는다.

9 거짓. 알을 낳는 포유류는 두 종류고 개중 하나가 오리너구리다. 다른 하나는 가시두더지다.

10 참.

2라운드: 역사적 인물

11 공자(기원전 551년)가 율리우스 카이사르(기원전 100년)보다 먼저 태어났다.

12 마하트마 간디(1869년)가 피델 카스트로(1926년)보다 먼저 태어났다.

13 넬슨 만델라(1918년)가 안네 프랑크(1929년)보다 먼저 태어났다.

14 클레오파트라(기원전 69년)가 무함마드(570년경)보다 먼저 태어났다.

15 잔 다르크(1412년경)가 윌리엄 셰익스피어(1564년)보다 먼저 태어났다.

16. 손자(기원전 544년)가 조지 워싱턴(1732년)보다 먼저 태어났다.

17 칭기즈칸(1160년경)이 레오나르도 다빈치(1452년)보다 먼저 태어났다.

18 카를 마르크스(1818년)가 빅토리아 여왕(1819년)보다 먼저 태어났다.

19 마릴린 먼로(1926년)가 사담 후세인(1937년)보다 먼저 태어났다.

20 알베르트 아인슈타인(1879년)이 마오쩌둥(1893년)보다 먼저 태어났다.

3라운드: 2019년 기준 국가 인구

21 독일(8,400만 명)이 프랑스(6,500만 명)보다 인구가 더 많다.

22 일본(1억 2,700만 명)이 대한민국(5,100만 명)보다 인구가 더 많다.

23 브라질(2억 1,100만 명)이 아르헨티나(4,500만 명)보다 인구가 더 많다.

24 이집트(1억 명)가 보츠와나(200만 명)보다 인구가 더 많다.

25 멕시코(1억 2,800만 명)가 과테말라(1,800만 명)보다 인구가 더 많다.

26 파나마(400만 명)가 벨리즈(39만 명)보다 인구가 더 많다.

27 아이티(1,100만 명)가 자메이카(300만 명)보다 인구가 더 많다.

28 그리스(1,000만 명)가 노르웨이(500만 명)보다 인구가 더 많다.

29 중국(14억 3,000만 명)이 인도(13억 7,000만 명)보다 인구가 더 많다.

30 이란(8,300만 명)이 이라크(3,900만 명)보다 인구가 더 많다.

4라운드: 일반 과학 상식

31 거짓. 화성에는 포보스와 데이모스라는 2개의 달이 있다.

32 참.

33 거짓. 놋쇠는 철과 구리가 아닌 아연과 구리로 이뤄져 있다.

34 참. 기름 1큰술은 대략 120칼로리고, 버터 1큰술은 최대 110칼로리다.

35 거짓. 가장 가벼운 원소는 헬륨이 아니라 수소다.

36 거짓. 감기를 유발하는 것은 세균이 아니라 바이러스다.

37 참.

38 거짓. 계절은 지구의 자전축이 기울어져 있어서 발생한다.

39 참.

40 참.

주

1장

1 1장에서 드레퓌스 사건을 기술할 때 참조한 책들은 다음과 같다. Jean-Denis Bredin, *The Affair: The Case of Alfred Dreyfus*(London: Sidgwick and Jackson, 1986); Guy Chapman, *The Dreyfus Trials*(London: B. T. Batsford Ltd., 1972), Piers Paul Read, *The Dreyfus Affair: The Scandal That Tore France in Two*(London: Bloomsbury, 2012).

2 "Men of the Day.—No. DCCLIX—Captain Alfred Dreyfus," *Vanity Fair*, September 7, 1899, https://bit.ly/2LPkCsl.

3 우리가 특정한 방향으로 동기화된 추론을 한다는 개념을 대중에게 널리 알린 논문은 다음과 같다. Ziva Kunda, "The Case for Motivated Reasoning," *Psychological Bulletin* 108, no. 3(1990): 480-98, https://bit.ly/2MMybM5.

4 Thomas Gilovich, *How We Know What Isn't So: The Fallibility of Human Reason in Everyday Life*(New York: The Free Press, 1991), 84.

5 Robert B. Strassler, ed., *The Landmark Thucydides*(New York: The Free Press, 2008), 282.

6 영어에서 'argument is war(논쟁은 전쟁이다)'라는 은유를 가장 잘 설명하는 책은 다음과 같다. George Lakoff and Mark Johnson, *Metaphors We Live By*(Chicago: University of Chicago Press, 1980).

7 Ronald Epstein, Daniel Siegel, and Jordan Silberman, "Self-Monitoring in Clinical Practice: A Challenge for Medical Educators," *Journal of Continuing Education in the Health Professions 28*, no. 1(Winter 2008): 5-13.

8 Randall Kiser, *How Leading Lawyers Think*(London and New York: Springer, 2011), 100.

2장

1 G. K. Chesterton, "The Drift from Domesticity," *The Thing* (1929), loc. 337, Kindle.

2 G. K. Chesterton, *The Collected Works of G. K. Chesterton*, vol. 3 (San Francisco, CA: Ignatius Press, 1986), 157.

3 James Simpson, *The Obstetric Memoirs and Contributions of James Y. Simpson*, vol. 2 (Philadelphia: J. B. Lippincott & Co., 1856).

4 Leon R. Kass, "The Case for Mortality," *American Scholar* 52, no. 2 (Spring 1983): 173-91.

5 Alina Tugend, "Meeting Disaster with More Than a Wing and a Prayer," *New York Times*, July 19, 2008, https://www.nytimes.com/2008/07/19/business/19shortcuts.html.

6 *Election*, directed by Alexander Payne (MTV Films in association with Bona Fide Productions, 1999).

7 R. W. Robins and J. S. Beer, "Positive Illusions About the Self: Short-term Benefits and Long-term Costs," *Journal of Personality and Social Psychology* 80, no. 2 (2001): 340-52, doi:10.1037/0022-3514.80.2.340.

8 Jesse Singal, "Why Americans Ignore the Role of Luck in Everything," *The Cut*, May 12, 2016, https://www.thecut.com/2016/05/why-americans-ignore-the-role-of-luck-in-everything.html.

9 wistfulxwaves (Reddit 아이디), "Masochistic Epistemology"에 달린 댓글, Reddit, September 17, 2018, https://www.reddit.com/r/BodyDysmorphia/comments/9gntam/masochistic_epistemology/e6fwxzf/.

10 A. C. Cooper, C. Y. Woo, and W. C. Dunkelberg, "Entrepreneurs' Perceived Chances for Success," *Journal of Business Venturing* 3, no. 2 (1988): 97-108, doi:10.1016/0883-9026(88)90020-1.

11 Daniel Bean, "Never Tell Me the Odds," *Daniel Bean Films* (blog), April 29, 2012, https://danielbeanfilms.wordpress.com/2012/04/29/never-tell-me-the-odds/.

12 Nils Brunsson, "The Irrationality of Action and Action Rationality: Decisions, Ideologies and Organizational Actions," *Journal of Management Studies* 19, no. 1 (1982): 29-44.

13 정서적 이점과 사회적 이점을 구분하는 일은 전투병 관점의 기능에 관한 심리학자와 진화심리학자 간의 논쟁에서 핵심사항이다. 심리학자들은 동기화된 추론에서 얻는 정서적 이점을 가리켜, 정서적 건강을 지키려고 진화한 일종의 '심리적 면역체계'로 이야기한다. 말하자면 육체적 건강을 지키려고 진화한 일반적인 면역체계와 매우 유사하다. 심리적 면역체계라는 개념은 직관적이고 설득력 있다. 그러나 이 개념에는 문제가 하나 있다. 진화심리학자들이 반박하는 바에 따르면 말이 되지 않는다. 우리 뇌가 스스로 기분 좋게 만드는 능력을 부여하는 방향으로 진화할 이유가 없다는 것이다. 하지만 좋은 인상을 심어주는 능력을 부여하는 방향으로 진화할 이유는 존재한다. 우리가 힘이 세고, 충성심이 깊고, 지위가 높다는 사실을 다른 사람들이 확신할 때 그 힘에 복종하고, 짝을 짓고 싶은 욕구를 강하게 느끼기 때문이다. 진화심리학자들의 주장에 따르면 동기화된 추론으로 얻는 사회적 이점이야말로 그런 사고방식이 진화하게 된 진짜 이유고, 정서적 이점은 부수적으로 생겨난 효과일 뿐이다.

다른 설명도 가능하다. 많은 경우 전투병 관점을 사용하는 것은 진화로 생긴 특성이 아니다. 그저 우리가 그렇게 할 수 있고, 또 그렇게 하면 기분이 좋아지기 때문이다. 자위라는 행위에 비유하자면 그 자체는 진화의 산물이 아니다. 하지만 성 충동은 진화한 것이고 인간의 손도 진화했다. 인류는 두 진화의 산물을 결합할 방법을 찾아낸 것뿐이다.

14 Robert A. Caro, *Master of the Senate: The Years of Lyndon Johnson* III (New York: Knopf Doubleday Publishing Group, 2009), 886.

15 Z. J. Eigen and Y. Listokin, "Do Lawyers Really Believe Their Own Hype, and Should They? A Natural Experiment," *Journal of Legal Studies* 41, no. 2 (2012), 239–67, doi:10/1086/667711.

16 Caro, *Master of the Senate*, 886.

17 Randall Munroe, "Bridge," *XKCD*, https://xkcd.com/1170.

18 Peter Nauroth et al., "Social Identity Threat Motivates Science-Discrediting Online Comments," *PloS One* 10, no.2 (2015), doi: 10.1371/journal.pone.0117476.

19 Kiara Minto et al., "A Social Identity Approach to Understanding Responses to Child Sexual Abuse Allegations," *PloS One* 11 (April 25, 2016), doi:10.1371/journal.pone.0153205.

20 이런 결과는 아이겐(Eigen)과 리스토킨(Listokin)의 "Do Lawyers Really Believe Their Own Hype, and Should They?"에서 보고됐다. 협상에서도 유사한 역효과가 존재한다.

무작위로 어느 한 편을 변호하게 된 법대생들은 사건 자료를 읽은 뒤 자기편이 옳다고 믿고, 협상 시 더 많은 합의금을 요구한다. 그 결과 합의에 이를 가능성이 낮아지고, 평균적으로 더 적은 금액에 타협을 본다. 다음 글을 참조하기 바란다. George Loewenstein, Samuel Issacharoff, Colin Camerer, and Linda Babcock, "Self-Serving Assessments of Fairness and Pretrial Bargaining," *Journal of Legal Studies* 22, no. 1(1993): 135-59.

3장

1   Bryan Caplan, "Rational Ignorance Versus Rational Irrationality," *KYKLOS* 54, no. 1(2001): 2-26, doi:10.1111/1467-6435.00128. 이 논문에서 캐플런이 예상하는 모습에 따르면, 사람들은 어떤 질문과 관련해 올바른 믿음을 지니고자 할 때는 진실을 찾으려 많은 노력을 기울일 테지만, 거짓된 믿음을 지니고자 할 때는 별다른 노력을 하지 않는다. 그런 식으로 자신이 택하는 신념 중 특정 신념을 구성하는 진실을 조작한다. 이는 전투병 관점의 사고방식과 유사할 때가 있다. 어떤 주장을 들을 때 '믿어도 될까?'라는 관점에서 믿어도 좋은 근거를 찾는다면 꼼꼼히 따져보지 않고 쉽게 받아들인다. 그러나 전투병 관점에서는 거짓된 신념을 정당화하려고 훨씬 많은 수고를 기울일 때도 있다.

2   현재 중시 편향과 선명성 편향이 어떻게 의사결정에 영향을 미치는지 가장 잘 다룬 글은 다음과 같다. George Ainslie, *Picoeconomics: The Strategic Interaction of Successive Motivational States Within the Person*(Cambridge, UK: Cambridge University Press, 1922).

3   Andrea Gurmankin Levy et al., "Prevalence of and Factors Associated with Patient Nondisclosure of Medically Relevant Information to Clinicians," *JAMA Network Open* 1, no. 7(November 30, 2018): e185293, https://jamanetwork.com/journals/jamanetworkopen/fullarticle/2716996.

4   "Up to 81% of Patients Lie to Their Doctors—And There's One Big Reason Why," *The Daily Briefing*, December 10, 2018, https://www.advisory.com/daily-briefing/2018/12/10/lying-patients.

5   Joanne Black, "New Research Suggests Kiwis Are Secretly Far More Ambitious Than We Let On," *Noted*, April 4, 2019, https://www.noted.co.nz/health/psychology/ambition-new-zealanders-more-ambitious-than-we-let-on/.

6   Mark Svenvold, *Big Weather: Chasing Tornadoes in the Heart of America*(New York:

Henry Holt and Co., 2005), 15.

4장

1   u/AITAthrow12233(레딧 아이디), "AITA if I don't want my girlfirend to bring her cat
    when she moves in?", Reddit, November 3, 2018, https://www.reddit.com/r/
    AmItheAsshole/comments/9tyc9m/aita_if_i_dont_want_my_girlfriend_to_bring_her/.

2   Alexandra Wolfe, "Katie Couric, Woody Allen: Jeffrey Epstein's Society Friends Close
    Ranks," *Daily Beast*, April 1, 2011, https://www.thedailybeast.com/katie-couric-woody-
    allen-jeffrey-epsteins-society-friends-close-ranks.

3   Isaac Asimov, "A Cult of Ignorance," *Newsweek*, January 21, 1980.

4   Richard Shenkman, *Just How Stupid Are We? Facing the Truth About the American
    Voter*(New York: Basic Books, 2008).

5   Dan M. Kahan, "'Ordinary Science Intelligence': A Science-Comprehension Measure for
    Study of Risk and Science Communication, with Notes on Evolution and Climate
    Change," *Journal of Risk Research* 20, no. 8(2017): 995-1016, doi: 10.1080/13669877.20
    16.1148067.

6   Caitlin Drummond and Baruch Fischhoff, "Individuals with Greater Science Literacy and
    Education Have More Polarized Beliefs on Controversial Science Topics," *Proceedings of
    the National Academy of Science* 114, no. 36(2017): 9587-92, doi:10.1073/pnas.
    1704882114.

7   Yoel Inbar and Joris Lammers, "Political Diversity in Social and Personality Psychology,"
    Perspectives on Psychological Science 7(September 2012): 496-503.

8   문항은 '완고함'을 평가하는 데 가장 널리 이용되는 2가지 기준을 이용했다. 첫 번째 문
    항은 '권위주의 성격'을 평가하는 우파 권위주의 척도(Right-Wing Authoritarianism
    Scale)에서 참고했다. 두 번째부터 네 번째 항목은 '권위주의, 교조주의, 파시즘, 반지성
    적 태도'를 포착하려고 고안된 윌슨 보수주의 척도(Wilson Conservatism Scale)에서 참
    고했다. G. D. Wilson and J. R. Patterson, "A New Measure of Conservatism," *British
    Journal of Social and Clinical Psychology* 7, no. 4(1968): 264-69, doi:10.1111/j.2044-
    8260.1968.tb00568.x.

9 William Farina, *Ulysses S. Grant, 1861-1864: His Rise from Obscurity to Military Greatness*(Jefferson, NC: McFarland & Company, 2014), 147.

10 Charles Carleton Coffin, *Life of Lincoln*(New York and London: Harper & Brothers, 1893), 381.

11 William Henry Herndon and Jesse William Weik, *Herndon's Informants: Letters, Interviews, and Statements About Abraham Lincoln*(Champaign, IL.: University of Illinois Press, 1998), 187.

12 Bethany Brookshire(@BeeBrookshire), Twitter, January 22, 2018, https://bit.ly/2Awl8qJ.

13 Bethany Brookshire(@BeeBrookshire), Twitter, January 29, 2018, https://bit.ly/2GTkUjd.

14 Bethany Brookshire, "I went viral. I was wrong," blog post, January 29, 2018, https://bethanybrookshire.com/i-went-viral-i-was-wrong/.

15 Regina Nuzzo, "How Scientists Fool Themselves-And How They Can Stop," *Nature*, October 7, 2015, https://www.nature.com/news/how-scientists-fool-themselves-and-how-they-can-stop-1.18517.

16 Darwin Correspondence Project, "Letter no. 729," 2020년 1월 5일에 접속함, https://www.darwinproject.ac.uk/letter/DCP-LETT-729.xml.

17 Darwin Correspondence Project, "Letter no. 2791," 2020년 2월 7일에 접속함, https://www.darwinproject.ac.uk/letter/DCP-LETT-2791.xml.

18 Darwin Correspondence Project, "Letter no. 2741," 2020년 1월 10일에 접속함, https://www.darwinproject.ac.uk/letter/DCP-LETT-2741.xml.

5장

1 Max H. Bazerman and Don Moore, *Judgment in Managerial Decision Making*(New York: John Wiley & Sons, 2008), 94.

2 u/spiff2268(레딧 아이디), "[Serious] Former Incels of Reddit. What brought you the ideology and what took you out?"에 달린 댓글, Reddit, August 22, 2018, https://www.reddit.com/r/AskReddit/comments/99buzw/serious_former_incels_of_reddit_what_brought_you/e4mt073/.

3 Greendruid, "Re: Democrats may maneuver around GOP on healthcare"에 달린 댓글, Discussion World Forum, April 26, 2009, http://www.discussionworldforum.com/showpost.php?s=70747dd92d8fbdba12c4dd0592d72114&p=7517&postcount=4.

4 Andrew S. Grove, *Only the Paranoid Survive: How to Exploit the Crisis Points That Challenge Every Company*(New York: Doubleday, 1999), 89.

5 어구 전환은 다음 책에서 차용했다. Hugh Prather, *Love and Courage*(New York: MJF Books, 2001), 87.

6 Julie Bort, "Obama Describes What Being in the Situation Room Is Like—and It's Advice Anyone Can Use to Make Hard Decisions," *Business Insider*, May 24, 2018, https://www.businessinsider.com/obama-describes-situation-room-gives-advice-for-making-hard-decisions-2018-5.

7 다음 책은 정책 관점에서 현상 유지 편향 테스트를 훨씬 정교하게 설명한다. Nick Bostrom and Toby Ord, "The Reversal Test: Eliminating Status Quo Bias in Applied Ethics," *Ethics* 116, no.4(July 2006): 656-79, https://www.nickbostrom.com/ethics/statusquo.pdf.

6장

1 *Star Trek Beyond*, directed by Justin Lin(Hollywood, CA: Paramount Pictures, 2016).

2 *Star Trek: The Original Series*, season 2, episode 11, "Friday's Child," aired December 1, 1967, on NBC.

3 *Star Trek: The Original Series*, season 1, episode 26, "Errand of Mercy," aired March 23, 1967, on NBC.

4 *Star Trek: The Original Series*, season 1, episode 24, "This Side of Paradise," aired March 2, 1967, on NBC.

5 "As a percentage, how certain are you that intelligent life exists outside of Earth?," Reddit, October 31, 2017, https://www.reddit.com/r/Astronomy/comments/79up5b/as_a_percentage_how_certain_are_you_that/dp51sg2/.

6 "How confident are you that you are going to hit your 2017 sales goals? What gives you that confidence?," Quora, https://www.quora.com/How-confident-are-you-that-you-are-going-to-hit-your-2017-sales-goals-What-gives-you-that-confidence.

7 Filmfan345(레딧 아이디), "How confident are you that you won't convert on your deathbed?" Reddit, February, 3, 2020, https://www.reddit.com/r/atheism/comments/eycqrb/how_confident_are_you_that_you_wont_convert_on/.

8 M. Podbregar et al., "Should We Confirm Our Clinical Diagnostic Certainty by Autopsies?" *Intensive Care Medicine* 27, no. 11(2011): 1752, doi:10.1007/s00134-001-1129-x.

9 스팍이 했던 여러 예측을 범주에 따라 구분하려고 몇 가지 재량을 허용했다. 예를 들어, "공산이 있다(likely)"고 분류한 범주에는 스팍이 "통계적으로 개연성 있는" 것으로 예측한 사례도 포함하고, "82.5% 승산이 있다"고 예측한 사례도 포함한다. 예측 결과를 그래프로 나타내려고 "불가능하다(impossible)"는 예측을 0% 확률에, "거의 공산이 없다(very unlikely)"는 예측을 10% 확률에, "공산이 없다(unlikely)"는 예측을 25% 확률에, "공산이 있다(likely)"는 예측을 75% 확률에 배치했다. 이 모두를 고려할 때 스팍의 예측률은 통계적으로 정밀한 그래프라기보다는 전반적인 성향을 대략적으로 기술한 것으로 봐야 한다.

10 Douglas W. Hubbard, *How to Measure Anything: Finding the Value of "Intangibles" in Business*(Hoboken, NJ: John Wiley & Sons, 2007), 61.

11 Robert Kurzban, *Why Everyone (Else) Is a Hypocrite*(Princeton, NJ: Princeton University Press, 2010).

12 이 문단에서 언급한 기법은 다음 책에서 채택했다. Douglas W. Hubbard, *How to Measure Anything: Finding the Value of "Intangibles" in Business*(Hoboken, NJ: John Wiley & Sons, Inc., 2007), 58.

7장

1 Steven Callahan, *Adrift: Seventy-six Days Lost at Sea*(New York: Houghton Mifflin, 1986).

2 Callahan, *Adrift*, 84.

3 Callahan, *Adrift*, 39.

4   Callahan, *Adrift*, 45.

5   Carol Tavris and Elliot Aronson, *Mistakes Were Made(But Not by Me): Why We Justify Foolish Beliefs, Bad Decisions, and Hurtful Acts*(New York: Houghton Mifflin Harcourt, 2007), 11.

6   Daniel Kahneman, *Thinking, Fast and Slow*(New York: Farrar, Straus and Giroux, 2013), 264.

7   Darwin Correspondence Project, "Letter no.3272," 2019년 12월 1일에 접속함, https://www.darwinproject.ac.uk/letter/DCP-LETT-3272.xml.

8   Charles Darwin, *The Autobiography of Charles Darwin*(New York: W.W. Norton & Company, 1958), 126.

9   *The Office*, season 2, episode 5, "Halloween," 감독: Paul Feig, 작가: Greg Daniels, 2005년 10월 18일에 NBC에서 방영함.

10   Stephen Fried, *Bitter Pills: Inside the Hazardous World of Legal Drugs*(New York: Bantam Books, 1998), 358.

11   David France, *How to Survive a Plague: The Inside Story of How Citizens and Science Tamed AIDS*(New York: Knopf Doubleday Publishing Group, 2016), 478.

12   Douglas LaBier, "Why Self-Deception Can Be Healthy for You," *Psychology Today*, February 18, 2013, https://www.psychologytoday.com/us/blog/the-new-resilience/201302/why-self-deception-can-be-healthy-you.

13   Joseph T. Hallinan, *Kidding Ourselves: The Hidden Power of Self-Deception*(New York: Crown, 2014).

14   Stephanie Bucklin, "Depressed People See the World More Realistically—And Happy People Just Might Be Slightly Delusional," *Vice*, June 22, 2017, https://www.vice.com/en_us/article/8x9j3k/depressed-people-see-the-world-more-realistically.

15   J. D. Brown, "Evaluations of Self and Others: Self-Enhancement Biases in Social Judgments," *Social Cognition* 4, no. 4(1986): 353-76, http://dx.doi.org/10.1521/soco.1986.4.4.353.

16   보통 사람들이 대체로 자신이 평균 이상이라고 생각한다는 사실은 적어도 일부는 자신

을 기만하고 있음을 입증한다. 어쨌든 현실 세계는 '모든 아이가 평균 이상'이라는 워비
곤 호수 같은 곳이 아니다. 그러나 자신이 동료보다 낫다고 생각하는 사람 중 다수가, 어
쩌면 대부분이 자신이 평균 이상임을 정확히 인지했을 가능성도 부정할 수 없다. 그런
사람들은 연구 표본에서 관찰한 성공과 행복의 증진을 쉽게 이뤄낼 수 있다.

17 Shelley Taylor and Jonathon Brown, "Illusion and Well-being: A Social Psychological Perspective on Mental Health," *Psychological Bulletin* 103, no. 2(1988): 193-210, doi. org/10.1037/0032-2909.103.2.193.

18 Ruben Gur and Harold Sackeim, "Lying to Ourselves," interview by Robert Krulwich, *Radiolab*, WNYC studios, March 10, 2008, https://www.wnycstudios.org/podcasts/ radiolab/segments/91618-lying-to-ourselves.

19 자기기만 설문지는 다음 논문에도 등장한다. R. C. Gur and H. A. Sackeim, "Self-deception: A Concept in Search of a Phenomenon," *Journal of Personality and Social Psychology* 37(1979): 147-69. 그 설문지는 로빈 핸슨(Robin Hanson)과 케빈 심플러 (Kevin Simpler)의 《The Elephant in the Brain》같은 일반 서적과 〈Radiolab〉 같은 대중적인 팟캐스트에서 자기기만의 효과를 입증하는 증거로 인용됐다.

8장

1 포드가 이 말을 한 것으로 언급한 자료로는 1947년도 〈리더스다이제스트〉가 가장 빠른 것 같다. 하지만 포드의 말을 어디서 인용했는지 출처를 제공하지는 않는다(*The Reader's Digest*, September 1947, 64; via Garson O'Toole, "Whether You Believe You Can Do a Thing or Not, You Are Right," Quote Investigator, February 3, 2015, https:// quoteinvestigator.com/2015/02/03/you-can/).

2 이 인용문의 출처는 제시된 적이 없다.

3 Jonathan Fields, "Odds Are for Suckers," blog post, http://www.jonathanfields.com/odds-are-for-suckers/.

4 Cris Nikolov, "10 Lies You Will Hear Before You Chase Your Dreams," MotivationalGrid, December 14, 2013, https://motivationgrid.com/lies-you-will-hear-pursue-dreams/.

5 Victor Ng, *The Executive Warrior: 40 Powerful Questions to Develop Mental Toughness for Career Success*(Singapore: Marshall Cavendish International, 2018).

6 Michael Macri, "9 Disciplines of Every Successful Entrepreneur," Fearless Motivation, January 21, 2018, https://www.fearlessmotivation.com/2018/01/21/9-disciplines-of-every-successful-entrepreneur/.

7 William James, "The Will to Believe," https://www.gutenberg.org/files/26659/26659-h/26659-h.htm.

8 Jeff Lunden, "Equity at 100: More Than Just a Broadway Baby," *Weekend Edition Saturday*, NPR, May 25, 2013, https://www.npr.org/2013/05/25/186492136/equity-at-100-more-than-just-a-broadway-baby.

9 Shellye Archambeau, "Take Bigger Risks," interview by Reid Hoffman, *Masters of Scale*, podcast, https://mastersofscale.com/shellye-archambeau-take-bigger-risks/.

10 Norm Brodsky, "Entrepreneurs: Leash Your Optimism," *Inc.*, December 2011, https://www.inc.com/magazine/201112/norm-brodsky-on-entrepreneurs-as-perennial-optimists.html.

11 브로드스키는 팩스 기기의 성장세가 위협적이라는 사실을 마땅히 예상했어야 함에도 그렇지 못했다. 그가 위기에 처하기 수년 전부터 팩스 기기 매출은 매년 2배씩 증가했다. 다음 자료를 참고하기 바란다. M. David Stone, "PC to Paper: Fax Grows Up," *PC Magazine*, April 11, 1989.

12 Ben Horowitz, *The Hard Thing About Hard Things*(New York: HarperCollins, 2014).

13 Elon Musk, "Fast Cars and Rocket Ships," interview by Scott Pelley, *60 Minutes*, 2014년 3월 30일 CBS에서 방영함, https://www.cbsnews.com/news/tesla-and-spacex-elon-musks-industrial-empire/.

14 Catherine Clifford, "Elon Musk Always Thought SpaceX Would 'Fail' and He'd Lose His Paypal Millions," CNBC.com, March 6, 2019, https://www.cnbc.com/2019/03/06/elon-musk-on-spacex-i-always-thought-we-would-fail.html.

15 Rory Cellan-Jones, "Tesla Chief Elon Musk Says Apple Is Making and Electric Car," BBC, January 11, 2016, https://www.bbc.com/news/technology-35280633.

16 "Fast Cars and Rocket Ships," *60 Minutes*.

17 Elon Musk and Sam Altman, "Elon Musk on How to Build the Future," *YCombinator* (blog), September 15, 2016, https://blog.ycombinator.com/elon-musk-on-how-to-build-the-future/.

18 Paul Hoynes, "'Random Variation' Helps Trevor Bauer, Cleveland Indians Beat Houston Astros," Cleveland.com, April 27, 2017, https://www.cleveland.com/tribe/2017/04/random_variation_helps_trevor.html.

19 Alex Hooper, "Trevor Bauer's Random Variation Downs Twins Again," CBS Cleveland, May 14, 2017, https://cleveland.cbslocal.com/2017/05/14/trevor-bauers-random-variation-downs-twins-again/.

20 Merritt Rohlfing, "Trevor Bauer's Homers have Disappeared," *SB Nation* (blog), May 26, 2018, https://bit.ly/2RCg8Lb.

21 Zack Meisel, "Trevor Bauer Continues to Wonder When Lady Luck Will Be friend Him: Zack Meisel's Musings," Cleveland.com, June 2017, https://www.cleveland.com/tribe/2017/06/cleveland_indians_minnesota_tw_138.html.

22 "Amazon CEO Jeff Bezos and Brother Mark Give a Rare Interview About Growing Up and Secrets to Success." Posted by Summit, November 14, 2017. YouTube, https://www.youtube.com/watch?v=Hq89wYzOjfs.

23 Lisa Calhoun, "When Elon Musk Is Afraid, This Is How He Handles It," *Inc.*, September 20, 2016, https://www.inc.com/lisa-calhoun/elon-musk-says-he-feels-fear-strongly-then-makes-this-move.html.

24 Nate Soares, "Come to Your Terms," Minding Our Way, October 26, 2015, http://mindingourway.com/come-to-your-terms/.

9장

1 "Amazon's Source," *Time*, December 27, 1999.

2 "Jeff Bezos in 1999 on Amazon's Plans Before the Dotcom Crash," CNBC, https://www.youtube.com/watch?v=GltlJO56S1g.

3 Eugene Kim, "Jeff Bezos to Employees: 'One Day, Amazon Will Fail' But Our Job Is to Delay It as Long as Possible," CNBC, November 15, 2018, https://www.cnbc.

com/2018/11/15/bezos-tells-employees-one-day-amazon-will-fail-and-to-stay-hungry.html.

4   Jason Nazar, "The 21 Principles of Persuasion," *Forbes*, March 26, 2013, https://www.forbes.com/sites/jasonnazar/2013/03/26/the-21-principles-of-persuasion/.

5   Mareo McCracken, "6 Simple Steps to Start Believing in Yourself(They'll Make You a Better Leader)," *Inc.*, February 5, 2018, https://www.inc.com/mareo-mccracken/having-trouble-believing-in-yourself-that-means-your-leadership-is-suffering.html.

6   Ian Dunt, "Remain Should Push for an Election," politics.co.uk, October 24, 2019, https://www.politics.co.uk/blogs/2019/10/24/remain-should-push-for-an-election.

7   Claude-Anne Lopez, *Mon Cher Papa: Franklin and the Ladies of Paris*(New Haven, CT: Yale University Press, 1966).

8   Benjamin Franklin, *The Autobiography of Benjamin Franklin*(New York: Henry Holt and Company, 1916), via https://www.gutenberg.org/files/20203/20203-h/20203-h.htm.

9   Franklin, *The Autobiography of Benjamin Franklin*.

10 Maunsell B. Field, *Memories of Many Men and Some Women: Being Personal Recollections of Emperors, Kings, Queens, Princes, Presidents, Statesmen, Authors, and Artists, at Home and Abroad, During the Last Thirty Years*(London: Sampson Low, Marston, Low & Searle, 1874), 280.

11 C. Anderson et al., "A Status-Enhancement Account of Overconfidence," *Journal of Personality and Social Psychology* 103, no. 4(2012): 718-35, https://doi.org/10.1037/a0029395.

12 M. B. Walker, "The Relative Importance of Verbal and Nonverbal Cues in the Expression of Confidence," *Australian Journal of Psychology* 29, no. 1(1977): 45-57, doi:10.1080/00049537708258726.

13 Brad Stone, *The Everything Store: Jeff Bezos and the Age of Amazon*(New York: Little, Brown & Company, 2013).

14 D. C. Blanch et al., "Is It Good to Express Uncertainty to a Patient? Correlates and Consequences for Medical Students in a Standardized Patient Visit," *Patient Education and*

Counseling 76, no.3(2009): 302, doi:10.1016/j.pec.2009.06.002.

15 E. P. Parsons et al., "Reassurance Through Surveillance in the Face of Clinical Uncertainty:
The Experience of Women at Risk of Familial Breast Cancer," *Health Expectations* 3,
no.4(2000): 263-73, doi:10.1046/j.1369-6513.2000.00097.x.

16 "Jeff Bezos in 1999 on Amazon's Plans Before the Dotcom Crash."

17 Randall Kiser, *How leading Lawyers Think*(London and New York: Springer, 2011), 153.

18 Matthew Leitch, "How to Be Convincing When You Are Uncertain," Working in
Uncertainty, http://www.workinginuncertainty.co.uk/convincing.shtml.

19 Dorie Clark, "Want Venture Capital Funding? Here's How," *Forbes*, November 24, 2012,
https://www.forbes.com/sites/dorieclark/2012/11/24/want-venture-capital-funding-
heres-how/#39dddb331197.

20 Stone, *The Everything Store*.

21 "Jeff Bezos in 1999 on Amazon's Plans Before the Dotcom Crash."

22 "Jeff Bezos 1997 Interview," taped June 1997 at the Special Libraries (SLA) conference in
Seattle, WA. Video via Richard Wiggans, https://www.youtube.com/
watch?v=rWRbTnE1PEM.

23 Dan Richman, "Why This Early Amazon Investor Bet on Jeff Bezos' Vision, and How the
Tech Giant Created Its 'Flywheel'," *Geekwire,* January 3, 2017, https://www.geekwire.
com/2017/early-amazon-investor-bet-jeff-bezos-vision-tech-giant-created-flywheel/.

10장

1 Philip E. Tetlock and Dan Gardner, *Superforecasting: The Art and Science of
Prediction*(New York: Crown, 2015), 4.

2 "GJP는 30%부터 70%까지 큰 격차를 벌이며 미시간대학교와 MIT를 포함한 대학 연
맹 팀들을 꺾었으며, 기밀자료에 접근할 수 있는 정보분석 전문가들마저 압도했다. 2년
후 GJP가 명문 대학 교수 팀보다 훨씬 나은 성적을 보였기 때문에 IARPA는 다른 팀의
출전을 취소했다." 출처: Tetlock and Gardner, *Superforecasting*, 17-18.

3 Jerry Taylor, "A Paid Climate Skeptic Switches Sides," interview by Indre Viskontas and

Stevie Lepp, *Reckonings,* October 31, 2017, http://www.reckonings.show/episodes/17.

4   Philip E. Tetlock, *Expert Political Judgment: How Good Is It? How Can We Know?*(Princeton, NJ: Princeton University Press, 2017), 132.

5   Tetlock and Gardner, *Superforecasting.*

6   여기서 사용된 오류 측정법은 브라이어 지수(Brier score)다. 1년 동안(해당 토너먼트 대회 2년 차와 3년 차 적중률을 평균했을 때) 슈퍼 예측가들의 브라이어 지수는 −0.26이었다. 일반 예측가들의 경우에는 수치가 0.00이었다(In Mellers et al., "Identifying and Cultivating Superforecasters as a Method of Improving Probabilistic Predictions," *Perspectives on Psychological Science* 10, no. 3[2015]: 270, table 1, doi:10.1177/1745691615577794). 멜러스와 공동저자들(Mellers et al.)은 브라이어 지수를 다음과 같이 정의한다. "현실(현실은 발생한 사건을 1, 일어나지 않은 사건을 0으로 부호화했다)과 예측 간의 편차를 제곱한 값을 더한 것으로 그 범위는 0점(최상)부터 2점(최악)까지다. 하나의 질문에 2가지 결과가 가능하다고 보고, 해당 사건이 일어날 확률이 0.75, 일어나지 않을 확률이 0.25라고 예측했다고 가정하면, 브라이어 지수는 $(1-0.75)^2 + (0-0.25)^2 = 0.125$가 된다." ("Identifying and Cultivating Superforecasters," 269.)

7   Bethany Brookshire, "I went viral*. I was wrong," BethanyBrookshire.com (blog), January 29, 2018, https://bethanybrookshire.com/i-went-viral-i-was-wrong/.

8   Scott Alexander, "Preschool: I was wrong," Slate Star Codex, November 6, 2018, https://slatestarcodex.com/2018/11/06/preschool-i-was-wrong/.

9   Buck Shlegeris, "'Other people are wrong' vs 'I am right,'" Shlegeris.com (blog), http://shlegeris.com/2019/02/22/wrong.

10   Devon Zuegel, "What Is This thing?" Devon Zuegel.com (blog), https://devonzuegel.com/page/what-is-this-thing.

11   Dylan Matthews, "This Is the Best News for America's Animals in Decades. It's About Baby Chickens," *Vox*, June 9, 2016, https://www.vox.com/2016/6/9/11896096/eggs-chick-culling-ended.

11장

1 Earl Warren, National Defense Migration Hearings: Part 29, San Francisco Hearings, February 1942, 11011, https://archive.org/details/nationaldefensem29unit.

2 Charles Darwin, letter to Asa Gray, April 3, 1860, https://www.darwinproject.ac.uk/letter/DCP-LETT-2743.xml.

3 Charles Darwin, *The Autobiography of Charles Darwin*(New York: W. W. Norton & Company, 1958), 141.

4 *Star Trek: The Original Series*, season 1, episode 16, "The Galileo Seven," 1967년 1월 5일에 NBC에서 방영함.

5 Philip E. Tetlock, *Expert Political Judgment: How Good Is It? How Can We Know?*(Princeton, NJ: Princeton University Press, 2017), 134.

6 Bruce Bueno de Mesquita, *The War Trap*(New Haven, CT: Yale University Press, 1983).

7 Deepak Malhotra and Max H. Bazerman, *Negotiation Genius: How to Overcome Obstacles and Achieve Brilliant Results at the Bargaining Table and Beyond*(New York: Bantam Books, 2008), 261.

8 Christopher Voss, *Never Split the Difference: Negotiating as if Your Life Depended on It*(New York: HarperCollins, 2016), 232.

9 위원회의 조사와 런던동종요법병원에 관한 역사적 세부사항은 전부 다음 문헌에서 인용했다. Michael Emmans Dean, "Selective Suppression by the Medical Establishment of Unwelcome Research Findings: The Cholera Treatment Evaluation by the General Board of Health, London 1854," *Journal of the Royal Society of Medicine* 109, no. 5(2016): 200-205, doi:10.1177/0141076816645057.

10 u/donnorama가 작성한 댓글, "Whoops," June 18, 2018, https://www.reddit.com/r/antiMLM/comments/8s1uua/whoops/.

11 Gary A. Klein, *Sources of Power: How People Make Decisions*(Cambridge: MIT Press, 2017), 276.

12 M. S. Cohen, J. T., Freeman, and B. Thompson, "Critical Thinking Skills in Tactical Decision Making: A Model and a Training Strategy," in *Making Decisions Under Stress:*

Implications for Individual and Team Training, eds. J. A. Cannon-Bowers and E. Salas(Washington, DC: American Psychological Association, 1998), 155-89, https://doi. org/10.1037/10278-006.

13 Sophia Lee, "Hindsight and Hope," *World*, January 28, 2018, https://world.wng. org/2018/01/hindsight_and_hope.

12장

1 Rachael Previti, "I Watched Only Fox News for a week and This Is What I 'Learned'," *Tough to Tame*, May 18, 2019, https://www.toughtotame.org/i-watched-only-fox-news-for-a-week-and-heres-what-i-learned.

2 Ron French, "A Conservative and Two Liberals Swapped News Feeds. It Didn't End Well," *Bridge Magazine*, April 6, 2017, https://www.bridgemi.com/quality-life/ conservative-and-two-liberals-swapped-news-feeds-it-didnt-end-well.

3 Christopher A. Bail et al., "Exposure to Opposing Views on Social Media Can Increase Political Polarization," *Proceedings of the National Academy of Sciences* 115, no. 37(2018): 9216-21, doi:10.1073/pnas.1804840115.

4 "Discuss Gender Equality," Reddit, https://www.reddit.com/r/FeMRADebates/.

5 proud_slut(레딧 아이디), "In Defense of Feelings and a Challenge for the MRAs"에 달린 댓글, Reddit, January 19, 2015, https://www.reddit.com/r/FeMRADebates/ comments/2sxlbk/in_defense_of_feelings_and_a_challenge_for_the/cntu4rq/.

6 proud_slut(레딧 아이디), "You Don't Hate Feminism, You Just Don't Understand It"에 달린 댓글, Reddit, July 24, 2014, https://www.reddit.com/r/FeMRADebates/ comments/2bmtro/you_dont_hate_feminism_you_just_dont_understand_it/cj6z5er/.

7 avantvernacular(레딧 아이디), "Who has positively changed your view of a group from the opposite side on this sub?"에 달린 댓글, Reddit, May 29, 2014, https://www.reddit.com/ r/FeMRADebates/comments/26t0ic/who_has_positively_changed_your_view_of_a_ group/chubl5t/.

8 proud_slut(레딧 아이디), "I'm leaving"에 달린 댓글, Reddit, August 7, 2014, https://

www.reddit.com/r/FeMRADebates/comments/2cx56b/im_leaving/.

9 Jerry Taylor, "A Paid Climate Skeptic Switches Sides," interview by Indre Viskontas and Stevie Lepp, *Reckonings,* October 31, 2017, http://www.reckonings.show/episodes/17.

10 Jerry Taylor, "Episode 3: A Professional Climate Denier Changes His Mind," interview by Quin Emmett and Brian Colbert Kennedy, *Important Not Important*, podcast, https://www.importantnotimportant.com/episode-3-jerry-taylor-transcript.

11 Doris Kearns Goodwin, *Team of Rivals: The Political Genius of Abraham Lincoln* (New York: Simon & Schuster, 2005).

12 Cass R. Sunstein, *Going to Extremes: How Like Minds Unite and Divide* (Oxford: Oxford University Press, 2009), 29.

13 *Bill Moyers Journal*, 2008년 2월 1일에 PBS에서 방영함, http://www.pbs.org/moyers/journal/02012008/transcript1.html.

14 "Lincoln put him in the Cabinet and then seems to have ignored him," in T. Harry Williams, "Review of Lincoln's Attorney General: Edward Bates of Missouri," *Civil War History* 12, no. 1 (1966): 76, Project MUSE, doi:10.1353/cwh.1966.0034.

15 Brian McGinty, *Lincoln and the Court* (Cambridge: Harvard University Press, 2008), 228.

16 Scott Alexander, "Talking Snakes: A Cautionary Tale," Less Wrong, March 12, 2009, https://www.lesswrong.com/posts/atcJqdhCxTZiJSxo2/talking-snakes-a-cautionary-tale.

17 Sarah McCammon, "Evangelical Writer Kisses an Old Idea Goodbye," NPR News, December 17, 2018, https://www.npr.org/transcripts/671888011.

13장

1 Courtney Jung, *Lactivism: How Feminists and Fundamentalists, Hippies and Yuppies, and Physicians and Politicians Made Breastfeeding Big Business and Bad Policy* (New York: Basic Books, 2015), 19.

2 Kerry Reals, "Jamie Oliver, I Branded Myself a Failure Because of Pro-Breastfeeding Propaganda. Think Before You Speak," *The Independent*, March 20, 2016, https://www.

independent.co.uk/voices/jamie-oliver-i-branded-myself-a-failure-because-of-pro-breastfeeding-propaganda-think-before-you-a6942716.html.

3   Glosswitch, "Our Regressive, Insensitive, and Cultish Attitudes Toward Breastfeeding," *New Statesman,* February 11, 2013, https://www.newstatesman.com/lifestyle/2013/02/our-regressive-insensitive-and-cultish-attitude-breastfeeding.

4   Adriana1987, "Breastfeeding Propaganda," BabyCentre, March 7, 2017, https://community.babycentre.co.uk/post/a30582443/breastfeeding-propaganda.

5   Eco Child's Play, "The Preemptive Strike on Breastfeeding," March 18, 2009, https://ecochildsplay.com/2009/03/18/the-preemptive-strike-on-breastfeeding.

6   Jung, *Lactivism,* 50.

7   "Breastfeeding vs. Bottle Debate Gets Ugly," ABC News, August 21, 2001, https://abcnews.go.com/GMA/story?id=126743&page=l.

8   Lauren Lewis, "Dear 'Fed Is Best' Campaigners, Parents, and Internet Trolls," *Breastfeeding World* (blog), April 14, 2017, http://breastfeedingworld.org/2017/04/fed-up-with-fed-is-best/.

9   Justin McCarthy, "Less Than Half in U.S. Would Vote for a Socialist for President," Gallup, May 9, 2019, https://news.gallup.com/poll/254120/less-half-vote-socialist-president.aspx.

10   J. Paul Nyquist, *Prepare: Living Your Faith in an Increasingly Hostile Culture* (Chicago: Moody Publishers, 2015).

11   Haley Swenson, "Breastfeed or Don't. You Do You," *Slate*, April 30, 2018, https://slate.com/human-interest/2018/04/why-simply-giving-distressed-friends-permission-to-quit-breastfeeding-was-a-total-cop-out.html.

12   Stephanie Fairyington, "It's Time for Feminists to Stop Arguing About Breastfeeding and Fight for Better Formula," *The Observer*, September 1, 2012, https://observer.com/2012/09/time-for-feminists-to-stop-arguing-about-breastfeeding-and-fight-for-better-formula/.

13   Catskill Animal Sanctuary, "Optimism Is a Conscious Choice," https://casanctuary.org/

optimism-is-a-conscious-choice/.

14 Morgan Housel, "Why Does Pessimism Sound So Smart?," *The Motley Fool*, January 21, 2016, https://www.fool.com/investing/general/2016/01/21/why-does-pessimism-sound-so-smart.aspx.

15 Eli Heina Dadabhoy, "Why Are Those Polyamorists So Damn Preachy?," Heinous Dealings (blog), *The Orbit*, September 23, 2015, https://the-orbit.net/heinous/2015/09/23/poly-preachy/.

16 P. R. Freeman and A. O'Hagan, "Thomas Bayes's Army [The Battle Hymn of Las Fuentes]," in *The Bayesian Songbook*, ed. Bradley P. Carlin (2006), 37, https://mafiadoc.com/the-bayesian-songbook-university-of-minnesota_5a0ccb291723ddeab4f385aa.html.

17 "Breathing Some Fresh Air Outside of the Bayesian Church," *The Bayesian Kitchen* (blog), http://bayesiancook.blogspot.com/2013/12/breathing-some-fresh-air-outside-of.html.

18 Sharon Bertsch McGrayne, "The Theory That Will Never Die," talk given at Bayes 250 Day, republished on Statistics Views, February 17, 2014, https://www.statisticsviews.com/details/feature/5859221/The-Theory-That-Will-Never-Die.html.

19 Deborah Mayo, "Frequentists in Exile," *Error Statistics Philosophy* (blog), https://errorstatistics.com/about-2/.

20 Randall Munroe, "Frequentists vs. Bayesians," *XKCD* #1132, https://xkcd.com/1132.

21 Phil, comment on Andrew Gelman, "I Don't Like This Cartoon," *Statistical Modeling, Causal Inference, and Social Science* (blog), November 10, 2012, https://statmodeling.stat.columbia.edu/2012/11/10/16808/#comment-109389.

22 Comment on "This is what makes science so damn wonderful," I Fucking Love Science (group), https://www.facebook.com/IFuckingLoveScience/posts/2804651909555802?comment_id=2804656062888720&reply_comment_id=2804664182887908.

23 Amy Sullivan, "The Unapologetic Case for Formula-Feeding," *New Republic,* July 31, 2012, https://newrepublic.com/article/105638/amy-sullivan-unapologetic-case-formula-feeding.

24 Suzanne Barston, *Fearless Formula Feeder*, http://www.fearlessformulafeeder.com/.

25 Megan McArdle, "How to Win Friends and Influence Refugee Policy," *Bloomberg Opinion*, November 20, 2015, https://www.bloomberg.com/opinion/articles/2015-11-20/six-bad-arguments-for-u-s-to-take-in-syrian-refugees.

26 Stephanie Lee Demetreon, "You Aren't a Feminist If...," *Odyssey*, April 3, 2017, https://www.theodysseyonline.com/youre-not-really-feminist.

27 DoubleX Staff, "Let Me Tell You What the Word Means," *Slate*, October 7, 2010, https://slate.com/human-interest/2010/10/let-me-tell-you-what-the-word-means.html.

28 Kris Wilson, *Cyanide and Happiness #3557*, May 14, 2014, http://explosm.net/comics/3557/.

29 saratiara2, post #9 on "Anyone CFBC and Change Their Mind?," Wedding Bee, March 2014, https://boards.weddingbee.com/topic/anyone-cfbc-and-change-their-mind/.

30 Jung, *Lactivism*, Chapter 7.

14장

1 Paul Graham, "Keep Your Identity Small," blog post, February 2009, http://www.paulgraham.com/identity.html.

2 Lindy West, "My Ten Favorite Kinds of Right-Wing Temper Tantrums," Jezebel, November 8, 2012, https://jezebel.com/my-ten-favorite-kinds-of-right-wing-temper-tantrums-5958966.

3 Jeffrey J. Volle, *The Political Legacies of Barry Goldwater and George McGovern: Shifting Party Paradigms* (New York: Palgrave Macmillan, 2010), 8.

4 Godfrey Sperling, "Goldwater's Nonpartisan Brand of Honesty," *Christian Science Monitor*, June 9, 1998, https://www.csmonitor.com/1998/0609/060998.opin.column.1.html.

5 Peter Grier, "Richard Nixon's Resignation: The Day Before, a Moment of Truth," *Christian Science Monitor*, August 7, 2014, https://www.csmonitor.com/USA/Politics/Decoder/2014/0807/Richard-Nixon-s-resignation-the-day-before-a-moment-oftruth.

6   Godfrey Sperling, "Goldwater's Nonpartisan Brand of Honesty," *Christian Science Monitor*, June 9, 1998, https://www.csmonitor.com/1998/0609/060998.opin. column.1.html.

7   Bart Barnes, "Barry Goldwater, GOP Hero, Dies," *Washington Post*, May 30, 1998, https://www.washingtonpost.com/wp-srv/politics/daily/may98/goldwater30.htm.

8   Lloyd Grove, "Barry Goldwater's Left Turn," *Washington Post*, July 28, 1994, https://www.washingtonpost.com/wp-srv/politics/daily/may98/goldwater072894.htm.

9   Timothy Egan, "Goldwater Defending Clinton; Conservatives Feeling Faint," *New York Times,* March 24, 1994, https://nyti.ms/2F7vznS.

10 Egan, "Goldwater Defending Clinton."

11 Bryan Caplan, "The Ideological Turing Test," *Library of Economics and Liberty,* June 20, 2011, https://www.econlib.org/archives/2011/06/the_ideological.html.

12 Erin K. L. G., "In Which I Tell Conservatives I Understand Them Because I Used to Be One," *Offbeat Home & Life,* January 14, 2019, https://offbeathome.com/i-used-to-be-conservative/.

13 Chez Pazienza, "Kristin Cavallari Is a Sh*tty Parent Because She Refuses to Vaccinate Her Kids," *Daily Banter*, March 14, 2014, https://thedailybanter.com/2014/03/kristin-cavallari-is-a-shtty-parent-because-she-refuses-to-vaccinate-her-kids/.

14 Ben Cohen, "A Quick Guide to Vaccines for Morons and Celebrities," *Daily Banter*, March 18, 2014, https://thedailybanter.com/2014/03/a-quick-guide-to-vaccines-for-morons-and-celebrities/.

15 Megan McArdle, "How to Win Friends and Influence Refugee Policy," *Bloomberg*, November 20, 2015, https://www.bloomberg.com/opinion/articles/2015-11-20/six-bad-arguments-for-u-s-to-take-in-syrian-refugees.

16 Adam Mongrain, "I Thought All Anti-Vaxxers Were Idiots. Then I Married One," *Vox*, September 4, 2015, https://www.vox.com/2015/9/4/9252489/anti-vaxx-wife.

17 Julia Belluz, "How Anti-Vaxxers Have Scared the Media Away from Covering Vaccine Side

Effects," *Vox*, July 27, 2015, https://www.vox.com/2015/7/27/9047819/H1N1-pandemic-narcolepsy-Pandemrix.

18 David Barr, "The Boston AIDS Conference That Never Was-And Other Grim Tales," Treatment Action Group, January/February 2003, http://www.treatmentactiongroup.org/tagline/2003/january-february/necessary-diversions.

19 David France, *How to Survive a Plague: The Inside Story of How Citizens and Science Tamed AIDS* (New York: Knopf Doubleday Publishing Group, 2016), 355-56.

20 Mark Harrington, interview by Sarah Schulman, ActUp Oral History Project, March 8, 2003, 46, http://www.actuporalhistory.org/interviews/images/harrington.pdf.

21 Steven Epstein, *Impure Science: AIDS, Activism, and the Politics of Knowledge* (Berkeley, CA: University of California Press, 1996).

22 France, *How to Survive a Plague*, 507.

15장

1 Susan Blackmore, "Why I Had to Change My Mind," in *Psychology: The Science of Mind and Behaviour*, 6th ed., by Richard Gross (London: Hodder Education, 2010), 86-87. Earlier draft via https://www.susanblackmore.uk/chapters/why-i-had-to-change-my-mind/.

2 Ruth Graham, "Hello *Goodbye*," *Slate*, August 23, 2016, https://slate.com/human-interest/2016/08/i-kissed-dating-goodbye-author-is-maybe-kind-of-sorry.html.

3 Josh Harris, "3 Reasons I'm Reevaluating *I Kissed Dating Goodbye*," TrueLoveDates.com, August 1, 2017, https://truelovedates.com/3-reasons-im-reevaluating-i-kissed-dating-goodbye-by-joshua-harris/.

4 Josh Harris, "A Statement on *I Kissed Dating Goodbye*," blog post, https://joshharris.com/statement/.

5 Jerry Taylor, "A Paid Climate Skeptic Switches Sides," interview by Indre Viskontas and Stevie Lepp, *Reckonings*, October 31, 2017, http://www.reckonings.show/episodes/17.

6 Holden Karnofsky, "Three Key Issues I've Changed My Mind About," Open Philanthropy

Project (blog), September 6, 2016, https://www.openphilanthropy.org/blog/three-key-issues-ive-changed-my-mind-about.

7 Ben Kuhn, "A Critique of Effective Altruism," *Less Wrong* (blog), December 2, 2013, https://www.lesswrong.com/posts/E3beR7bQ723kkNHpA/a-critique-of-effective-altruism.

8 Vitalik Buterin(@vitalikButerin), on Twitter, June 21, 2017, https://twitter.com/VitalikButerin/status/877690786971754496.

9 vbuterin(레딧 아이디), "We Need to Think of Ways to Increase ETH Adoption"에 달린 댓글, Reddit, April 21, 2016, https://www.reddit.com/r/ethtrader/comments/4fql5n/we_need_to_think_of_ways_to_increase_eth_adoption/d2bh4xz/.

10 vbuterin(레딧 아이디), "Vitalik drops the mic on r/btc"에 달린 댓글, Reddit, July 5, 2017, https://www.reddit.com/r/ethtrader/comments/6lgf0l/vitalik_drops_the_mic_on_rbtc/dju1y8q/.

11 phileconomicus(레딧 아이디), "CMV: Mass shootings are a poor justification for gun control"에 달린 댓글, Reddit, August 7, 2019, https://www.reddit.com/r/changemyview/comments/cn7td1/cmv_mass_shootings_are_a_poor_justification_for/ew8b47n/?context=3.

12 pixeldigits(레딧 아이디), "CMV: Companies having my personal data is not a big deal"에 달린 댓글, Reddit, September 7, 2018, https://www.reddit.com/r/changemyview/comments/9dxxra/cmv_companies_having_my_personal_data_is_not_a/e5mkdv7/.

13 shivux(레딧 아이디), "CMV: The U.S. is doing nothing wrong by detaining and deporting illegal immigrants"에 달린 댓글, Reddit, July 24, 2019, https://www.reddit.com/r/changemyview/comments/ch7s90/cmv_the_us_is_doing_nothing_wrong_by_detaining/eus4tj3/.

14 Luke Muehlhauser, "I apologize for my 'Sexy Scientists' post," Common Sense Atheism, July 22, 2010, http://commonsenseatheism.com/?p=10389.

15 Julian Sanchez, "Nozick," blog post, January 24, 2003, http://www.juliansanchez.com/2003/01/24/nozick/.

16 Steven Callahan, *Adrift* (New York: Houghton Mifflin, 1986), loc. 563 of 2977, Kindle.

17 Richard Dawkins, *The God Delusion*(New York: Houghton Mifflin Harcourt, 2006), 320.

부록 A

1 *Star Trek: The Original Series*, season 1, episode 8, "Miri," 1966년 10월 27일에 NBC에서 방영함.

2 *Star Trek: The Original Series*, season 1, episode 14, "Balance of Terror," 1966년 12월 15일에 NBC에서 방영함.

3 *Star Trek: The Original Series*, season 1, episode 16, "The Galileo Seven," 1967년 1월 5일에 NBC에서 방영함.

4 *Star Trek: The Original Series*, "The Galileo Seven."

5 *Star Trek: The Original Series*, season 1, episode 20, "Court Martial," 1967년 2월 2일에 NBC에서 방영함.

6 *Star Trek: The Original Series*, season 1, episode 24, "This Side of Paradise," 1967년 3월 2일에 NBC에서 방영함.

7 *Star Trek: The Original Series*, "This Side of Paradise."

8 *Star Trek: The Original Series*, season 1, episode 25, "The Devil in the Dark," 1967년 3월 9일에 NBC에서 방영함.

9 *Star Trek: The Original Series*, season 1, episode 26, "Errand of Mercy," 1967년 3월 23일에 NBC에서 방영함.

10 *Star Trek: The Original Series*, "Errand of Mercy."

11 *Star Trek: The Original Series*, season 2, episode 6, "The Doomsday Machine," 1967년 10월 20일에 NBC에서 방영함.

12 *Star Trek: The Original Series*, season 2, episode 11, "Friday's Child," 1967년 12월 1일에 NBC에서 방영함.

13 *Star Trek: The Original Series*, season 2, episode 16, "The Gamesters of Triskelion," 1968년 1월 5일에 NBC에서 방영함.

14 *Star Trek: The Original Series*, season 2, episode 18, "The Immunity Syndrome," 1968년

1월 19일에 NBC에서 방영함.

15 *Star Trek: The Original Series*, season 2, episode 22, "By Any Other Name," 1968년 2월 23일에 NBC에서 방영함.

16 *Star Trek: The Original Series*, season 3, episode 3, "The Paradise Syndrome," 1968년 10월 4일에 NBC에서 방영함.

17 *Star Trek: The Animated Series*, season 1, episode 1, "Beyond the Furthest Star," 1973년 9월 8일에 NBC에서 방영함.

18 *Star Trek: The Animated Series*, season 1, episode 4, "The Lorelei Signal," 1973년 9월 29일에 NBC에서 방영함.

19 *Star Trek: The Animated Series*, season 1, episode 10, "Mudd's Passion," 1973년 11월 10일에 NBC에서 방영함.

20 *Star Trek: The Animated Series*, season 1, episode 16, "The Jihad," 1974년 1월 12일에 NBC에서 방영함.

21 *Star Trek: The Animated Series*, "The Jihad."

22 *Star Trek: The Animated Series*, season 2, episode 3, "The Practical Joker," 1974년 9월 21일에 NBC에서 방영함.

23 *Star Trek Beyond*, directed by Justin Lin (Hollywood, CA: Paramount Pictures, 2016).

스카우트 마인드셋

초판 1쇄 인쇄 2022년 6월 24일 | 초판 1쇄 발행 2022년 7월 8일

지은이 줄리아 갈렙 | 옮긴이 이주만

펴낸이 신광수
CS본부장 강윤구 | 출판개발실장 위귀영 | 출판영업실장 백주현 | 디자인실장 손현지 | 디지털기획실장 김효정
단행본개발팀 권병규, 조문채, 정혜리
출판디자인팀 최진아, 당승근 | 저작권 김마이, 이아람
채널영업팀 이용복, 우광일, 김선영, 이채빈, 이강원, 강신구, 박세화, 김종민, 정재욱, 이태영, 전지현
출판영업팀 민현기, 최재용, 신지애, 정슬기, 허성배, 설유상, 정유
개발지원파트 홍주희, 이기준, 정은정, 이용준
CS지원팀 강승훈, 봉대중, 이주연, 이형배, 이우성, 전효정, 이은비

펴낸곳 (주)미래엔 | 등록 1950년 11월 1일(제16-67호)
주소 06532 서울시 서초구 신반포로 321
미래엔 고객센터 1800-8890
팩스 (02)541-8249 | 이메일 bookfolio@mirae-n.com
홈페이지 www.mirae-n.com

ISBN 979-11-6841-230-9 (03320)